PEACE

平和教育を問い直す

次世代への批判的継承

竹内久顕 編著
Takeuchi Hisaaki

法律文化社

はじめに

　日本の平和教育は，多くの実践者と研究者の努力により膨大な成果を生み出してきた。学校教育の実践を中心に，市民の平和学習や幼児教育，平和博物館など多様な領域で豊かに展開してきた。また，9・11以降，従来の平和教育運動に関わりを持っていなかった人びとの間でも平和教育への課題意識が高まっている。さらに，これまで平和教育に意識的に取り組んできた人々の間でも，戦争の問題だけでなく，差別・人権・開発・環境など幅広い内容を平和教育の課題として取り入れる必要性が叫ばれている。こうして，平和教育は，平和に関心ある広範な人々の間で，戦争の問題のみならず広く暴力一般を課題とする豊かなものとして展開している。

　今日の平和教育の到達点は，このようにまとめることができるだろう。しかし，そこには次のような問題がはらまれている。第1に，近年の日本と世界の平和をめぐる情勢を考えると，これまでの平和教育が戦争のない世の中を目指して展開してきたにもかかわらず，戦争を克服し紛争を非暴力的に解決する展望と確信を育てることに成功していなかったのではないかという点。第2に，平和教育の射程を広げたことで一見豊かな意味を持つようになった新しい平和教育の諸課題は，実は教育そのものの諸課題と一致しており，平和教育が教育一般と同義になってしまったという点。

　これら2つの問題は，「平和教育の存在意義は何か」という根源的な問いを浮かび上がらせることとなった。いま，これまでの平和教育も新しい平和教育も，ともに重要な岐路に直面しており，今日の現実に対応できる平和教育をつくりだす必要に迫られているのである。そのためには，さしあたり次の点にいかに応答するかという地点から始める必要があるだろう。①従来の平和教育が説得力を失い始めたのは90年代半ば以降だと考えられるが，では90年代にどういう時代の変化が起こったのか，②その変化に対して求められているものは何

だったのか，③これまでの平和教育が変化に対応しきれていない原因は何なのか，④これからの平和教育に求められていることは何なのか。以上の問いに答えられたときに，これまでの平和教育の蓄積を批判的・発展的に継承して，だれもが求めている問いに答えられ，今日の危機を突破し得る平和教育の構築に進むことができるのではないか。

　本書は，以上の現状認識と課題意識にたって，現在までに流布している平和教育論や平和教育実践では対応しきれていない課題にこたえられる平和教育の理論と実践を示すことを目指している。これまでの平和教育の膨大な蓄積を継承しつつ，新たな時代状況に的確に対応できる平和教育の方向性と実践を示すことが本書のねらいであり，その延長線上には，「平和教育学」という新たな研究・実践領域が立ち上がってくる。

　第Ⅰ部は，日本の平和教育の歴史を通観しつつ，上述の現状認識と課題意識を明確にすることを通して，平和教育の全体構造を明らかにする総論。第Ⅱ部は，学校教育の各教科・領域から社会教育，平和博物館，幼児教育にわたる各論。第Ⅲ部は，日本の平和教育の特色を明確化するための，欧米，韓国，イスラエル・パレスチナの平和教育の概論。以上3部構成を基本に，多くの実践者の試みをコラムとして収録した。編者としては，本書が，これからの平和教育の指針として読まれ，多様な議論の素材となることを切に願う。

　　　2011年9月

竹内　久顕

目　次

はじめに

Ⅰ　総　論

Ⅰ総論：竹内久顕

第1章　平和教育の危機 ▶「4つの乖離」──3
1　平和教育をめぐる「異変」　3
2　4つの「乖離」　7

第2章　平和教育の歴史的展開(1) ▶戦前〜1960年代──17
1　前史：第二次世界大戦前　17
2　第二次世界大戦後〜1960年代　20

第3章　平和教育の歴史的展開(2)──31
▶1970年代〜90年代前半
1　平和教育研究運動の組織的取り組みの進展　31
2　戦争学習に関する多様な教材・実践の広がりと理論的整理　35
3　平和教育の枠組みの拡大：主に80年代以降　37

第4章　平和教育の歴史的展開(3) ▶1990年代半ば以降──49
1　平和教育の「低迷・混乱」と「地殻変動」　49
2　「包括的平和教育」論の登場　51
3　平和関連諸教育や国際的な
　　平和教育の取り組みの活発な展開　52
4　「新しい平和教育」の登場　55

第5章　「新しい平和教育」の魅力と危うさ ─── 63
1. 「新しい平和教育」の登場　63
2. 髙橋史朗の平和教育批判と構想　64
3. 足立力也の平和教育批判と構想　69
4. 2つの平和教育批判の総括　75

第6章　平和教育の「固有性」と「包括性」─── 78
1. 「狭義の平和教育」と「広義の平和教育」が直面する課題　78
2. 平和教育と平和関連諸教育の「包括性」の行き着く地点　80
3. ガルトゥング平和学を問い直す　84
4. 平和教育の「固有性」と「包括性」両立の見通し　91

第7章　平和教育における戦争像の再考 ─── 94
1. 90年代における戦争像の揺らぎ　94
2. 吉田満の描く戦争像　97
3. 「充実感・燃焼・陶酔」の論理　98
4. 「充実感・燃焼・陶酔」をめぐって　101

第8章　再び「4つの乖離」─── 105
1. 過去の戦争と今日の戦争の乖離　105
2. 遠くの暴力と身近な暴力の乖離　112
3. 平和創造の理念（平和憲法）と現実の乖離　114
4. これまでの平和教育と新しい平和教育の乖離　118

II 各論

第9章 平和教育のなかの「戦争体験」————今野日出晴 123
1 「戦争体験」を継承することの難しさ　123
2 生の原点としての「戦争体験」　126
3 体験を綴り,歴史を綴ることの可能性：平和教育の意味　129

第10章 憲法・国際・地理学習と平和教育————竹内久顕 137
1 日本国憲法の理念と現実　137
2 国際法と国際政治の現実　139
3 平和教育における軍事の学習　141
4 「遠いところ」への接近　142

第11章 国語教育と平和教育————竹内久顕 146
1 文芸作品による「体験」の意味　146
2 「虚構」と「想像」　147
3 「吟味読み」とメディアリテラシー　149
4 「敵―味方」関係の解体：「桃太郎」の教材化　150

第12章 平和のための英語教育————淺川和也 153
1 はじめに　153
2 教材内容論への視点　154
3 つながるための英語　155

第13章 自然科学教育と平和教育————竹内久顕 159
1 平和教育の基礎としての自然科学　159
2 自然科学教育と「民主的精神」　160

第14章　アート・身体と平和教育 ──── 竹内久顕　163

1　作品としてのアート　163
2　プロセスとしてのアート　165
3　身体感覚と平和教育　167

第15章　教科外教育・生活指導と平和教育 ──── 竹内久顕　170

1　愛国心と平和教育　170
2　生活指導における「政治教育」　172
3　戦争の事実から生活の暴力を乗り越える学びの道筋　174
4　修学旅行と平和教育　174

第16章　社会教育における平和学習 ──── 谷岡重則　179

1　地域における平和学習の歩みと課題　179
2　地域における平和のための学習をどう創造するか　182

第17章　平和博物館で/から学ぶということ ──── 福島在行　190

1　平和博物館とは　190
2　平和博物館で/から学ぶ　191
3　平和博物館からの招待状　193

第18章　幼児期の平和教育 ──── 瀧口眞央　196

1　はじめに　196
2　日本の幼児期における平和教育の取り組み　197
3　非暴力と子どもの最善の利益の平和教育を　200

目次

Ⅲ　海外の平和教育

第19章　欧米の平和教育 ──────── 村上登司文 207
   1　はじめに　207
   2　平和教育研究の発展　208
   3　各国の平和教育　210
   4　欧米の平和教育からの示唆　215

第20章　韓国の平和教育 ──────── 金惠玉 219
   1　はじめに　219
   2　韓国の平和教育の歴史的展開　219
   3　平和教育と他の教育分野との関連　220
   4　韓国の平和教育の特性と課題　221

第21章　イスラエル・パレスチナ
　　　　における平和教育 ──────── 冨樫茂 224
   1　はじめに　224
   2　イスラエル・パレスチナにおける平和教育活動の意義　224
   3　イスラエル・パレスチナにおける平和教育機関の事例　225
   4　イスラエル・パレスチナ
   　　における平和教育活動の諸問題　227

終　章　平和教育学の構築へ向けて ──────── 竹内久顕 228

  おわりに

コラム

1. 高校社会科での実践:「兵士になること/兵士であったこと」……小島健太郎 135
2. こころのヒバクシャ:ヒロシマ・ナガサキを受け継ぐ人びと………中村尚樹 136
3. 平和教育が目指す「学力」……………………………………………野島大輔 143
4. 開発教育と平和教育……………………………………………………上條直美 144
5. 平和教育における表現「パフォーマンス ミュージック(PM)」……田村かすみ 152
6. 大学の英語教育と平和教育……………………………………………作間和子 158
7. ESDと平和………………………………………………………………上條直美 162
8. 平和教育における映像の役割…………………………………………高部優子 169
9. シティズンシップ教育と平和教育……………………………………杉浦真理 176
10. 平和ガイドのチャレンジ:「平和教育」への問い……………………杉田明宏 178
11. 地域から戦争と平和を考える戦争遺跡フィールドワーク…………牛田守彦 186
12. 自治体の平和教育………………………………………………………瀧口 優 188
13. プラネタリウム番組「戦場に輝くベガ〜約束の星をみあげて」が
    もたらしたもの……………………………………高橋真理子・跡部浩一 195
14. 心理学者からみた東日本大震災についての語り……………いとうたけひこ 203
15. 紛争解決教育と平和教育の連携………………………………………名嘉憲夫 217
16. IIPE (International Institute on Peace Education,
    国際平和教育研究集会)………………………………………………淺川和也 223

I 総論

第1章

平和教育の危機 ▶「4つの乖離」

竹内　久顕

1　平和教育をめぐる「異変」

　「平和教育とは，平和の創造を目的とする教育である」（『現代教育史事典』東京書籍）という定義は，平和教育に関する多くの論者にも共有できるだろう。しかし，「平和」の意味をどのように理解するかによって，国・地域により時代によりさまざまな平和教育の課題と方法がみられる。たとえばイスラエルのような紛争地域では「昨日の敵に対する理解・尊敬・寛容」を育てることが，アメリカでは「非暴力的気質や紛争解決のためのスキル」を獲得することが，第三世界では「人権保障」を促進することが，また多くの先進諸国では「環境保護・軍縮・平和の文化」が平和教育の課題とされている[1]。一方，日本の平和教育は，「日本が起こした戦争の歴史，とくにアジア・太平洋戦争のなかで起こったこと」[2]を教材化してきたと指摘されるように，戦争体験を主な題材として反戦・反核・軍縮を目指すことが平和教育の課題とされてきた。

　戦後日本の平和教育実践において，戦争学習に関する蓄積はきわめて豊富である。15年戦争や平和憲法を題材とした社会科学習，戦争児童文学を教材とする国語学習，修学旅行や演劇の特別活動など，膨大な実践と教材が生み出されてきた。また，戦争の被害体験にとどまらず，加害，抵抗，加担・協力と多面的な学びが試みられてきた。「原爆教育」に関しては世界的にも遜色のない蓄積がなされてきたと評価してもよいだろう。さらに学校教育だけではなく，戦跡掘り起こしや憲法学習会といった市民の平和学習も各地で展開されてきた。

　にもかかわらず，1990年代以降「戦争と平和」に関する人びとの意識に「異

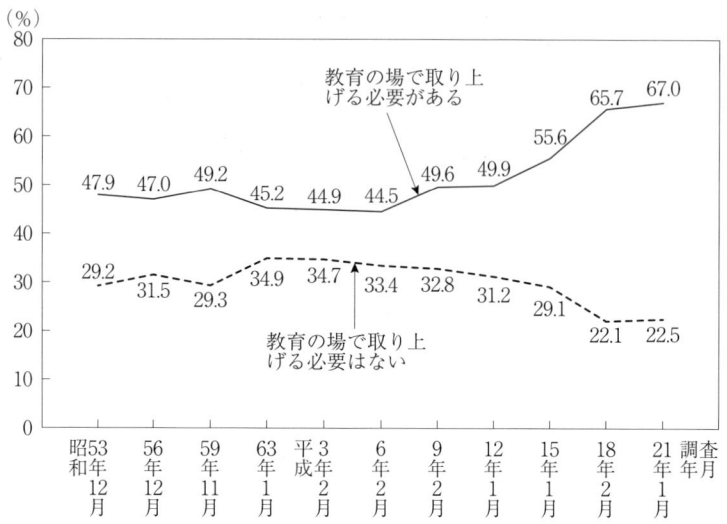

図表1-1 自衛隊・防衛問題に関する世論調査(1)
〈Q. 国民が国を守るという気持ちをもっと持つようにするため、教育の場で取り上げる必要があるか〉

出所：内閣府ホームページ

変」が起こった。侵略戦争を正当化する歴史修正主義の動き、暴力肯定への傾斜（治安強化や軍事力への「期待」）、日米安保体制と防衛政策の変質、改憲への具体的道筋と教育基本法改定など、いずれも20～30年前であれば世論の反発を受けたであろう諸政策・言論が押し留まることなく進められてきたという事実は、それらを受け入れ支持するという人びとの意識が存在することの証左である。戦争を否定し平和憲法の理念に基づく平和教育を受けてきたはずの戦後生まれが総人口の4分の3以上を占めているにもかかわらず、なぜ90年代以降ここまで大きな「異変」が起こったのだろうか。

「異変」は2000年代になるとさらに顕著になる。それは、次のデータにも示される（図表1-1）。内閣府が3年ごとに行っている「自衛隊・防衛問題に関する世論調査」（09年1月実施分）によると、「国民が国を守るという気持ちをもっと持つようにするため、教育の場で取り上げる必要」があるかという設問に対し、67.0％が「ある」と答えた。「ある」という答えの推移をみると、

2000（平成12）年までは45〜50％でほぼ変化ないが2000年以降急増している。2000年代になってから相次ぐ軍事的緊張，すなわち，9・11テロの衝撃，中東の戦争と自衛隊による「貢献」，中国・北朝鮮をめぐる東アジアの緊張などが，日本の平和と安全を守らねばならないという危機意識を高めたものと思われる。

こうした「異変」の原因がすべて教育にあるというわけではない。しかし，非軍事・非暴力の平和的方法による現状克服への展望を若者たちがもてなくなっているという状況が，次の２つの新聞投書（『朝日新聞』）から読み取れる。これらは，平和教育の課題として考えざるをえない。

> 学校で『平和憲法』を教わってきた。そして私は，その素晴らしさを誇らしく思ってきた。（中略）しかし，今回の湾岸戦争は，まざまざと現実の厳しさを見せつけた。口で平和を唱えるだけでは，何の力にもならない。結局，腕力がものを言うのだ。『戦後教育』の中身を基本的に疑わなかった私は，価値観の基準を根本から見直さねばならないのだろうか。（1991年３月３日，17歳高校生）

> 若者は平和問題に無関心だといわれるが，原因は平和教育の内容にあるのではないか。中学まで受けてきた平和教育は『戦争は悪い』というだけで『なぜ悪いか』を考えさせてくれる先生は，ほとんどいなかった。そのため，まじめに考える人を除いて，多くは『よくわからないが，戦争は悪いものらしい』という認識だけが植え付けられる。（中略）平和教育とは，なぜ戦争が悪なのかを，自分の頭で考えさせるものだと思う。戦争とは何かを考えさせる。そういう教育をせずに，平和を叫んでいるだけなら平和など来るはずもない。（2004年11月18日，19歳予備校生）

いずれも10代後半の若者の意見である。これらは，90年代以降にみられる，平和教育の蓄積を丸ごと否定する歴史修正主義的な論とは異なる。平和憲法の原理に期待したいが，本当に信頼できるのだろうか。平和教育は大切だろうが，自分が求めていることを学べなかった。いずれからも，暴力以外の選択肢を求めつつも，平和的な方法に確信がもちきれない「迷い」が読み取れる。

この「迷い」は，若者だけに限らないようだ。先の内閣府の世論調査のなかに，「もし日本が外国から侵略された場合，あなたはどうしますか」という設問がある（図表１−２）。最多の回答は「何らかの方法で自衛隊を支援する（自衛隊に志願しないものの，あらゆる手段で自衛隊の行う作戦等を支援する）」で，78（昭和53）年以来40％近い水準で推移していたが，2000（平成12）年以降増加傾向

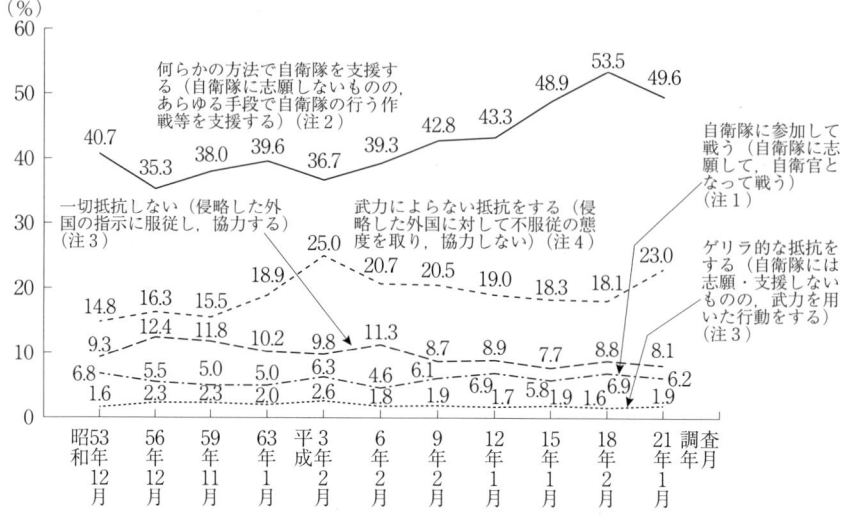

図表1-2　自衛隊・防衛問題に関する世論調査(2)
〈Q．もし日本が外国から侵略された場合，あなたはどうしますか〉

(注1)　平成18年2月調査までは，「自衛隊に参加して戦う」となっている。
(注2)　平成18年2月調査までは，「何らかの方法で自衛隊を支援する」となっている。
(注3)　平成18年2月調査までは，「ゲリラ的な抵抗をする」となっている。
(注4)　平成18年2月調査までは，「武力によらない抵抗をする」となっている。
(注5)　平成18年2月調査までは，「一切抵抗しない」となっている。
出所：内閣府ホームページ

にある。一方，第2位の回答は「武力によらない抵抗をする（侵略した外国に対して不服従の態度を取り，協力しない）」というもので，過去おおむね10％代後半付近で推移しているが，これまでに2回，前回に比べ急増して20％を超えたときがある。91（平成3）年2月の調査（25.0％）と09（平成21）年1月の調査（23.0％）である。91年2月といえば湾岸戦争勃発（同年1月）の直後で，それは調査開始（78年）以降の日本人が初めて目の当たりにした大規模戦争であり，日本が「参戦」する現実的可能性が高まったときである。09年1月は，北朝鮮との緊張が高まりイラク戦争も泥沼化する一方，オバマの登場（同年1月に大統領就任）により緊張緩和への期待が高まったときである。つまり，日本が戦争に巻き込まれるのではないかという不安が現実化したとき，また，ブッ

シュ政権が終わり長く続いたアメリカによる強権的・軍事的な世界支配とは異なる展望が開けたとき，一時的かもしれないが，非暴力抵抗の選択肢が人びとの意識にのぼってきたのである。

このようにデータを読み解くと，武力（自衛隊）による平和か武力によらない平和かという，人びとの「迷い」がみえてくる。この「迷い」に対して，護憲平和論者が具体的で現実的な，暴力によらない平和創造の道筋を示すことができれば，90年代以降の「異変」を乗り越えることができるだろう。このことを平和教育の課題として引き取れば，具体的で現実的な非暴力的方法への確信をもてるような実践と理論を組み立てることで，「異変」に応答できる平和教育をつくり出す現実的展望が開けるということになる。

その展望を開くためには何が必要なのだろうか。それを見出すために，次節では，これまでの平和教育では何が達成されていなかったのかを考えてみる。

2　4つの「乖離」

これまで平和教育に取り組んできた実践者の豊富な蓄積と努力にもかかわらず，「4つの乖離」が生じている[3]。
① 過去の戦争と今日の戦争の乖離
② 遠くの暴力（戦争・飢餓・抑圧など）と身近な暴力の乖離
③ 平和創造の理念（平和憲法）と現実の乖離
④ これまでの平和教育と新しい平和教育の乖離

(1) 過去の戦争と今日の戦争の乖離

1962年生まれの筆者にとって，同時代の戦争として生々しく記憶に残っている最初のものは91年の湾岸戦争である。筆者より10歳ほど上の世代はベトナム反戦運動の経験があるだろうが，筆者にはベトナム戦争の印象はほとんど残っていない。現在（2011年）の大学生くらいの世代にとっては，生々しく覚えている最初のものは9・11テロだろう。さらに現在の中学生だと9・11テロすらも記憶が不鮮明かも知れない。こうした世代の子ども・若者たちにとっては，

ベトナム戦争も15年戦争も日清・日露戦争も，過去の戦争という点では同質のもので，単なる「昔の出来事」にすぎない。戦争について教える際には，この世代による認識と同時代経験のズレをふまえねばならない。

❶ **戦争イメージのズレ**　10代以下の子ども・若者たちにとってかろうじてリアルにイメージできる戦争は，ここ10数年以内のものである。しかし，それらの戦争は，実は「リアル」ではない。9・11のWTCビル倒壊の場面をテレビのニュースで初めて見たとき，だれもがハリウッド映画の一場面と錯覚したのではないだろうか。湾岸戦争の時，爆撃機からのピンポイント攻撃の映像は，あたかも，目標にねらいを定めて得点をかせぐテレビゲームのようだった。倒壊したビルと突入した飛行機の中にいた人びとはどうなったのか，ピンポイント爆撃の焦点の下で何が起こっていたのか，よほど想像力を働かさないとわからない。生々しい戦争を現在進行形で見ているようで，実はそこにはリアリティがない。「リアル」でないとはこういう意味である。

「リアル」さの欠如には，メディア・リテラシーに関わる，さらに2つの意味がある。1つは，偽造された「事実」が報道されるという意味。たとえば，湾岸戦争の時に，サダム・フセインの原油放出で真っ黒に油まみれになった水鳥の映像が報道され，フセインの残酷さを印象づけることになったが，実は，真相は米軍の原油タンク爆撃によるものだったようだ。もう1つは，言葉が現実を覆い隠すという意味。たとえば，些細なミスのような印象を与える「誤爆」という言葉のもとで多くの民間人の殺戮が行われた。あるいは，「テロリスト」と名づけることで，絶対的正義による絶対悪の討伐という大義名分をつくり出し，「正義の戦争」を演出した。

「私たちが同時代に『見た』これらの戦争は，世界のリアリティとの関係性の切断という共通の特徴をもっていた」[4]という佐々木寛の指摘どおり，今の子どもたちが目の当たりにする戦争は，上述の3つの意味で，あまりに「リアル」さがないのである。

ところが，15年戦争の学習で用いられる空襲や沖縄戦の写真・映像，戦争体験者の語りなどの教材はいずれも「リアル」である。偽造された「事実」も今ではほとんど明らかになっており，大本営発表を事実として教える教師はいな

い。「大東亜解放のための戦い」のような言葉による覆い隠しも，少なくとも学説上は「リアル」さを失っている。平和教育において，偽造や覆い隠しのない「リアル」な戦争を子どもたちは学習してきたのである。

つまり，子どもたちが学んできた過去の戦争と，同時代に進行している今日の戦争とには，「リアル」さの点でズレが生じている。さらに，子どもたちが「実感」できる戦争がゲームや娯楽映画・漫画であることをふまえると，「リアル」さがないはずの今日の戦争のほうが子どもたちの「実感」に近いため，過去の戦争と今日の戦争のズレはいっそう拡大する。このズレを自覚しないままで過去の戦争を伝えようとしても，自分とは関係ない別世界の単なる「昔の出来事」としてしか伝わらず，両者は乖離したままなのである。

❷　**戦争構造のズレ**　佐々木によると，従来の戦争は「主権国家同士が，外交交渉の行き詰まりから宣戦布告をし，正規軍によって行うもの」だったが，今日の戦争は，「国家の内部で市民同士が殺しあう内戦（civil war）」と「圧倒的な軍事力をもつ国家や国際社会が軍事的に『介入』する非対称戦争」とに二極化している[5]。これら二様の戦争は必ずしも「新しい戦争」というわけではない。内戦はいつの時代にもあったし，非対称戦争もフランスによるインドシナ戦争やアメリカによるベトナム戦争の例があった。しかし，今日の世界のグローバル化はこれら戦争の構造を大きく変容させつつある。

黒沢文貴は，今日の非対称戦争はかつてのそれとは異なり，「テロ組織が一つの国家を越えてグローバルに組織化され，その活動範囲も一つの国家の中に限定されない」という性格を帯びており，非国家的なゲリラ組織までもがグローバル化されて「背骨のないアミーバ組織」となっていると指摘する。したがって，アメリカの強大な軍事力も，「アフガニスタンのタリバン政権やフセイン政権のイラクという主権国家を打倒することには成功したが，グローバル化し，ネットワーク化した非国家的な『テロ組織』に対しては，そもそもどの程度の有効性をもつのであろうか」と疑問を投げかけざるをえなくなる[6]。

このように，戦争構造において，過去の戦争と今日の戦争にズレが生じている。無論いつの時代の戦争も，殺戮と破壊という共通点をもっている。しかし，過去の戦争を学習したあとに出てくる「戦争は二度としてはいけないと思

います」という感想は、このズレをふまえないままだと、現実への展望をもちえない空虚な言葉に終わってしまう。

❸ **戦争方法のズレ**　言うまでもなく、過去の戦争と今日の戦争では、兵器・技術のレベルと量はけた違いに進んでいる。核兵器や生物・化学兵器のような大量破壊兵器はもとより、国際的批判を浴びた通常兵器にも、大量の子弾をばら撒くクラスター爆弾や放射能被曝による深刻な健康被害をもたらす劣化ウラン弾など想像を絶する破壊力をもつ兵器が現れた。さらには無人偵察機やロボット兵士などSFの話かと錯覚するような兵器まで登場している。

今日先進諸国の多くでは徴兵制から志願兵制に移行している。戦争のプロ集団でないと、これほどハイテク化が進んだ兵器体系を有効に運用できない。徴兵により素人を寄せ集めた場合、その教育・訓練に莫大なコストがかってしまう。軍事通として知られる石破茂元防衛大臣も、これらの理由をあげて、徴兵制は「防衛戦略上、意味がないから反対」と断言する[7]。さらに、今日では、戦闘を請け負う民間会社も登場している。一般国民に兵役を義務づけることで兵士を確保する方法は、すでに過去のものになりつつある。

一方、冷戦終結後、小型武器が東欧の旧社会主義国から途上国や紛争地帯に大量に流出し、今日の紛争犠牲者の9割はこうした小型武器によるものとなった。さらに、子どもにも容易に操作・携行できる小型武器AK47（カラシニコフ銃）の普及が、子ども兵増加の決定的要因になったともいわれる[8]。

このように、過去の戦争で用いられていた方法は今日では次第に消えつつあり、逆に過去の戦争からは想像だにできない方法が一般化しつつある。こうした意味においても、過去の戦争と今日の戦争には乖離が生じている。

（2）遠くの暴力（戦争・飢餓・抑圧など）と身近な暴力の乖離

途上国の内戦や貧困の学習をしたあとの「日本に生まれてよかったです」といった感想はありがちだが、そうした平和教育は失敗した実践といわざるをえまい。その理由を3点あげることができる。

第1に、グローバル化した今日の世界において、途上国の内戦や貧困などに先進諸国が無関係ということはありえない。そうした「遠くの暴力」に自分た

ちがどのように関わっているのか，何ができるのかといった思考と行動へとつながるような学習ができているだろうか。もっとも，この点に関しては，開発教育で優れた実践が数多く試みられている。先駆的な例としては大津和子のバナナの実践があるが[9]，今ではコーヒー豆やカカオなどを取り上げ，そうした産物と東南アジア，南米，アフリカの途上国の人びとの貧困や過酷な労働を結びつけ，自分たちとの関わりに気づかせる実践と教材が知られている[10]。

第2に，上記の諸実践は，自分と関わりのある産物などを媒介として自分と遠くの人びとを結びつけるというものだが，ではその結びつきがほとんどない場合はどうなるだろうか。言い換えれば，たとえ自分とつながりがなくても，同じ「人間」としての悲しみや喜びを共有し共感できるだろうか。たとえば，アフリカや中南米の国で起こっている内戦や武力弾圧には，日本が軍事的に関わっていることはないだろうし，その国との貿易や経済的関係が希薄な場合もある。その場合は，両者を媒介する資源や産物を教材として乖離を埋めていく学習はできまい。「同じ人間同士」という抽象的な関係性を前提としても，その悲しみや喜びを共有できるような学習ができているだろうか。

第3に，途上国の貧困の原因に私たちの生活スタイルが関わっているということに気づいた子どものなかに，「かわいそうな途上国の人びとを救ってあげよう」といった「上から目線」が生まれていないだろうか。優れた実践者は，そうした強者的な傲慢さが生じないような配慮をしている。しかし，途上国の人びとだけでなく，実は一見平和な日本に暮らす自分たちもまた，生活のなかでさまざまな暴力にさらされていることへの気づきがないままだと，安全圏に自分を置いて遠くの暴力を眺めるという発想から抜けきれない。

この第3の問題は，楠原彰が「剥き出しの暴力」と「見えない暴力」の関係として次のように論じている。アフリカの子どもたちには貧困・紛争・HIVという「剥き出しの暴力」が襲いかかっているが，一方，日本の子どもたちや若者は「真綿で首を絞めるような『見えない暴力』」にさらされているという。日本の子どもたちは，いじめや虐待，体罰のような明らかな暴力以外にも，ネットでの中傷，無視，競争の強制，個人の尊厳の破壊などさまざまな「見えない暴力」に襲われている。「剥き出しの暴力」にさらされているパレスチナや

南アフリカの子どもたちは,「国家や社会や国際資本の構造と権力にたいして立ち向かおうとする」ことができる。しかし,「見えない暴力」にさらされている日本の子どもたちは,「自分自身や身近な肉親や友人や隣人に向かって,陰鬱な怒りを爆発させざるをえない」のである[11]。楠原のいう「剥き出しの暴力」と「見えない暴力」の質はたしかに異なる(確実に生命を奪う武力紛争やHIVと,中傷・無視などを同質に論ずることはできない)。しかし,「見えない暴力」は「見えない」だけで,「ない」わけではないということに子ども自身が気づかなければ,「剥き出しの暴力」にさらされているアフリカの子どもと,自分自身を乖離したものとしてしかとらえることはできない。自分たちの生活が本当に平和なのだろうかという問い直しを含みながら,暴力を他人事としてではなく認識できるような学習ができているだろうか。

　遠くの暴力と身近な暴力の乖離を,日本の子どもたちの現実と実践のあり方に即して考えてみたが,この乖離は,平和教育の実践のあり方だけで解決できる問題ではなく,そもそも日本人の「平和」のとらえ方自体に,より根源的な課題があるように思われる。その点を次に考えてみたい。

　坂本義和は,日本で語られる「平和」の発想自体に偏りがあったと指摘する[12]。今日の戦争の特徴の1つとして坂本も,「戦争が『内戦』に変わり,戦争の局小化の結果として,『内戦』化現象が進行している」という点をあげる。そして,「内戦」は「『国内』問題だと受けとられるため,直接利害関係のない国の人々は,ほとんど関心を持たない」という状況が生じてしまう。平和問題では,この「内戦」における多くの犠牲をこそ考えねばならないのに,「どうも私たち日本人の場合,この点についての姿勢が定まっていないのではないか」と問題を投げかける。そして,日本で平和を語るときに「内戦」問題が見落とされがちだった原因として,「被害者,加害者という視点から」戦争と平和の問題を考えてきたという点をあげる。つまり,ヒロシマ・ナガサキの体験に象徴される被害と,アジア諸国への侵略戦争を遂行した加害が発想の枠組みだったのだが,いずれも日本が「軍事的なかかわりの当事者」であり「直接的な当事者」であったという共通点がある。したがって,「遠くでの内戦というのはこの枠組みに入ってこない」ために,「私たちの意識から脱落してしまう」

第1章　平和教育の危機

のである。

　さて，坂本が，平和を語るときに意識から脱落してしまうという「遠くの内戦」とは，地理的な距離の意味ではなく「当事者」性の欠落という意味であろうが，この坂本の問題提起は，平和教育の課題として受け止めることができる。平和教育の展開過程で，広島・長崎・沖縄や各地の空襲などの被害の学習が積み重ねられてきた。また，1980年代頃になると，アジア各地での日本軍による加害の事実も教えられるようになった。しかし，こうした被害体験や加害体験の学習は，いずれも日本が当事者となった戦争であって，そうでない戦争にはなかなか焦点が当てられてこなかった。たしかに，ベトナム戦争や湾岸戦争，イラク戦争のように，日本が軍事的・直接的な当事者ではなかった戦争を取り上げた実践は多い[13]。しかし，それらはいずれもアメリカが軍事的・直接的な当事者となっているものであり，アメリカを媒介項として日本の当事者性を認識していたのではないか。だから，それらの戦争に反対する運動においても，アメリカの軍事介入への反対，アメリカを支持する（従属する）日本政府の方針への反対が掲げられたし，平和教育実践においても，アメリカの軍事介入の是非，アメリカを支持する日本政府の対応の是非が討論・思考の焦点に据えられてきた。誤解なきよう確認しておくが，ここで筆者は，アメリカの軍事行動に焦点を当てる実践を問題視しているのではなく，日本の当事者性が見えない戦争が十分に取り上げられてこなかったことを問題としている。

　国家間戦争が終息傾向を示している今日，「新しい戦争」の中心である「遠くの内戦」に主たる焦点が当てられてこなかったことは，これまでの平和教育の弱点といわざるをえない。日本が何らかの当事者として浮かび上がってはこない戦争に対して，子どもたちが，というより教師を含むおとなたちも敏感ではなく，自分たちと乖離したものととらえていたのではないか。

（3）平和創造の理念（平和憲法）と現実の乖離

　この乖離は，先に掲げた高校生の投書（→5頁参照）にみられる「迷い」に象徴的に表れている。平和憲法の理念と暴力吹き荒れる現実との乖離は，平和憲法への懐疑に行き着いてしまう。そのことは，9条改定を主張する場合の論

拠の1つとして，現実との乖離があげられるということとも関係しよう。しかし，ここで不思議なのは，理念（理想）と現実が食い違ったときに，なぜ理念（理想）を現実に合わせるべきだという発想になるのかということである。論理的には逆，すなわち，理念（理想）に合わせて現実を変革すべきであるという主張も成り立つ。にもかかわらず，そうならない理由は2点あるだろう。

　第1に，両者の乖離があまりにも大きいということ。たとえば，9条と自衛隊の関係を考えた場合，政府の公式解釈がどうであれ，素直に9条を読めば，世界でも有数の軍事力をもつ自衛隊が「戦力」でないとは読めない。また，9条で武力の行使を放棄しているからといって，泥沼の内戦がうち続く地域に丸腰で赴く勇気のある者はなかなかいない。このように，「理念（理想）＝9条」と「現実＝自衛隊，イラク」はあまりに乖離しているのである。しかし，理念（理想）と現実が乖離していること自体は問題ではない。もし理念（理想）と現実が即応していたならば，現実の矛盾や不正義を乗り越えることはできず，人は現実に流されるままに生きていくしかない。憲法と現実は乖離しているからこそ，現実をより良い方向へと高めていく原動力たりうるのである。したがって，ここで問題となるのは，むしろ次の第2の点だろう。

　第2に，両者を結びつける回路が見出せないということ。たとえ両者が大きく乖離していたとしても，現実を理念（理想）へと近づけるための具体的で現実的なプロセスがわかれば，両者の乖離は解消する。「口で平和を唱えるだけでは，何の力にもならない。結局，腕力がものを言うのだ」という先の投書の高校生は，「口で平和を唱えるだけでは，何の力にもならない。だからこそ，〇〇〇のようにすればよい」ということを学びたかったのである。

　このことは，9条だけではなく憲法の人権規定全体についても同様の問題が当てはまる。たとえば，25条の「健康で文化的な最低限度の生活を営む権利を有する」という理念も，今日の日本社会の格差や貧困の現実とは大きく乖離している。こういった場合にも，憲法に示されている理念を実現する具体的で現実的な回路がわからなかったならば，この乖離は埋められない。

（4）これまでの平和教育と新しい平和教育の乖離

　①～③の乖離が，平和教育を受ける側（学習の主体）に関わるものだったのに対し，この第4の乖離は，平和教育をする側（推進の主体）に関わるものである。戦後日本の平和教育は，教職員組合の教育研究集会（教研）とさまざまな民間教育研究団体の取り組みに支えられながら，豊富な実践や教材を蓄積してきた。ところが，1990年代後半頃から，こうした老舗的な平和教育運動の流れとはほとんど関わりをもたない，新しい平和教育の流れが登場するようになってきた。前者の流れは，90年代後半頃から低迷・停滞・高齢化が目立つようになったが，後者の流れは，多様なネットワークをつくり出しながら比較的若い世代を中心に拡大しつつある。しかし，この「新」「旧」2つの流れの間には実践・研究の交流・協働があまりみられない。

　これら「4つの乖離」が生じている現状のままだと，これまでの平和教育は，その豊富な蓄積と実践者の熱意にもかかわらず，説得力を失ったまま消えゆくことになるだろう。繰り返すが，これまでの日本の平和教育は，被爆体験や加害の学習と平和憲法の学習において，世界的にも誇れる蓄積がなされてきた。そもそも，被爆体験と憲法9条の学習は日本からしか世界に発信できない。なぜ「4つの乖離」が生じてしまったのか，そして，どうすれば乖離を埋めていくことができるのか。この問題を解決することができるか否かが，これからの平和教育の命運を決することになろう。

　2～**4**章では，今日に至るまでの平和教育の理論と実践の歴史を概観したうえで，「4つの乖離」を埋めるべく，さまざまな「新しい平和教育」が今日提唱され試みられていることを示す。しかし，それら「新しい平和教育」のすべてが建設的なわけではなく，「乖離」の落とし穴にはまりこんでしまう危ういものも少なくないことを第**5**章で論じる。そして，その危うさを検討することで，戦争の問題に焦点を当てる「狭義の平和教育」も，その他の諸問題をも含む「広義の平和教育」も，それぞれ克服すべき問題をはらんでいることを第**6**章で示す。その際，前者は「平和教育の固有性は何か」，後者は「平和教育の包括性は何か」という問いへの応答というかたちで論じてみる。続いて，「狭

義の平和教育」の中心課題である戦争の問題は，戦争の歴史認識問題と不可分なため，第**7**章では戦争認識のあり方の考察を通して「戦争の教え方」の問題を考える。以上の検討を経て，「4つの乖離」を埋めるための平和教育の展望を第**8**章で示してみたい。

---

1) Salomon, Gavriel, "The Nature of Peace Education: Not All Programs Are Created Equal". In Salomon, Gavriel & Nevo, Baruch (Ed.) Peace Education, Lawrence Erlbaum Associates, 2002, p. 4.
2) 伊藤武彦「平和教育の国際的動向」『季刊人間と教育』5号，労働旬報社，1995年，74頁。
3) 筆者は，①〜③を「3つの乖離」として論じたことがあった（『教育』2003年1月号所収論文）。高校教師佐藤功が，『今こそ学校で憲法を語ろう』（青木書店，2007年）の序で，「3つの乖離」を引用したうえで，「このたびの憲法をめぐるやりとりは，竹内氏の言う『乖離』を埋める作業にほかならない」と述べている。平和の問題に意欲的に取り組む実践者にとっても共鳴していただけるようだ。なお，今回第4の乖離を追加したのは，「低迷する平和教育の『頭越し』に，国際支援や人道援助などの世界の平和に直接貢献する進路を選んでいく若い世代」が増えているという野島大輔の指摘にヒントを得た（野島大輔『立命館国際関係論集』（2010年）所収論文）。
4) 佐々木寛「世界のリアリティ，平和学のリアリティ」君島東彦編『平和学を学ぶ人のために』世界思想社，2009年，15頁。
5) 佐々木前掲注4），14頁。
6) 黒沢文貴「非対称的紛争の今日的状況と戦争違法化の歴史」黒沢文貴編『戦争・平和・人権』原書房，2010年，80頁。
7) 石破茂『国防』新潮社，2005年，155〜156頁。
8) 鬼丸昌也・小川真吾『僕は13歳　職業，兵士』合同出版，2005年。
9) 大津和子『社会科＝1本のバナナから』国土社，1987年。
10) たとえば，『コーヒーカップの向こう側』（開発教育協会，2005年）など。「開発教育協会」はこうした教材や実践を豊富にそろえている（http://www.dear.or.jp）。
11) 楠原彰「『剥き出しの暴力』と『見えない暴力』」『教育』715号，国土社，2005年8月，13〜20頁。
12) 以下の坂本からの引用・要約は，坂本義和「今，平和とは」『坂本義和集6　世界秩序と市民社会』岩波書店，2005年，185〜191頁（初出は『世界』岩波書店，1990年2月）。
13) 自衛隊の関与をどうみるかという問題は残るが，少なくとも，自衛隊が戦場において破壊と殺戮を直接的に行ったわけではないという意味では，日本は軍事的・直接的な当事者ではなかった。

---第2章---

平和教育の歴史的展開(1) ▶戦前〜1960年代

竹内　久顕

1　前史：第二次世界大戦前

　日本の平和教育が本格的に始まるのは第二次世界大戦後だが，敗戦前にも，平和教育と呼びうる実践は存在した。大正デモクラシー期の，侵略主義に反対し偏狭なナショナリズムを批判する啓明会（1919年に下中弥三郎らによって結成された教員団体）の運動や[1]，画一的・強制的な教育方法を排し子どもの自発性を尊重しようとした大正自由教育なども広い意味での平和教育に連なるものといえるだろう。しかし，ここでは，日本がファシズムと戦争への傾斜を強めていった1930年代の試みに着目したい。なぜならば，平和を目指す教育の実践と理論が，その本質においても平和教育と呼びうるかどうかは，社会全体が平和と逆の方向へ転落しつつあるときにこそ試されると考えるからである。本節の例は，教育史上よく知られている事例だが，平和教育の文脈で取り上げられることがあまりないので，ここで紹介してみよう。

(1) プロレタリア教育での試み：新興教育運動

　1930年に結成された日本教育労働者組合（教労）と新興教育研究所（新教）は，昭和初期のプロレタリア教育運動の中心的な団体で，マルクス主義的な階級的立場からの社会と教育の変革を目指した。反帝国主義，反天皇制，反戦を掲げる非合法運動だったため，徹底的な弾圧を受け34年には実質的に解体した。当時は，満州事変（31年），5・15事件（32年）と，戦争体制へ向けて突き進みつつある時代で，新教・教労の教師たちは，国定教科書の「逆用」「改作」

といった方法を駆使して抵抗を試みた。それらのなかには政治主義的なものも多いが、反戦平和の言論が封じられていた状況で次のような実践がある[2]。

　小学校の算数で、黒板に日本の軍艦11隻とアメリカの戦闘機を描き、投下された爆弾で軍艦が2隻撃沈される。ここで「11－2」の計算を学び、「次にどうしたらよいか」と発問する。子どもらは矢継ぎ早に報復のアイデアを出すが、教師は、攻撃された軍艦や戦闘機の兵士がどうなったかという話をする。そして次のように授業が進む。教師「日本が勝ったぞ、どうする？」、児童「アメリカからお金を取る」、教「なぜ？」、児「日本の海軍を殺したから」、教「ではアメリカの軍人は死ななかったのか？」、児「……」、教「戦争で日本の弾にあたって死んだアメリカの水兵の子どもたちはどうだろう？」、児「悔しくて、大きくなったら日本をやっつけようと思う」、教「そしたらまた戦争だね。どうすればよい？」、児「仲良くすればよい」「軍艦を造らなければよい」、教「でも、どうしても戦争にしなくてはならない理由があるのだよ」と進め、帝国主義戦争の原因を考える授業へと発展させる。算数の授業としては奇妙だが、後半は、敵・味方双方の視点に立ち、戦争以外の道を模索し、それを妨げる原因を考えさせるというもので、今日の平和教育の方法としても面白い。

　あるいは、新教・教労の長野支部の教師たちの次のような試みもある[3]。戦前の修身の国定教科書には「国交」という単元があり、そこには、国際赤十字条約や国際連盟規約、不戦条約が載っていた。一方では、「義勇奉公」という単元もあり、次のようなことが書かれている——日本は国際連盟に加盟し不戦条約を締結したが、もし平和が破れたときには天皇の統率する軍隊に入り国家防衛に尽くし、皇室国家の発展に尽くすのが日本国民のあるべき姿である。長野の教師たちは、この単元を、「国交」の趣旨を活かして次のように読み変えて指導した——「国交」で学んだ国連と不戦条約が「義勇奉公」の単元に出てくるので、上記の「平和が破れたときには」から先を、国連と不戦条約の精神をふまえて戦争に訴えない方向で乗り越える道を考えさせるというのである。国際法を用いて国際紛争を解決するという学習で、今日の平和教育でも十分通用する構想だが、1933年、長野の教師たちは一斉検挙されてしまった。

（2）キリスト教主義教育での試み：河井道[4]

　恵泉女学園（1929年創立）の創立者河井道（1877～1953年）は，「国際」という特設教科を置いて国際理解を深める教育実践を行うとともに，15年戦争期を通して学園機関誌『恵泉』を中心に戦争否定を説いた。『恵泉』では，「満州国が建設せられて皆が喜んで居りますが正と義と愛がその土台でありませうか。剣を以て建てた国は剣を以て亡びなければなりません」（33年2月），「我々日本人は先進国だ優越民族の国家だと自称して何日までも過信と傲慢の狂想曲にうかれて居る時は自らの不覚を招来させるのではないか」（37年6月）のように，武力行使と自らの絶対視を戒め続けている。また，日本女性の自立を妨げている封建制が，同時に偏狭な愛国心を引き起こして平和の妨げとなっていると考え，「戦争は婦人が世界情勢に関心を持つまでは決してやまないだろう」[5]と，平和とジェンダーの問題を結びつけていた。キリスト教主義を土台とし，平和教育と女子教育を一体のものとして実践を展開していたのである。

（3）生活教育運動での試み：生活綴方教育

　綴方とは今日の作文のことだが，生活綴方は，国語教育にとどまるものではない。子どもたち自身の生活の困難をリアルに見つめありのままに綴らせ，それをクラスの仲間たちと共有し，協働して生活を変革する生活主体者を育てようという教育実践で，1930年前後の時期から本格的に始まった。なかでも，東北の試みは北方性教育運動と呼ばれ，貧困のなかで強く生きていかねばならないという東北に共通する「生活台」の上で，生活綴方を通して困難を克服していく力を獲得させていくという実践を展開した。しかし，貧困の変革を徹底的に追求すれば，寄生地主制の問題など社会変革の思想に行き着かざるをえず，生活綴方教師の多くは弾圧を余儀なくされた。生活綴方教育は狭義の平和教育には含まれないだろう。しかし，自らの生活を見つめ直し変革することができず行き詰まり，暴力に訴えざるをえない状況に追い込まれてしまうという状況に今日の子どもたちが置かれているのであれば，生活綴方的教育方法は，平和教育の有効な方法として参照することができるのではないだろうか。

2　第二次世界大戦後～1960年代

(1) 平和教育の原点となる「理念」と「思い」

　戦後平和教育の始まりは敗戦後まもなく訪れる。その理念的支柱は，平和主義を掲げる日本国憲法（46年11月公布）と，教育の目的の1つに「平和的な国家及び社会の形成者」（第1条）の育成を掲げる教育基本法（47年3月公布）であった。また，憲法の理念は，47年に文部省が中学校社会科用教材として編纂した『あたらしい憲法のはなし』によって子どもたちに伝えられることとなった。同書では，戦力放棄については「みなさんは，けっして心ぼそく思うことはありません。日本は正しいことを，ほかの國よりさきに行ったのです。世の中に，正しいことぐらい強いものはありません」と書かれており，戦争放棄についても「よその國と争いごとがおこったとき，けっして戦争によって，相手をまかして，じぶんのいいぶんをとおそうとしないということをきめたのです」と書かれている。戦後平和教育において新憲法が重要な位置づけとして出発していたことを意味している。

　また，2度にわたる世界大戦を経て，再び戦争を繰り返さないという強い決意のもとに定められたユネスコ憲章（45年11月採択）は，その前文で「戦争は人の心の中で生まれるものであるから，人の心の中に平和のとりでを築かなければならない」とうたい，国際理解教育推進の原動力となった。勝田守一は，「心の中に平和のとりでを築く」を「恐怖と憎悪とを引き起こす国民間の無理解の基礎を，切り崩す仕事」ととらえ，そういう意味のものとして国際理解の教育を方向づけねばならないといい[6]，国際理解の教育の留意点として6点あげる。①客観的・科学的な態度で諸外国の生活や歴史を学ぶ（優れた点もそうでない点も学ぶ），②異なった文化・歴史・習慣を通して，私たちと同じ人間性を理解する，③政府の政策と人民の生活や行動を同一視しない，④各国の人びとが相互に資源的に依存しあっていることを認識する，⑤人類の文化交流を通して，世界の文化に連なる日本人の生活を理解する（偏狭なナショナリズムを克服して世界市民的な精神を高める），⑥子どもたちの国際的な活動に際して，欧米の

みでなくアジアの人びととの交流も重視する[7]）。

　勝田のあげた6点のなかには，今日の平和教育が考えるべき課題として受け止めることのできる観点がある。たとえば，②「異文化」を学ぶ際に，「異」のままで「同じ人間性」を理解できるだろうか，④資源以外にもさまざまな場面で「依存しあっている」グローバル化した世界の現実をどう教えるか，⑤伝統文化の学習において「普遍的にしてしかも個性ゆたかな文化」（旧教育基本法前文）のあり方をどうとらえるか，といった問いは優れて今日的であろう。また，すでに当時から⑥のアジアの視点を重視していた点も注目に値する。なお，ユネスコ憲章のこの文言に対しては，戦争原因を心の問題に帰すことで資本主義の矛盾を覆い隠すことになるといった批判が当時あったが，憲章の理念は，今日でいう「ソフト・パワー」（その国の文化，政治的な理想と価値観，政策の魅力など）の考え方にも通ずるもので，その今日的意義は失われていない。

　しかし，理念の問題以上に，当時の人びとにとって平和は切実な「思い」であった。とりわけ教師たちは，たとえ不本意であったとしても，軍国主義教育に従事し教え子を戦場へと送り込んでいったのであり，誠実な教師であればあるほど自らの進むべき道に苦悩した。その「思い」は，発表当時多くの教師たちの共感を呼んだ次の詩に象徴されている。

　逝いて還らぬ教え児よ／私の手は血まみれだ／君を縊ったその綱の／端を私も持っていた／しかも人の子の師の名において／（中略）／今ぞ私は汚濁の手をすすぎ／涙をはらって君の墓標に誓う／「繰り返さぬぞ絶対に！」

　これは，1952年に中学校教師竹本源治が高知県教組機関誌に発表した「戦死せる教え児よ」という詩である。戦後間もない頃からの平和教育には，こうした教師の「思い」が底流にあった点を見落とすことはできない。前年に日本教職員組合（日教組）が掲げた「教え子を再び戦場に送るな」というスローガンの背景にも，こうした「思い」をみることができる。問題は，この「思い」がどのように実践へと結実し，理論的に高められ，平和教育運動へと展開していけるかということだが，それが軌道に乗るのは70年代を待つことになる。

（2）戦後平和教育の始まり

　1950年代初めまでの平和教育の動向を宮原誠一が論じているので，それに基づいて整理してみよう。宮原は，一部の先駆的な実践者・研究者らによる平和教育への努力は敗戦後間もなくみられたが，一般的に平和教育が問題意識として人びとの意識のうえにのぼるのは48年末〜49年末で，次いで50〜51年頃から実践的な具体化への動きがみられるようになったと時期区分する。

　❶　**平和教育の萌芽**[8]　　宮原は，48年末〜49年末に平和教育が「意識にのぼった」ことの指標として2点あげる。1つは，48年12月の「戦争と平和に関する日本の科学者の声明」(『世界』49年3月号所収)。この声明は，48年7月に，ユネスコの8人の社会科学者が発した「平和のために社会科学者はかく訴える」(『世界』49年1月号所収)を受けて発せられたもので，その第10項では，「久しい間の軍国主義的支配によって荒廃した日本の教育は，平和の理想を以て有効且つ光輝ある原理たらしめることによって新しい出発をなし得るであろう」といい，「諸般の問題を平和的に解決する習慣を有する青少年が世界の諸国に成長して行く」ことが「世界平和の最も広範な地盤を形作る」のであり，日本の教育がその「先駆的意義を担う」とうたっている。もう1つの指標は，雑誌『教育』(世界評論社版，のち国土社版)で，宮原執筆の社説「平和のための教育活動」(49年4月号)，社説「平和教育委員会をつくろう」(49年10月号)などが掲載され，また，特集「平和のための教育」(49年10月号)が組まれたりもした。こうして，48年末頃から平和教育の問題が論じられるようになったが，まだ，論壇やジャーナリズムの域を出ていなかった。

　❷　**平和教育の実践的な具体化へ**[9]　　50〜51年に「実践的な具体化へ」の動きが始まるが，宮原は，その指標として，教職員組合運動と民間教育運動が平和教育への取り組みを本格化したことをあげる。

　まず，日本教職員組合(日教組，47年6月結成)が平和教育の取り組みに着手するのは，51年11月の第1回全国教育研究大会からで，これ以後の大会スローガンとして「教え子を再び戦場に送るな」が用いられることとなる。第1回教研大会では，第11分科会「平和教育をいかに展開するか」が設けられ，その後「平和と生産のための教育」(53年)，「平和的生産人の育成に直結する教育の具

体的展開」(54年)と分科会の名称は変わっていったが，大会全体を一貫する研究主題は常に平和教育であった。分科会では，当初は抽象的な議論が目立っていたものの，54年の第3回大会の頃には，具体的な実践に即した討議が行われるようになったという[10]。

次に，この頃の平和教育実践の推進に力を発揮した民間教育研究団体としては，教育科学研究会（教科研，52年発足），歴史教育者協議会（歴教協，49年発足），日本生活教育連盟（日生連，53年発足），日本作文の会（日作，51年改称），創造美育協会（創美，52年発足）などがあげられている。なかでも，平和教育の具体化・実践化においては，生活綴方（日作）と歴史教育（歴教協）の力が大きかったとされる。これらの諸団体および日教組は人的にも広く重なっており，相互に連携しながら平和教育の推進力となった。

さらに，こうした実践・運動をサポートするものとして，学会の動向と国際的な動向も無視できない。50年5月に，日本教育学会有志によって「全世界の教育学者に送る日本の教育学者の平和の呼びかけ」が発せられ，そこでは「教育こそは世界の平和を守り，人類の未来をきずく最後の原動力である」と宣言された。また，国際的な教員組合運動との連携やユネスコとの関係[11]といった世界的な平和教育の取り組みにも支えられていた。

❸ **実践的な具体化の事例**[12]　　この時期の実践例として，宮原は2例あげる。1つは，東京都西多摩小学校の今井誉次郎らの「社会科西多摩案」の実践(48年)で，「新憲法」を課題の1つとして6年間を通したカリキュラムをつくった。もう1つは，宇部市神原小学校の師井恒夫らの実践(52年)。全教科，全生活，全学年の学習の具体的な方法を平和教育の観点から計画を立ててカリキュラムをつくるといったもので，「命を大事にする（人権尊重）」「日本の貧困を立て直す」「世界の良心と結ぶ」「筋道の立ったことに従う」「報道を正しくつかむ」「なかま意識を高める」という6つの目標に即して学習指導や生活指導を系統化した。その具体的な内容をみると，貧困と戦争の関係，紛争の平和的解決，原爆の被害と製造過程の学習や，今日のメディアリテラシーに相当する学習なども含まれている。当時は，今日とは異なり学習指導要領が「試案」であったため，各学校独自のカリキュラムづくりがやりやすく，また各地で地

域教育計画の試みが盛んであったことを背景に，全校的な平和教育カリキュラムを教師たちの創意工夫で自由につくる余地があったのであろう。

❹　学校以外の平和教育の担い手　　文部省は，憲法公布直後から，新憲法の精神を日常生活に具現化するための施設として公民館の設置を促進するという通達を出した。さらに，公民館での新憲法の学習講座を展開し，青年対象の「新憲法討論会」や婦人対象の憲法普及社会学級を実施するなど，新憲法の普及運動としての平和学習がおとなたちの間でも行われていた[13]。もっとも，宮原によると「憲法学習運動の実践は，一般に微弱」だったようだが，秋田県では53年以来，教組，労組，大学教師，学生，キリスト教会，一般市民らが，地域や職場で憲法学習会を行い，それらサークルの全県的な連絡協議会とその機関誌が発行されるほどに盛んだった。そこでは，職場や家庭のこまごまとした問題から始まって，人権について，さらには再軍備問題に至るまでの話し合いが展開していたという[14]。

（3）「非軍事・民主化」から「逆コース」の時代へ

　　50年6月に始まる朝鮮戦争は，人びとに新たな戦争への危機感を引き起こすことになり，翌年の日教組教研大会で「教え子を再び戦場に送るな」が掲げられ，大会主題も「平和と独立のための教育」（第2回大会），「平和と日本民族の独立をめざす民主教育」（第3回大会）と，平和が中心的な課題とされた。

　　また，51年9月にサンフランシスコ講和条約が調印され，その後プレスコードも解除されて原爆に関する言論が自由となった。条約調印直後に長田新によって刊行された，広島の子どもらの被爆体験手記である『原爆の子』（岩波書店）が，これ以降の平和教育運動の原点ともなるモニュメント的な書であった。

　　このように平和教育の取り組みが前進し始めた頃に，いわゆる「逆コース」の時代が始まっていた。冷戦激化に伴い，48年初頭頃から，「非軍事・民主化」を旗印としていたアメリカの対日占領方針が，日本を「反共の防波堤」にする方向へと転換した。48年には政令201号によって労働運動への圧力が強まり，50年の朝鮮戦争勃発に伴い警察予備隊が発足，すなわち再軍備が始まることと

なった。51年には講和条約が調印されることとなったが、条約をめぐっては「全面講和論」と「単独講和論」の激しい論争が政党、労働組合、知識人らを巻き込んで展開したうえ、講和条約と同時に日米安全保障条約も締結され、以後米軍基地が日本国内に残ることとなった。

　宮原が、平和教育が実践的に具体化し始めたのが50～51年とまとめていたが、それがちょうど「逆コース」の始まりと重なっていたことが、その後の日本の平和教育を制約することとなったように思われる。当時、朝鮮戦争への危機感と日米安保体制への反発とが同時に生じたが、平和教育の主要な担い手であった日教組は、強まる労働運動への圧力と内部の路線対立のなかで、朝鮮戦争と講和条約・日米安保への対応を迫られることとなった。したがって、たとえ朝鮮戦争への危機意識が平和教育推進の背景にあったとしても、それが安保体制批判と連動することになったため、戦争そのものを否定し拒絶するというよりも、アメリカ帝国主義の戦争に反対し西側陣営に組み込まれることを拒絶するという平和教育にならざるをえなかった。そのことは、のちに（77年）、50年代の平和教育を総括して書かれたもので、「総評は、（中略）朝鮮戦争に対しては『北朝鮮の武力侵略に反対する』というあやまった態度をとるのだが、翌1951年3月の第2回大会では、はやくも当初の『戦争不介入』『国連協力』を清算して、（中略）『平和4原則』を採択するにいたった」（傍点筆者）という歴史認識が示されているということからもうかがえる[15]。

　このように考えると、日教組は「平和と独立」を当初から掲げてはいたが、「平和」とは朝鮮戦争やのちのベトナム戦争などへの反対を、「独立」とは安保体制からの離脱、すなわちアメリカ陣営からの離脱を意味し、平和教育は戦争の否定と安保の拒絶の両方を含み込んで展開することとなった。村上登司文の整理に従えば、50年代の日教組教研大会（4回目からは集会）における平和関連分科会での討議事項に「国際理解教育」「在日朝鮮人子弟の教育」「人権教育」「同和教育」と並んで「基地の教育」（56～71年）が取り上げられており、基地教育へのアプローチとして「安保反対、平和主義の立場に立ち、非武装中立の論を支持する」とされていた[16]。平和教育において安保体制問題が不可欠なテーマとされていた。だとすれば、55年体制確立以後は、「アメリカ陣営＋保

守政権＋文部省」と「社会主義陣営＋革新政党＋日教組」という対立図式のなかに平和教育が組み込まれてしまい，平和教育はきわめて政治的イデオロギー色の強いものになってしまう。このことが，平和教育は「偏向教育」だという批判を受けたり，文部省が「平和教育」という語を避けようとしたりという不毛な対立を引き起こすことになるのだが，平和教育が上の図式に埋没しているのであれば，「偏向」との批判はあながち的外れとはいえまい。

　日教組初期の平和教育に関して，森田尚人は，内部の党派対立（社会党右派，左派，共産党）に着目して分析したうえで，「教え子を再び戦場へ送るな」のスローガンに込められた2つの意味を指摘する。1つは，個々の教師にとって，「教員になってからの戦争協力という拭い切れない『悔恨』の記憶に対して，平和教育は『教師としての良心』に訴えかける点で，一種の償いのイメージを与えた」という側面。もう1つは，冷戦のもたらした「体制選択にかかわる問題」と，軍国主義の復活に抗して「民主的価値を擁護する問題」という「二つの政治的対立軸の交差するところ」に平和教育が成り立っているという側面[17]。1つ目は，本節冒頭に掲げた竹本源治にみられるような，戦後間もない頃の誠実な教師たちの「思い」であり，戦後の平和教育はこの「思い」こそを起点とすべきであったにもかかわらず，森田のいう2つ目の「対立軸の交差」に翻弄されてしまった。

　54年，勝田守一は，平和教育のあり方について次のような警鐘を発している。まず，「平和教育論は，上からの理論を背景にして，それを子どもの教育の現場にどう『具体化』するかという発想の仕方をぬけきれていないのではないか」と問題を提起する。すなわち，「誰もが平和を愛する」という無謬のテーゼが最初にあって，次にそれをどう子どもたちのなかに具体化するかを考える，という発想で良いのかということである。「平和」という正当な理念なり価値なりが，「どのように子どもたちや子どもの親たちの生活の現実の中で，生きてゆくかということ」に，平和教育は最初から意を向けていなかったのではないか。たとえば，戦争玩具で遊ぶ子どもに対して，それを憂いたり理屈でやめさせようとするのではなく，「それ以上に，かれらが，うちこむことのできるあそびやしごとをみつけるように」することこそが大切なのではないかと

いう[18]）。

　この警鐘は，おとなが正しいと考えた平和の理念や価値を子どもたちに押しつけてはいけない。子どもの「生活の現実」を見つめ，子どもに寄り添った平和教育でなければならない。というものだが，勝田が日教組の講師を務めていたことをふまえると，単に平和教育の方法論を述べただけではなく，日教組の平和教育の始まり方に危機感を抱いたうえでの警鐘とも読める。さらに勝田は次のように続ける。平和教育は「『政治』の道具のようなものであるはずがない。それは人間の生きる権利なのだから，党派をこえている」といい，「平和教育は，党派をこえた人間教育である」と断ずる[19]。さらに，米ソ間の平和問題を「つきつけられても，わたしたちにはどうしようもないほどおおきい」のであり，「どうしようもないほどおおきな問題のまえでは，ニヒリストになるか傍観者になるほかはない。その時にわたしたちのたましいから『平和』はもぎとられてしまう。」「平和をわたしたちの権利の問題にするのが，じつは教育のほんとうのしごとなのではないだろうか」という[20]。

　戦後の平和教育は，竹本源治らの「思い」と勝田のいう子どもの「生活の現実」からスタートすべきであった。にもかかわらず，平和教育が「体制選択」と連動し，勝田が警鐘を鳴らす「党派」性を越えきれなかったことが，90年代半ば以降の平和教育の「低迷・混乱」の一因であると筆者は考える（→第**4**章参照）。

（4）平和教育への圧力強化：池田・ロバートソン会談以後

　平和教育の排除圧力が強まる契機は，53年10月の池田・ロバートソン会談だった。この時の会談覚書（日本側覚書）では，防衛力増強の妨げとして，憲法第9条，経済力，人員不足と並んで「占領軍によって行われた平和教育が非常に徹底してきているということで，『国民よ銃をとるな』という気持ちは日本人によくいきわたっている」，「平和教育の結果として，自覚して進んで保安隊に入る青年の数は非常に限られている」と記されており，アメリカ側覚書でも「自衛の観念を日本に育ててほしいと日本政府に希望する」とされている[21]。防衛力増強にとって「平和教育」が障害となっているという認識に立ち，それ

に代わり「自衛の観念」(愛国心)を育てることがアメリカ側からも求められている。ここから2つの問いが浮かび上がってくる。第1に、これ以降、平和教育と愛国心は相いれないものとして政治的対立の争点になるが、教育基本法にいう「平和的な国家及び社会の形成者」こそが「愛国者」であるという議論も成り立つのではないか。たしかに池田・ロバートソン会談の文脈での愛国心は軍事と一体化したものとして提起されたが、そもそも平和教育と愛国心は本質的に矛盾するものなのだろうか。第2に、敗戦後わずか8年で、日米政府当局が警戒するほど平和教育の成果が上がっていたといわれるのはなぜか。本節で検討したように、戦後初期の平和教育は試行錯誤を重ねており、オピニオンリーダーたちの先進的な平和教育の主張と教育現場には大きなずれがあったようだ。学校教育のみならず社会教育も含めて、当時の実践の実態を掘り起こす必要があるが、今後の検討課題だろう。

　53年には、山口県教組が作成した自主教材の日記に掲載されていた「再軍備と戸じまり」「気の毒な朝鮮」「ソ連とはどんな国か」などの項目が政治的偏向であるとされ、岩国市教育委員会が回収するという「山口日記事件」が起き、これに端を発して教育の「政治的中立」をめぐる論争・対立が起こった[22]。

　ちょうど同じ頃から、教科書の「偏向」キャンペーンが張られ、55年に日本民主党が発行した『うれうべき教科書の問題』で「偏向教科書」とその執筆者が列挙された。たとえば、長田新編の社会科教科書において、戦争の主因は「資源のとり合い」であり、戦争で「国民の大部分は苦しみ悩むけれども、きわめて一部の人々は戦争によって得をする」のだから、「平和は社会を変えなければほんとうにはあり得ない」と書かれている箇所に対して、「資本主義社会の変革を示唆」するもので「ソ連や中共が常にねらいとしている、マルクス・レーニン主義の教えであることはいうまでもない」と断定する[23]。こうして教科書検定が強化され、学習指導要領も58年版から特設道徳が登場し、法的拘束性が強調されるようになり、自由な平和教育実践の余地が次第に狭められるようになった。

　66年に中央教育審議会答申別記「期待される人間像」が発表され、「世界に開かれた日本人」などが日本人の課題であるとされ、そのための徳目として、

「正しい愛国心」「天皇への敬愛」などが記された。池田・ロバートソン会談以後，愛国心をめぐって論争がたたかわされてきたが，この会談で提起された愛国心は軍事と結びついたものだった。しかし，「期待される人間像」で求められた愛国心は天皇と結びついたものである。当時の平和教育運動のなかでは両者に対して激しい批判が繰り広げられたが，いずれとも結びつかない「非暴力平和的な愛国心」の可能性を模索し逆提起する必要があったのではないか。歴教協の設立趣意書（49年7月）は，「私たちはかぎりなく祖国を愛す」という言葉で始まっている。また，51年と52年の歴教協大会では「平和と愛国」がテーマに掲げられており，51年大会で採択された声明「平和と愛国の歴史教育のために」では「平和をまもることこそ古い愛国心とことなる今日の愛国心」であることが記された[24]。しかし，その後，平和教育の文脈で，愛国心教育をどう進めるかという議論が深められ共有されることはなかったように思われる。2006年の改定教育基本法において「国を愛する態度」が盛り込まれただけに，今日の課題として先送りされてしまった感が否めない（→第**15**章参照）。

---

1) 中野光「両大戦間期における日本の平和教育」『教育学研究』58巻1号，日本教育学会，1991年3月。
2) 『我国に於けるプロレタリア教育運動』司法省刑事局，1933年，286～290頁。
3) 森田俊男『小・中・高における国連憲章・国際法の教育』平和文化，2005年，第1章。
4) 竹内久顕「戦前戦中期日本における『平和と教育』の思想」『東京大学教育学部紀要』30巻，東京大学教育学部，1990年。
5) 河井道の自伝"My Lantern"（1939年）の言葉で，引用は，邦訳『私のランターン』恵泉女学園，1968年，169頁。
6) 勝田守一「国際教育の諸問題」『勝田守一著作集 第1巻』国土社，1972年，448頁（初出1951年）。
7) 勝田「国際理解と平和教育」前掲注6）『著作集 第1巻』，455～458頁（初出1952年）。
8) 宮原誠一「平和教育の動向」『宮原誠一教育論集 第1巻』国土社，1976年，181～185頁（初出1954年）。
9) 同前，185～193頁。なお，日教組の動向に関する箇所は，村上登司文『戦後日本の平和教育の社会学的研究』（学術出版会，2009年）第6章「日本教職員組合による平和教育」を参考にデータを補った。

10) 日教組の組織率は，50年代は80％を越えており，60年代も半ば頃までは60％を越えていた。また，民間教育研究団体の多くも，人的な面で日教組との重なりが大きかった。したがって，60年代までの平和教育の理論と実践の整理は，日教組のそれを参照することが有効であろう。
11) 51年に日本のユネスコ加盟が実現し，ユネスコ協同実験活動計画（のちユネスコ協同学校）にも日本政府は当初から積極的に参加した（→80頁参照）。
12) 宮原前掲注8），193～211頁。
13) 藤田秀雄『平和学習入門』国土社，1988年，39頁。
14) 宮原「平和教育の構造」前掲注8）『教育論集　第1巻』，223～225頁（初出1956年）。
15) 国民教育研究所『平和教育の理論と実践』草土文化，1977年，33頁。国民教育研究所は，日教組（分裂前）の研究機関。
16) 村上登司文『戦後日本の平和教育の社会学的研究』学術出版会，2009年，204～209頁。
17) 森田尚人「戦後日本の知識人と平和をめぐる教育政治」森田尚人ほか編『教育と政治　戦後教育史を読み直す』勁草書房，2003年，19～20頁。
18) 勝田「平和教育の考え方について」前掲注6）『著作集　第1巻』，462～467頁（初出1954年）。
19) 同前，474頁。
20) 同前，476頁。
21) 『戦後日本教育史料集成　第4巻』三一書房，1983年，27～28頁。
22) 同前，110～112頁。
23) 『うれうべき教科書の問題』日本民主党，1955年，27～30頁。
24) 引用資料は，歴史教育者協議会編『歴史教育五〇年のあゆみと課題』未来社，1997年，資料10および14。歴教協大会では，その後68，69，81，82年の大会テーマに「平和と愛国」が掲げられており，意識され続けてはいたが，広く共有されうる愛国心教育の実践が展開していたとはいい難い。

第3章

平和教育の歴史的展開(2) ▶1970年代〜90年代前半

竹内 久顕

　1970年代〜90年代前半は平和教育の「昂揚期」で，その特徴として以下の5点があげられる。
① 平和教育研究運動の組織的取り組みの進展
② 戦争学習に関する多様な教材・実践の広がりと理論的整理
③ 戦争の被害体験（原爆，空襲等）に加え加害・抵抗・加担をも組み込んだ戦争学習の展開（80年代以降）
④ 構造的暴力に焦点を当て，開発・人権・環境をも課題とした（80年代以降）
⑤ 学校や教室の暴力を克服する学校づくりや生活指導を平和教育の課題として位置づけた（80年代以降）

1　平和教育研究運動の組織的取り組みの進展（特徴①）

(1) 広島平和教育研究所と日本平和教育研究協議会の発足

　1970年代になると平和教育の実践・研究の組織化が始まり，その成果が相次いで刊行されるようになった。その契機は，中学生の原爆体験風化を痛感した広島の教師たちが1969年に原爆被爆教師の会を結成し，翌年長崎でも原爆被爆教師の会が生まれ，71年には原爆被爆教師の会全国連絡会が組織されたことだった。ヒロシマ・ナガサキを原点とする原爆教育を中心に据えた平和教育が組織的に始められ，自主編成教材の『ひろしま―原爆をかんがえる』(69年)，『Let's Cry for Peace』(71年，英語教材)，『ナガサキの原爆読本』(72年) などの副読本や映画・写真集などの制作が進められた。こうした流れを受けて，72年に「ヒロシマを原点とする平和教育」を掲げる広島平和教育研究所（広平研）

が広島県教組を母体に設立され，年報『平和教育研究』が刊行されることとなった。平和教育を研究対象とする組織が登場した72年は，平和教育の歴史が新たな段階に入ったことを象徴する年であった。

さらに，74年に日本平和教育研究協議会（日平研）が発足した（事務局は広平研）。76年には機関誌『平和教育』が創刊され，日平研の大会として，全国平和教育シンポジウムが開催されることとなった（同シンポの第1回は，73年に広平研と広島県教組によって開催された）。

そして，70年代の平和教育の集大成として，81年に広平研が『平和教育実践事典』を，81〜82年に日教組と国民教育研究所が『平和教育教材資料』を刊行した[1]。勝田，宮原，長田らを戦後平和教育研究の第1世代とするならば，この時期の広平研と日平研に中心的に関わる石田明，鎌田定夫，城丸章夫，庄野直美，藤井敏彦，森田俊男，山田浩らを第2世代と呼んでよいだろうが，この第2世代が平和教育の研究と運動の拡充を推し進める原動力となった。

（2）「平和教育」研究の特設化

日教組の教育研究全国集会（教研集会）でも，72〜77年に平和教育に関する小分科会等が設けられ，78年からは「平和と民族の教育」分科会（91年以降は「平和教育」分科会）として独立し常設されるようになった[2]。日教組における平和教育の位置づけ方には前章で述べたような限界があったものの，当時，日本中の平和教育実践を集約し，実践者と研究者が共同で討議する場としての教研集会のもつ意義と必要性は大きい。また，教研集会で平和教育が特設化される時期が，ちょうど広平研と日平研の活動開始の時期と重なっており，人的にも重なりが大きいため，上述の『事典』と『資料』の編纂にあたって，50年代以来の教研集会で蓄積されてきた実践と議論の成果が活かされている。

次いで，学会などでの組織的な平和教育研究も70年代半ば以降始まった。74年，日本学術会議平和問題研究連絡委員会（平和研連）に「平和教育小委員会」が設けられた。日本平和学会（73年発足）は，76年の大会で「平和教育部会」を設けた。また，日本教育学会では，74年に大会シンポジウム「平和と教育」が開かれ，76年の大会から課題研究「平和教育」が始まり，89年に専門委員会

として「平和教育研究委員会」が常設された[3]。

また、民間教育研究団体では、77年に社会教育推進全国協議会（社全協）の全国集会で「平和学習」分科会が設けられた。さらに、81年に歴史教育者協議会（歴教協）が全国大会で「平和教育」分科会を設け、87年には教育科学研究会（教科研）が全国大会で「平和と教育」分科会を設けるに至った。他の団体でも主に80年代に「平和教育」を特設するところが目立つ。

(3) 平和教育「昂揚」の背景

このように、70年代以降、広平研と日平研をはじめとして、日教組、学会、民間教育研究団体で平和教育研究の組織的取り組みが進んだ。この時期に平和教育研究が著しい進展と成果をみせたのは、被爆体験の風化を危惧した教師が原爆被爆教師の会を結成し「原爆教育」に力を入れ始めたということが直接の契機だった。しかし、より本質的には、以下の4点をあげることができる。

第1に、高度成長期を経て人びとの周りから戦争を思い起こさせるものが少なくなり、子どもたちにとって戦争が遠いものになり始めたことがあげられる。たとえば、敗戦時に20歳だった者は70年代半ばには50歳で、教師としてはベテランの世代だ。つまり、戦時中に青少年期を送っていた教師は、70年代にはおおむね50歳代で、学校現場や教育運動において指導的立場となる世代である。しかし、70年代の子どもたちは、戦争体験がないだけでなく、生活も経済も右肩上がりに豊かになっていく「平和」のただ中で育ってきた。したがって、50歳代の教師たちが30歳代の頃であれば、自らの戦争体験を語ることで子どもたちと平和への思いを共有することができただろうが、70年代が近づくにつれてそれは難しくなった。教師の戦争体験と子どもたちの生活体験が乖離し始めたのである。平和教育に取り組んできた50歳代以上の教師・元教師が、こうした現状を「戦争体験の風化」ととらえ、危機感を抱いたのである。

第2に、日本国内の反戦平和運動の高まりがあげられる。世界的なベトナム反戦運動は60年代半ば頃から日本でも広がった（「ベ平連」発足は65年）。また、本土復帰前の沖縄では、沖縄県祖国復帰運動のなかで、運動の中心でもあった沖縄教職員会が地上戦の体験をふまえた平和教育を学校で実践していた。日教

組教研集会でも67〜70年には平和関連分科会で「沖縄についての教育」が取り上げられており[4]，復帰運動と本土の反基地運動の連携もあって，基地教育に関わる沖縄の問題が本土の平和教育にも刺激となっていた。

　第3に，内外の平和研究（平和学）の進展。国際平和科学協会（PSSI，63年），国際平和研究学会（IPRA，65年），ストックホルム国際平和研究所（SIPRI，66年）など，60年代に平和研究の国際的団体・学会が相次いで発足した。こうした国際的動向と連動するかたちで日本でも平和研究への機運が高まり，73年に日本平和学会が発足した。また，大学の研究機関としても，広島大学の平和科学研究センター（75年），長崎総合科学大学の長崎平和文化研究所（78年）などが設立された。これら平和研究（平和学）においては，教育の問題はいずれにおいても重視されていた。

　第4に，ユネスコを中心とする国際的な平和教育への取り組みの進展。この問題に関して重要な3点をあげる[5]。①ユネスコの勧告。74年に，ユネスコ第18回総会で「国際理解，国際協力，および国際平和のための教育と，人権と基本的自由についての教育に関する勧告（国際教育勧告，74年勧告）」が採択された。当時の日本の国際理解教育が，文化・習俗・言語などの理解に力点が置かれ，しばしば国家間理解の視点から説かれてきたのに対し，この勧告では，地球的な視点に立脚した包括的で行動的な国際理解教育を家庭・学校・社会教育を通して行うものと提唱された。②軍縮教育[6]。78年の第1回国連軍縮特別総会で採択された最終文書で「あらゆる水準での軍縮教育と平和学習の計画を発展させる措置」が各国政府やユネスコ，NGOに対して要請された。これを受けて，80年に開催されたユネスコ軍縮教育世界会議で採択された「軍縮教育10原則」では，軍縮教育を「平和教育の本質的要素」と位置づけ，「軍縮に関する教育」と「軍縮のための教育」を学校・家庭・職場・メディアなどあらゆる場で行うべきものとされた。さらに，軍縮教育は「学習者の生活と関心」や「平和・人権・開発」と関連づけられねばならず，「軍縮教育は人権教育及び開発教育と不可分な関係」を有しており，その方法においても「もっとも創造的な教育方法」「参加の学習方法」や「問題中心」の学習が中心となるべきであるとされた。こうした流れに続いて，82年に世界教職員団体総連合（WCOTP）

主催の軍縮教育国際シンポジウムが広島で開催された[7]。こうして80年前後の時期に注目を集めた軍縮教育は，平和・人権・開発の不可分性や参加型学習への着目など，のちの「包括的平和教育」にも連なる先駆性をもっていたが，これ以降は大きな進展・普及はない。③「暴力についてのセビリア声明」。この声明は，86年にユネスコが開催した国際会議「脳と攻撃性についての国際コロキウム」で作成され，89年のユネスコ総会で普及促進が決議された。心理学・生物学などの専門研究者らによって作成されたもので，5つの命題を通して，戦争は人間の本能・本性ではないことを明らかにしている[8]。

2　戦争学習に関する多様な教材・実践の広がりと理論的整理（特徴②）

（1）多様な教材・実践の広がり

　教科教育に限らず教科外活動や学校行事などにおける多様な平和教育実践が工夫されるようになり，8月6日などの全員登校や広島・長崎への修学旅行，戦争児童文学の読書（夏休みの課題など）などの試みが広がった。また，平和学習用の自主編成教材として副読本，映画，写真集などが多数つくられた。

　また，70年代以降，各地の空襲体験や戦災の発掘・記録の市民運動が広がると，その成果が平和教育の教材としても活かされ，戦争体験の聞き取りや地域の戦争遺跡の調査学習などが平和教育実践に取り入れられた。戦争体験の聞き取り・調査や体験者（語り部）の話を聞くといった学習は，各地の空襲被害を中心に広く各地で行われるようになるが，時がたつにつれて，戦争体験者の減少や戦跡の除去（街の再開発に伴う取り壊しや経年劣化）といった事情で次第に困難になっていく。しかし，今日でいうフィールドワークを取り入れた参加型学習の先駆的な実践としての意義は大きい（→コラム11参照）。

　さらに，70年代半ば頃から，高校生平和ゼミナール（平ゼミ）が広島・長崎・埼玉などで発足し，学校の枠を越えた平和学習が試みられた。その契機ともなったのが「ノエルベーカーの手紙」運動だった。77年に広島で開催された原水禁世界大会で，安田女子高等学校（広島）の生徒から「平和のために私た

ちは何をすればよいか」とインタビューされたイギリスのノーベル平和賞受賞者ノエルベーカーが,「日本の首相に,国連へいって核廃絶を訴えるよう手紙を書きなさい」「郵便切手は民主主義の最も重要な武器です」と答えた。これに応じた生徒らの手紙運動が新聞テレビなどで報じられると,同様の動きが広がり各地で平ゼミを立ち上げる動きが起こった[9]。それらのなかからは,長崎とビキニでの二重被爆の調査を行った高知の幡多高校生ゼミナールのような,学術的意義が評価されるほどの成果も生み出された[10]。平ゼミの活動は今日にも続いているが[11],必ずしも一般に広く認知されているとは言い難い。

(2) 理論的整理:70年代までの平和教育理論の到達点

　70年代までの平和教育研究の理論的到達点として,2点あげる。これらは,60年代終わり頃からの平和教育論でしばしば触れられてきたもので,その集大成である『平和教育実践事典』(81年刊)に基づいて整理してみよう。

　第1に,平和教育が,「直接的平和教育」と「間接的平和教育」の2面から構造的に整理されたという点。

　まず,「直接的平和教育」とは,「戦争と平和に関する問題を直接,かつ意図的・計画的に取り上げて考えさせたり,それに関連した行動をさせたりする教育」で,「とりたてて行なう平和教育」とも呼ばれる。具体的には,「戦争体験の継承」「戦争原因の分析」「反戦平和のたたかい」「平和維持の国際的努力」「人種差別や民族差別の問題」などをテーマとして構成される。

　次に,「間接的平和教育」とは,「戦争と平和の問題を直接とりたてては扱わないけれども,人権意識や仲間意識を育てたり,豊かな人間的情操を育んだりして,若い世代に人間の命の尊さと美しさを教える教育」で,「直接的な平和教育のいわば土壌を耕す教育」とされる。具体的には,「文学や歴史の学習」「音楽や絵画制作」「スポーツや集団活動」「仲間づくり」「自然の観察や動植物の飼育栽培」などを通して行われるもので,「間接的平和教育」によって「生きとし生けるものへの愛,命に対するするどい感受性,正義を愛し不正を憎む気持ち」や「人間的な優しさ」を育てるものとされる。

　そして,「平和教育は教育の全領域と深い関わりをもちながらも直接的平和

教育に焦点づけられなければならない」と，両者の関連を位置づけている。

第2に，「焦点づけられなければならない」とされた「直接的平和教育」の目的として，以下の3点が不可欠の要素とされたという点。
① 戦争のもつ非人間性・残虐性を知らせ，戦争への怒りと憎しみの感情を育てるとともに，平和の尊さと生命の尊厳を理解させる。
② 戦争の原因を追求し，戦争を引き起こす力とその本質を科学的に認識させる。
③ 戦争を阻止し，平和を守り築く力とその展望を明らかにする。

そして，①のみでは「戦争への嫌悪感や平和を祈る心」が育つだろうが，かえって「人間不信の気持ちや無力感」を引き起こしかねないため，②を平和教育に組み込み，③の見通しを培うことで，「これからどうするのだという方向性」を示す平和教育をつくることができるという。すなわち，①「事実の認識」と②「原因の究明」と③「平和を築く力への信頼」の「3つが統一されてはじめて平和教育の目的が達成される」のである。

以上の，平和教育の「構造的把握」と直接的平和教育の「3つの目的」の2点は，その後の平和教育論においてもしばしば用いられており，平和教育の理論的枠組みの1つの到達点としてとらえることができる。

3 平和教育の枠組みの拡大：主に80年代以降（特徴③～⑤）

80年代になると，これまでの平和教育の枠組みを拡大する必要性に迫られる新たな状況が生まれ，それに呼応して平和教育の射程が大きく拡大することとなった。その射程の拡大には，戦争体験の拡大（特徴③），平和概念の拡大（特徴④），文脈の拡大（特徴⑤）の3側面がある。

（1）戦争の加害・抵抗・加担への着目（特徴③）

82年に，15年戦争における日本の行為は「進出」か「侵略」かをめぐる教科書問題が起こり，中国・韓国との外交問題に発展した。同年，宮沢喜一官房長官によって「歴史教科書」に関する次のような談話が発表された。「韓国，中

国等より，こうした点（注：アジア諸国に苦痛と損害を与えたこと）に関する我が国教科書の記述について批判が寄せられている。我が国としては，アジアの近隣諸国との友好，親善を進める上でこれらの批判に十分に耳を傾け，政府の責任において是正する。」この談話を受けて文部省は教科書検定基準を改定し，「近隣のアジア諸国との間の近現代の歴史的事象の扱いに国際理解と国際協調の見地から必要な配慮がされていること」という、いわゆる近隣諸国条項を追加した。日本の過去の加害行為が教科書問題として，つまり戦争学習の課題としてクローズアップされたのであった。これ以降，教科書にも日本の加害の記述が載るようになり，さらに90年代になると，「従軍慰安婦」に関し，「政府の関与」があったことを認める加藤紘一官房長官の発表（92年）や，「軍の関与」を認め「歴史教育を通じて」過ちを繰り返さないよう努めるという河野洋平官房長官の談話（93年）が続いた。このように，80年代から90年代初めにかけて，日本の加害行為に目を向けるという政策上の流れが生まれていた。

また，82年には，歴史学者家永三郎による教科書裁判の第3次訴訟が提訴された（最終的に最高裁で結審するのは93年）。この訴訟では，「南京大虐殺」「日本の残虐行為」「731部隊」や沖縄戦での日本軍による「住民虐殺」「壕追出し」「自決の強要」など，日本と日本軍の加害行為が正面から争われ，多くの歴史学者らも証人として出廷した。一方，86年に，日本の加害を追及する言説や教科書を「自虐的」であると批判する立場の「日本を守る国民会議」によって，『新編日本史』（原書房刊）が発行され，同書をめぐって歴史認識や加害責任などをめぐる論議がなされた。このように，80年代には，日本の加害に関して，歴史学や歴史教育の分野において賛否両論の激しい論争が繰り広げられることとなり，このことが，加害の事実の発掘と評価に関する学問的深化と教育現場での広がりを促すこととなった。

以上のような，加害責任問題や歴史認識問題を背景に，歴史教育における平和教育の実践と議論が積み重ねられてきた。その過程で，これまでの戦争に関する学習が，原爆・空襲などの被害体験が中心であったという狭さが反省され，加害の事実も丁寧に教えようという気運が高まり，そうした実践と教材づくりが80年代に展開したのである。もっとも，80年代の上述のような動向を契

機に，突如として加害の学習が着目されたわけではない。勝田守一は，早くも50年代初頭に，日本人の戦争体験の特質として「侵略の罪を犯した」ことと「原爆の最初の洗礼を受けた」ことをあげて加害の問題に着目しており[12]，これからの教育の課題として「近代日本のアジア政策についての過誤は，青少年の前にかくされてはならない」ともいっていた[13]。また，歴教協の実践では，60年代末頃から加害を取り上げる実践が紹介されており，70年代初頭には，本多公栄の『ぼくらの太平洋戦争』(73年) に示されるような先駆的な加害の実践もあった。しかし，平和教育において加害の事実が意識的に取り上げられ広く共有されるようになるのは80年代を待つこととなる。

こうして，南京大虐殺や「従軍慰安婦」などアジア各地での侵略の事実や，松代大本営や花岡事件などの日本国内での強制連行の事実をもとにした実践と教材づくりが進められるようになった。

しかし，被害のみならず加害を平和教育に組み込むこと自体は誤りではないが，そこにとどまることの問題性を乗り越えようとする実践も登場した。80年代における，その先駆的な実践者として目良誠二郎と安達喜彦があげられる。

目良誠二郎（高校教師）は，「私たちの父祖が犯した中国・朝鮮への侵略の実態や在日朝鮮人のおかれた状況」を教える「バクロ型授業」（「暴露＝告発型授業」）を長く行ってきた。しかし，自らの欠点を指摘されるだけでは，生徒から前向きな反応を引き出すことができないと考え「バクロ型授業」の転換を試みるようになった。それは，超越的な批判者として歴史に臨むのではなく，「私たち日本人の中にもそうした欠点を克服できる力と可能性のあること」を示そうというものだった。そして，目良が着目した人物は，朝鮮を愛し愛された柳宗悦と浅川巧，朝鮮との対等な外交を貫こうとした雨森芳洲，アイヌへの横暴に抗議した松浦武四郎などであった[14]。

侵略や差別の歴史を加害の事実として学ぶことは今後も欠かすことはできない。しかし，平和教育においては，そうした事実を知ること自体が目的なのではなく，なぜそうした加害が行われたのか，そして，どうすれば加害を繰り返さずに平和な世の中をつくることができるのかという前向きな展望と希望を獲得することである。目良が「暴露＝告発型授業」を転換するために着目した人

物は，侵略や差別が世の主流となっている時に，時代の大勢に抗い人間の良心に対し忠実であり続けようとした人びとであった。目良は，「欠点を克服できる力と可能性」を抵抗の事実のなかから掘り起こそうとしていた。

　抵抗の事実の学習を通して，侵略や差別といった加害の道以外の，平和的な道を選び取る現実的可能性を探ることができ，平和や平等といった理念が空理空論ではないという展望をもつことができる。さらに，抵抗した人物がいたという事実は，加害行為の責任性をいっそう浮き彫りにもする。ただし，その場合，次の2点に留意する必要があるように思う。

　第1に，「欠点を克服できる力と可能性」が子どもたちにとって現実的であること。たとえば，小林多喜二や獄中抵抗の事例は，その勇気と信念の強さは驚嘆に値するが，あまりに英雄的すぎてかえって自らの無力を痛感しかねない。他方，ブラジルのアーティスト，アンデルソン・サーは暴力と麻薬の日々を送っていたが，弟が殺されたことを機に，暴力と復讐の連鎖を止める方法を考えるようになり，音楽の力で暴力の吹き荒れるスラム街の子どもたちに非暴力の文化を伝えようと，バンドを結成し活動を始めた[15]。音楽活動を通して暴力文化に抵抗するサーの生き様は，子どもたちにとっても現実味がありそうだ。目良が取り上げた人物は，そのままではあまりに崇高なだけに，これをどのように子どもたちの現実感覚に近づけるか，つまり自分の問題としてとらえ返すことができるかという点が，実践上の課題である。

　留意点の第2に，その抵抗を規定している歴史的・社会的条件をふまえること。たとえば，言論の自由が保障されている時代・国における抵抗と，思想・言論が統制されている時代・国における抵抗だと，その困難さは大きく異なる。前者で可能な抵抗の多くは，後者では弾圧されてしまうだろう。逆に，後者でも可能な抵抗は，前者の視点，すなわち今日の私たちの視点からみるとむしろ加害や加担にみえる場合もある。第**2**章冒頭で触れた恵泉女学園の河井道は，1930年代に戦争を否定する教育を行ったが，しかし同時に，戦闘機製作のための献金活動を生徒らにさせており，河井を戦争への加担・協力者とみなすこともできる。しかし，譲歩に次ぐ譲歩を重ねざるをえない時代状況をふまえれば，ギリギリの抵抗を試みていたと評価することもできる。あくまでも原理

原則を貫いたがためにつぶされてしまう抵抗と，加担・協力と抵抗のはざまで揺れながら持続する抵抗とを比べたとき，筆者には，後者のほうが現実的な抵抗のように思える。

　80年代の先駆的実践者の2人目安達喜彦（高校教師）は，「被害と加害」に加え，「加担と抵抗」を含めることを提唱してきた。「被害」から「戦争の悲惨さと平和への願い」が，「加害」から「戦争への怒りと戦争責任の問題」が，「加担と抵抗」から「今日の我々自身の生き方」が問われると位置づける16)。そして，民衆が「戦争の加担者につくりかえられていった仕組み」を学び，その一方で「最後まで戦争に抵抗した人々があったこと」と「アジア諸民族の抗日，民族解放のたたかい」という二様の抵抗を学ぶことで，再び戦争の加担者にならないための道を見出すことができるということを早くも70年代末に述べている17)。安達は，70年代までの戦争学習が被害者的側面に視点を置いていたことを振り返り，加害の視点の重要性を主張する。しかし，日本の侵略の事実を明らかにするだけだと，弱いアジア民衆という蔑視を生みかねないため，侵略された側の抵抗の事実を示す必要があるという。さらに，戦争の悲惨さを心情的に感じ取るだけではなく，だれも望まないはずの戦争にどういう仕組みで組み込まれていったのかという戦争の論理を学ぶために加担の学習が，また，そうした悲惨を食い止める論理を学ぶために抵抗の学習が必要となる。安達はこのように被害・加害・加担・抵抗を有機的に結びつけることで，被害にのみ目を向けた戦争学習の限界を乗り越えようとした。これらが日常生活の場でどのように絡み合っているのかを考えさせる安達の実践に，次のようなものがある。

　俳優三国連太郎へのインタビュー記事「息子を売った母親」（『朝日新聞』80年12月8日）によると，徴兵から逃げようとした連太郎は，母親の通報で憲兵に捕まり中国の前線に送られた。左翼運動をしたために差別されている近所の一家を見てきた母は「一家が生きていくためだ。涙をのんで戦争に行ってもらわなきゃいかん」と言った。一方，父親は知人の出征見送りには参加しないという一刻者だったという。さて，安達はこの記事に登場する人物を次のように「構造的」に読み取らせようとする。「連太郎＝逃亡（厭戦）」「連太郎の母＝加担」「連太郎の父＝非協力（抵抗）」「左翼運動の一家＝反戦（抵抗）」「差別した

近所の人＝加担」「連太郎と戦友＝加害」「中国人＝被害」。こうして，これら4つの戦争体験（「厭戦」も含めると5つ）は，普通の人のありふれた日常生活の中に構造的に組込まれている。しかも，戦後ずっと連太郎と母の間には何か居心地の悪さがあり続けたようだが，だとすれば，実は加担した母も連太郎も共に戦争の被害者でもあったとみることができる。つまり，これら4つの戦争体験は，日常生活の中でそれぞれがつながり合い，同時に重なり合っているということを読み取ろうという実践である[18]。

　以上のように，80年代には，目良や安達らの実践と理論が歴教協を中心に深められ，被害のみならず加害を，さらに抵抗，加担をも含めて戦争体験を多面的に構造的にとらえることで，再び加害者・加担者にならないような展望を切り開いていく方向へと平和教育が広がりをみせた。しかしながら，筆者は，この問題に関して2点留意すべきことがあると考える。

　第1に，被害だけではだめだという問題提起はまったく正しいが，しかしそのことは，被害を後景に退かせてよいわけではないという点。加害や抵抗の事実に焦点を当て続けた結果，被害を受けたのは仕方ない（自業自得）という思考を促してしまったら，平和教育としては失敗である。広島・長崎の被害は人類が共有すべき事実であるし，各地の空襲の被害はその地域で受け継いでいくべき体験であり，その意義は大きい。第2に，安達が強調するように，これらの戦争体験はすべてが「構造的」に絡み合っていることを見落としてはならないという点。たとえば，加害の事実を教える際には，写真であれ文章であれ残虐行為を働く兵士の姿が登場する。しかし，ひとりの等身大の兵士に接近してみたときに，兵士は単なる加害者とはいえないのではないか。特攻隊員として戦死した上原良司の有名な「所感」で彼は，「権力主義全体主義の国家は一時的に隆盛であろうとも必ずや最後には敗れる」と断じ，「明日は自由主義者が一人この世から去って行きます。彼の後姿は淋しいですが，心中満足で一杯です」と言い残した[19]。上原が行った戦闘行為は「加害」であり「加担」であったが，しかし，「所感」で日本の過ちに対して明確に「抵抗」をしている。にもかかわらず死へと向かわざるをえなかった上原は，戦争という大状況の「被害」者でもあった。こうして，ひとりの兵士にまなざしを向けたときに，被

害・加害・抵抗・加担は分かちがたく組込まれている。その「配分」はさまざまだろうが，兵士は加害者だからといって一刀両断に断罪することも，被害者だからといって免責することもできない。加担を教材化する際には「心のひだまで追って考える必要がある」[20]と安達がいうように，なぜ加害や加担をしてしまったのかという，平和教育における最重要な問いに答えるためには，戦争に際しての等身大の人間を徹底的に追究しなければならない（→第**7**章参照）。そのためには，被害・加害・抵抗・加担・厭戦・協力などといった多様な側面を構造的に読み解くような実践を組み立てねばなるまい。

(2) 構造的暴力の課題化（特徴④）

ヨハン・ガルトゥング（Johan Galtung）が1960年代以来提唱してきた構造的暴力（人権抑圧・飢餓・貧困・環境破壊など）の理論により平和概念は拡大され，それが平和教育の理解・射程をも広げることとなった。

ガルトゥングは，まず，「平和」とは「暴力の不在」であると定義する。次に，「暴力」とは「ある人にたいして影響力が行使された結果，彼が現実に肉体的，精神的に実現しえたものが，彼のもつ潜在的実現可能性を下まわった場合，そこには暴力が存在する」と定義づける[21]。したがって，この定義をふまえると，「平和」とは「その人が持つ潜在的実現可能性を何者にも妨げられずに自由に実現できる状況」と再定義することができる。その結果，平和の創造とは，暴力によって奪われた「潜在的実現可能性」を取り戻し，自由な自己実現を可能とするコミュニティを創り出す能動的な営みであるととらえることができる。

さらに，ガルトゥングは，「暴力」を3種類に分類する。まず，「直接的暴力」とは，行為（暴力）を行う主体が存在する暴力で，「他者の行動の直接的結果として人間に危害を及ぼす暴力」と説明され，たとえば物理的暴力や戦争などを指す。次に，「構造的暴力」とは，行為（暴力）を行う主体が存在しない暴力で，「諸個人の協調した行動が総体として抑圧的構造をささえているために，人間に間接的に危害を及ぼすことになる暴力」と説明され，たとえば貧困・差別や搾取などを指す。最後に，「文化的暴力」とは，「直接的構造的暴力

を正当化または合法化しようとする」暴力であるとされる[22]。ただし、「文化的暴力」が日本でも知られるようになるのは2000年代になってからで、本章で扱っている70～80年代に知られていたのは前2者であった。

　平和の対語を「戦争」ではなく「暴力」ととらえ、構造的暴力も含み込んで平和を追求せねばならないというガルトゥングの論は、平和教育に関心をもつ人びとにとって衝撃的だった。戦争がなくとも、飢餓や貧困に苦しんでいる地域の人びとは決して「平和」だとは感じていない。平和教育が戦争の問題にもっぱらこだわっていたのは、飢餓や貧困の苦しみに直面していない先進国に暮らす者の視点からしか考えていなかったからではないか。こうした自己反省的な動機もあって、80年代以降、戦争の問題のみではなく差別・貧困・飢餓・環境など構造的暴力に関わる問題をも課題とする方向で、平和教育の射程は著しく拡大した。また、80年代以降、構造的暴力に関わる教育領域・課題として、開発教育、環境教育、人権教育、異文化間教育、国際理解教育など、平和教育とも共通する課題に取り組むさまざまな教育の実践と研究が展開した。

（3）学校づくりや生活指導における平和教育（特徴⑤）

　70年代末から80年代にかけての時期に、学校の「荒れ」、すなわち体罰と校内暴力、そしてやや遅れていじめや自殺が社会的に大きくクローズアップされ、暴力の吹き荒れる平和を喪失した学校の現実のなかで教師たちは日々の教育に取り組むこととなった。こうした状況は、平和教育に意識的だった教師にとっては、自らの実践に戸惑いすら感じさせるものであったろう。戦争の悲惨さを示し平和の大切さを説き平和憲法の素晴らしさを語ったそのそばで、子どもたちは破壊と暴力に走り、教師はそれを取り締まるための体罰と管理強化を推し進める。平和教育の無力さを痛感せざるをえない事態が進行していたのだが、そのことは、平和教育はもはやカリキュラムのなかだけでは完結しえないということを意味している。こうした事態に対して平和教育が無関心を装えば、子どもたちは、きれいごとにすぎない「平和」の空々しさを鋭く感じ取ってしまう。「学校唱歌校門を出ず」（学校で教わる歌は学校のなかでしか歌われない）という言葉があるが、「平和憲法校門を出ず」というよりも「平和憲法授

第3章　平和教育の歴史的展開(2)

業を出ず」という言葉が説得力をもってしまうのであり、まさに「平和創造の理念と現実の乖離」が80年代に進行したのである。

　当時の民間教育研究団体や教組の教研などでも、「荒れ」の問題が取り上げられ真剣な討議が積み重ねられていった。そうしたなかで、教科研などを中心に議論を展開していた佐貫浩が、平和教育をカリキュラム論・教材論といった枠内で論じるのみではなく、学校原理の変革という大きな文脈で平和教育を論じた。この時期の佐貫の平和教育論の重要な特徴として2点あげられる。

　第1に、「方法としての平和」という概念を示したという点。まず、平和を「争いのない状態」ではなく、「争いや矛盾や対立を、武力と暴力によってではなく、人間の尊厳と人権と民主主義の方法によって解決し処理していくことのできる状態」と定義する。つまり、「平和」を現象としてとらえるのではなく、現実の矛盾や対立のなかで生きていく私たちが、それらを解決するためにどういう方法を用いるかという点に着目したのである。現実の矛盾・対立や不正義に対して非暴力的方法で挑むことを、「方法としての平和」と呼んだ。さらに、「方法としての平和」を、「個の生活原理としての平和」のレベルと「政治の方法的原理としての平和」のレベルに大別する。そして、平和教育の内容・目的は、前者の力量を子どもたちに獲得させるとともに、後者についての科学的な認識とそれを実現していく力量を形成することであるとする[23]。

　つまり、前者の力量を獲得することが後者の展望を切り開き、後者の力量を形成することが前者を促すという相互関連をもたせるように平和教育を構築することで、1人の人格のなかに平和の価値が確立するということである。そして、80年代の学校は、前者の力量形成が妨げられる状態に置かれていた。したがって、佐貫の論理に立てば、従来の平和教育が取り組んできた後者の力量形成のみではなく、前者をも平和教育の課題として組み込んでいかねばならないし、そうしたときに、子どもたちは自信をもってミクロなレベル（身近の生活）からマクロなレベル（国内政治や国際政治）に至るまで、平和的な方法で諸矛盾を解決し正義を実現する力を獲得できるということになる。

　第2に、「学校の平和的原理の探求」を平和教育論に組み込んだ点。まず、ある教育的価値（ここでは「平和」という価値）が成立するためには、「教育行為

が行われる全体的な諸関連が，その教育的価値の実現を励ますようなものへと組み替えられ，とりわけ子供の側にその教育的価値を求める学習への要求が成立していなければならない」ということを前提とする。そして，学校はここでいう「全体的な諸関連」の最も中心となる一部なのだが，これが暴力的な原理の上に成り立っていたならば，「たとえ個々の教師の思いが平和の価値の実現にあったとしても」子どもたちには届かない。次いで，平和を妨げる「全体的な諸関連」のなかの要因を2つあげる。1つは，学校のなかで「子どもたちを動かしている力」が暴力による支配であるということ。すなわち，暴力をふるう集団への服従やその結果としての自殺やいじめ，あるいは教師の体罰や有無を言わさぬ管理による締めつけなどである。もう1つは，「生存競争的な能力主義」が学校に深く組み込まれているということ。偏差値によって人間の価値や序列を決め，それに勝ち残るための学習を強いられる状況では，「すべての人間の尊厳」という平和的な価値が成立する基盤は突き崩されるし，平和に関する学習も単に試験で点を取るための記憶の対象にしかならない。このように，学校のなかに組み込まれている，平和を妨げる諸要因を平和的なものへと転換することで「学校の平和的原理」を打ち立てることが欠かせないのである（筆者は，佐貫のいう「学校」は，文字どおりの「学校」より広い意味を含み込んでいるので，「学校文化の平和的原理」と呼んだほうがわかりやすいように思う）[24]。

　佐貫の平和教育論は，「（狭義の）平和教育論」と「学校論」「学力論」が組み合わさって提起されているという特徴がある。佐貫は，教科研などの民間教育研究団体や教組運動に連なる研究団体での研究活動を中心に論を展開してきた。そこでは，困難な教育現実に日々直面しつつそれを乗り越えるべく教育実践に取り組んでいる実践者と研究者たちが共同して教育研究を進めている。そうした日本の教育現実への対応を模索するなかから平和教育の課題を浮かび上がらせてきたため，学校改革や競争原理批判といった，運動論的な大きな文脈で平和教育が論じられることとなった。しかし，佐貫の平和教育論が教育改革といった運動論と不可分に展開しているため，教育運動（とりわけ教組運動）の枠組みを越えて共有されるのが難しいという限界をはらんでいる。

（4）小　括

　以上のように，80年代になると，3つの側面で平和教育の射程が著しく拡大した。それは，ユネスコの国際教育勧告（74年）やガルトゥング平和学から学ぶものであったり，また日本の教育現実への対応から生み出されたものであった。これらは，アメリカの平和教育学者ベティ・リアドン（Betty Reardon）が80年代末以降提唱する「包括的平和教育（comprehensive peace education）」の考え方とも重なるものであり，日本の平和教育の理論と実践は世界的にみても先駆的な水準をつくり上げていた。

1）　広島平和教育研究所編『平和教育実践事典』労働旬報社，1981年。日本教職員組合・国民教育研究所編『平和教育教材資料　小学校編』日本教職員組合・国民教育研究所，1981年。同編『平和教育教材資料　中学校編』『同　高等学校編』同，1982年。
2）　村上登司文『戦後日本の平和教育の社会的研究』学術出版会，2009年，201〜202頁。
3）　同委員会の名称は，その後「平和・人権と国際理解の教育」（94年），「平和教育・平和文化」（99年），「人間の尊厳と共生の教育」（01年）と変遷し，02年の大会を最後に廃止された。
4）　村上前掲注2），208〜209頁。
5）　本項の国際文書からの引用は，堀尾輝久・河内徳子編『平和・人権・環境　教育国際資料集』青木書店，1998年。
6）　藤田秀雄「平和のための学習」深瀬忠一ほか編『恒久世界平和のために』勁草書房，1998年，852〜862頁。
7）　WCOTP・日教組報告書編集委員会編『世界の平和・軍縮教育』勁草書房，1983年。
8）　デービッド・アダムズほか編『暴力についてのセビリア声明』平和文化，1996年。関根一昭『頭と手と足で学ぶ平和・環境教材集』平和文化，1996年。
9）　澤野重男『世界史をつくる子どもたち』平和文化，1990年，53〜61頁。
10）　幡多高校生ゼミナール・高知県ビキニ水爆実験被災調査団編『ビキニの海は忘れない』平和文化，1988年。なお，この取り組みは，90年に同名で映画化された（監督森康行）。
11）　沖村民雄『学ぶこと，語ること，生きる希望と平和な未来』平和文化，2010年。
12）　勝田守一「ヨーロッパで考えた日本の教育」『勝田守一著作集　第1巻』国土社，1972年，420頁（初出1951年）。
13）　勝田「教育とナショナリズム」『勝田守一著作集　第2巻』国土社，1973年，37頁（初出1952年）。
14）　目良誠二郎「福沢諭吉の視点から柳宗悦の視点へ――日朝関係史のバクロ型授業を乗り越える試み」『展望日本歴史2　歴史教育の現在』東京堂出版，2000年，198〜204頁（初出は，歴史教育者協議会『歴史地理教育』465号，1990年12月）。

15) ケン・ベラー＝ヘザー・チョイス『平和をつくった世界の20人』岩波ジュニア新書，2009年，38～50頁。
16) 安達喜彦編『平和教育実践選書　第2巻　十五年戦争』桐書房，1990年，22頁。
17) 安達喜彦「現代史学習の課題―戦争と平和の学習をどのようにすすめてきたか」『平和教育の学習課題』地歴社，1985年，71～73頁（初出，『歴史地理教育』293号，1979年7月）。
18) 安達「再び戦争に加担しないために―『女も戦争を担った』を学習して」前掲注17)書，87～100頁（初出，『歴史評論』407号，1984年3月）。なお，登場人物の「構造」は，日本教育学会第48回大会（1989年）課題研究における安達の報告レジュメより。
19) 『新版　きけわだつみのこえ』岩波文庫，1995年，17～20頁。
20) 安達前掲注18)，91頁。
21) ヨハン・ガルトゥング（高柳先男監訳）『構造的暴力と平和』中央大学出版部，1991年，3～5頁。
22) 同前，11頁・30頁。原著では，「personal or direct violence（人為的・直接的暴力）」，「structural or indirect violence（構造的・間接的暴力）」と呼ばれている。なお，「文化的暴力」は，1980年代後半頃からガルトゥングが用いるようになった新しい概念であり，引用した定義は次のものによった。藤田明史「平和とはなにか」ガルトゥング・藤田明史編著『ガルトゥング平和学入門』法律文化社，2003年，7頁。
23) 佐貫浩『学校を変える思想―学校教育の平和的原理の探求』教育史料出版会，1988年，53～55頁（初出1987年）。
24) 同前，11～15頁。

第4章

平和教育の歴史的展開(3) ▶1990年代半ば以降

竹内 久顕

1990年代半ば頃から平和教育の「低迷・混乱期」を迎えることとなる。この時期の特徴としては，以下の4点があげられる。
① 自由主義史観など歴史修正主義の立場からの平和教育批判を受けた。
② 日本社会の「暴力化」（軍事力や強権による「平和」の主張，非暴力的方法への迷い，憲法・教基法改定への動きなど）への対抗軸を示しきれなかった。
③ 構造的暴力に関わる諸課題（貧困・差別・環境など）やいじめ・自殺問題などを含んだ「広義の平和教育」に焦点が当てられ，2000年代になると「包括的平和教育」論が登場し注目された。
④ 平和教育の組織的取り組みの後退と，その一方での平和関連諸教育や国際的な平和教育の取り組みの活発な展開

1 平和教育の「低迷・混乱」と「地殻変動」（特徴①②）

ここでいう「低迷・混乱」には，平和教育を否定する言説の登場，平和教育の説得力の動揺，平和教育の推進力の低下の3重の意味がある。本節では，第1章で検討した「平和教育の危機」の実態と背景を検討することとなる。

第1の「平和教育を否定する言説の登場」とは，藤岡信勝の「平和教育再編成の時」（『読売新聞』93年）を嚆矢に，自由主義史観研究会（95年発足），新しい歴史教科書をつくる会（96年発足）や，小林よしのりの『戦争論』（98年刊行）などを指す。いずれも，主に80年代に展開した「加害」に関する平和教育（とりわけ，「従軍慰安婦」，「南京大虐殺」と沖縄戦での「軍命による集団自決」）への攻撃であった。こうした国家主義的な「大東亜戦争」美化の主張は，戦後一貫し

て保守論壇の底流に流れていたが，90年代半ば以降の大きな特徴は，それが教師と若者に受け入れられた点である。さらに，これらの主張は政策へも影響し，2000年代になると教科書における加害の記述が大きく後退した。

第2の「平和教育の説得力の動揺」とは，冷戦終結後の世界と日本を取り巻く国際関係の不安定化——東欧激変，北朝鮮・中国の「脅威」，9・11とアフガン・イラク戦争など——がうち続くことで，「平和を欲するなら，戦争に備えよ（軍事力による安全保障を準備せよ）」という言葉が現実味を帯びてしまったということを指す。第1章1節で述べたような不安と迷いに対して，それを乗り越える具体的で現実的な道筋を，平和教育は示しきれなかった。

第3の「平和教育の推進力の低下」とは，80年代に高揚した平和教育研究運動が相次いで低迷し始めたことを指す。日教組は91年に日教組と全日本教職員組合（全教）に分裂し（実質的な分裂は89年末），教研集会もそれぞれが別個に開催するようになった。日平研は90年代末には目立った活動がみられなくなり，機関誌『平和教育』も2009年に廃刊となった。また，平和教育研究に取り組んでいた諸団体でも活動停止や参加人数の減少が目立つようになった。さらに，日本教育学会の平和教育に関する専門委員会（名称は「人間の尊厳と共生の教育」委員会）も，02年の大会を最後に廃止された。

90年代半ば以降進行した，これら三重の「平和教育の危機」には，次のような時代背景を指摘できる。冷戦終結とバブル崩壊に伴う国際情勢と日本の社会経済システムの不安定化が，人びとの意識を支えてきた原理・価値観（平和憲法・人権，企業への忠誠，「安全神話」「学歴信仰」など）への信頼を揺るがせ，将来への言い知れぬ不安感を引き起こした。そして，平和や人権といった理念が現実から乖離した空疎なもののように思えてしまったときに，軍事・強権・国家といった「強い力」によって状況を打開できるという言説への期待が高まった。軍事力行使や戦争美化，国家主義といった考え方は，従来であれば公然と語ることがはばかれていただけに，本来古臭いはずの「強い力」がどこか新鮮なもののようにみえた。こうした意識が少なからぬ国民の間に蔓延し始めたときに，国家主義的なあるいは暴力的な言説と政策が説得力をもち始めた。

そして，こうした状況下で右往左往するおとなたちを目の当たりにしていた

若者たちに，小林が「戦争によって浮遊する個を乗り越えられる」と告げたとき，日本社会の現状からなんとか脱しようと真摯に苦悩している真面目な若者であればあるほど魅かれてしまった。また，いじめや排他的競争が常態化している学校・社会のなかに生きる子ども・若者たちに，平和憲法の素晴らしさを説いたとしても，それが自らに襲いかかってくる「暴力」にどう対抗できるのかを明確に示せない限り空念仏にしか聞こえず，むしろ，「暴力」に対抗できる「暴力」を示してくれているかのような言説のほうに賭けてしまう。

以上のような90年代以降の状況変化は，平和教育にとっては「地殻変動」といってもよいほどの激変である。「戦争はいけないこと」「人権は大切」というだれもが疑いもしなかったはずの命題は揺るがされ，平和憲法が掲げる平和の理念の有効性を試されるような現実が矢継ぎ早に突きつけられてきた。しかし同時に，9・11以降の世界と日本のあり様をふまえると，日本の平和教育が執拗にこだわり続けてきた戦争に関する学習は，むしろこれまで以上に必要性と緊急性を増してきたはずでもある。つまり，これらの「地殻変動」は，平和教育の説得力を奪い無力化するものではなく，逆に，従来の平和教育の弱点を克服することで，閉塞感・不安感を乗り越えるための平和教育をつくりだす好機ではないのか。にもかかわらず平和教育運動が「低迷・混乱」しているのであれば，その原因は「地殻変動」をとらえきれていない平和教育運動の側にあると考えたほうが妥当であろう。

2 「包括的平和教育」論の登場（特徴③）

80年代以降顕著になった構造的暴力論の平和教育への導入は，平和教育論の主流の考え方として広まってきた。今日では，戦争に関する問題を取り上げる平和教育を「狭義の平和教育」と呼び，貧困・差別・環境などの構造的暴力に関わる問題をも取り上げる平和教育を「広義の平和教育」と呼んでいる。さらに，「広義の平和教育」にはいじめや自殺といった問題をも含めて平和教育の課題とすべきであるといった主張もみられる。そして，こうした「広義の平和教育」こそがこれからの平和教育のあり方として追求されねばならないという

課題意識が，平和教育の実践・研究において広く共有されるようになった。

こうした理解は日本だけの現象ではなく世界的な傾向でもある。最新の平和学事典によると，「平和教育とは，文化的・社会的・宗教的な信念と慣習，あるいは政治的・経済的・イデオロギー的な制度と慣行を助長したり維持したりするための手段として用いられる暴力の多様な形態，すなわち物理的暴力・構造的暴力・制度的暴力・文化的暴力を理解し減少させる試みを学ぶこと」であると，リアドンの定義を引用して説明されている。また，EURED（Education for Europe as Peace Education）が，平和教育実践のための教員養成プログラムのなかで用いている定義と目的が次のように紹介されている。「平和教育とは，平和と非暴力のための，また，協力的で思いやりのある民主的社会を積極的に構築しようとするための，知識・価値・態度・スキルを伸ばすという理念に基づく，理論と実践である。また，平和教育の目的は，平和的な紛争解決と非暴力の考え方と実践を活用することにより，あらゆる人間の尊厳を守り，社会的正義・平等・市民的責任・連帯を促進し，ダイナミックでグローバルな視野を獲得し，それらを通して個人の権利を伸長し社会の福祉を増進することである」[1]。いずれも，平和教育をきわめて包括的に規定しており，とりわけリアドンの定義は，物理的・構造的・文化的暴力の語が用いられていることからもわかるとおり，明らかにガルトゥングの平和概念に基づいたものである。

リアドンが提唱する「包括的平和教育」は，戦争・開発・環境・人権などを広範に取り入れた平和教育論で，今日の欧米でも共有されている考え方だということがわかるが，日本でも2000年代にはいる頃から知られるようになり，新しい平和教育の考え方として注目されている[2]。

3　平和関連諸教育や国際的な平和教育の取り組みの活発な展開（特徴④）

(1) 平和関連諸教育の展開

開発教育，人権教育，環境教育，国際理解教育，多文化（共生）教育，グローバル教育など，広義の平和（構造的暴力をも含み込んだ平和概念）に取り組む

多様な教育の実践と研究が活発に展開している。これら平和関連諸教育の動きが,「低迷」しつつある従来の平和教育運動と異なる点として2点指摘できる。

第1に,これまでの平和教育運動は,民間教育研究団体や教組運動のなかから発展してきたため,その主な担い手は教師と教育学研究者が中心だった。しかし,平和関連諸教育の担い手には,市民活動やNGO活動に取り組んできた人びとが多い。たとえば,途上国の開発支援の活動に取り組んできた人が,途上国の抱える問題をより多くの日本の人びとに知らせ,ともに途上国の貧困克服に関わっていきたいという願いをもって開発教育に参加するというケースは珍しくない。第2に,平和関連諸教育の集まりは,ワークショップなどの参加型の手法を積極的に取り入れており,学校関係者だけではなく広く一般市民の参加を呼びかけて開かれることが多い。

(2) 国際的な平和教育への取り組み

90年代以降の主だったものを5点あげておく。

❶ **ユネスコ94年宣言** ユネスコは,74年に「国際教育勧告(74年勧告)」を採択した(→34頁参照)が,それから20年たった94年の第44回国際教育会議で「平和・人権・民主主義のための教育に関する宣言(94年宣言)」が,続いて翌年の第28回ユネスコ総会で「平和・人権・民主主義のための教育に関する総合的行動要綱」が採択された。「74年勧告」では「平和」「人権」「民主主義」がキーコンセプトとされたが,「94年宣言」ではそれに「持続可能な開発・発展」と「寛容」が追加された。また,「宣言」に盛り込まれた「平和の文化」は2000年代になるといっそうの展開をみることとなる[3]。

❷ **「平和の文化 (a culture of peace)」** 1989年にコートジボアールで開かれた,ユネスコ「人の心に平和を」国際会議で「平和文化 (peace culture)」の語が使われたのが最初といわれる。以後,「平和の文化」はユネスコを中心に用いられるようになり,95年のユネスコ総会で「平和の文化に向けて」プロジェクトが設けられた。そこでは,「平和・人権・民主主義・国際理解・寛容のための教育」「人権・民主主義と反差別の取り組みの促進」「文化の多様性と文化間の対話」「紛争防止と紛争後の平和建設」の4分野が確認され,これらが

「平和の文化」の課題として示された。その後，97年に国連は，2000年を「平和の文化国際年」とすることを決め，98年には，2001年から2010年までを「世界の子どもたちのための平和と非暴力の文化国際10年」と定めた。次いで99年の国連総会では，「平和の文化に関する宣言」とその「行動計画」を採択した。「宣言」では，「平和」を人権・開発・環境・生命・寛容・多様性・対話・男女平等・意見表明など多様な価値を含む広い概念としてとらえ，また「文化」も価値観・態度・行動様式・生活様式といった人間の内面や個人の生き方をも含む概念とされた。そして，それらを実現する手段として，教育・行政・市民社会・メディアなど広範な人びとや組織の役割を強調しており，平和創造へ向けた包括的な取り組みを提起している[4]。

❸　ハーグ・アジェンダ　99年に開催された「ハーグ平和アピール市民社会会議」は，1899年に開かれたハーグ万国平和会議の100周年を記念した会議で，50の勧告からなる最終文書「21世紀の平和と正義のためのハーグ・アジェンダ」が採択された。また，国連に提出された「公正な世界秩序のための10の基本原則」の第1項では，「各国議会は，日本国憲法第9条のような，政府が戦争をすることを禁止する決議を採択すべきである」とあり，第9項では，「平和教育は世界のあらゆる学校で必修科目であるべきである」とある[5]。

❹　東京アジェンダ　「GPPAC東北アジア地域会議」は，2001年のアナン国連事務総長の勧告で始まった「武力紛争予防のためのグローバル・パートナーシップ（GPPAC）」の地域プロセス会議で，NGOなど市民が主体となって取り組まれた。05年に東京で開かれた同会議で「GPPAC東北アジア地域宣言（東京アジェンダ）」が採択された。その前文で，「紛争解決の手段としての戦争およびそのための戦力の保持を放棄したという9条の原則は，普遍的価値を有するものと認知されるべきであって，東北アジアの平和の基盤として活用されるべきである」と宣言されている。また，本文「3─3」は「平和教育を通じて予防の文化を醸成する」と題され，「平和教育者間のネットワーク」「歴史認識を共有するための研究」「平和ジャーナリズムを促進」などの諸提言がなされている[6]。

❺　軍縮・不拡散教育　80年前後に一時注目された軍縮教育はその後目立

った動きはなかった（→34頁参照）。しかし，02年の国連総会にアナン事務総長から提出され採択された「軍縮および不拡散教育に関する国連の研究（事務総長報告）」を機に再び注目されることとなった。その内容は，あらゆるレベルでの軍縮・不拡散教育の推進や参加型学習の重視など，80年の「軍縮教育10原則」を基本的には踏襲しているが，今日再び注目されるに至った理由としては，冷戦終結による軍縮をめぐるイデオロギー対立の減少，国際テロによる大量破壊兵器拡散の危険，内戦の要因ともなる小型武器の拡散など，かつて以上に軍縮と不拡散の教育の必要性が増したという点が指摘されている[7]。また，リアドンは，軍縮教育が「平和教育のアプローチでもっともおくれている分野」であると指摘したうえで，「人間の安全保障概念の教育学的可能性」の探求を深めることで，今日の世界の安全保障システムを軍事力による安全保障から転換することを軍縮教育の重要な目的として掲げる[8]。あるいは，核兵器の被害を受け生物兵器を他国に使用した歴史をもつ日本の軍縮・不拡散教育は，歴史教育との接点のなかで展開する独自の可能性があるとの指摘もある[9]。これまでの日本の平和教育の蓄積を活かしつつ現実世界の軍縮と不拡散への具体的な道筋を考える学習として，「10原則」以来の軍縮教育をこれからの平和教育のなかに正当に位置づける試みが必要となっている。しかし，日本では，軍縮・不拡散教育を管轄しているのは文科省ではなく外務省（軍備管理軍縮課）であり，このままだと学校教育・社会教育に浸透するのは難しいだろう。

4 「新しい平和教育」の登場

　以上のような90年代以降の「地殻変動」を受けて，平和教育の実践者・研究者のなかから新たな平和教育を模索する動きが起こった。これまでの平和教育の蓄積をどう位置づけるかに着目すると3つの類型をあげることができる。

（1）歴史修正主義的立場：これまでの平和教育の否定

　歴史修正主義的立場からの平和教育論とは，これまでの平和教育の蓄積を全面否定するもの。自由主義史観研究会の中心となる藤岡信勝がその立場を宣言

した最も初期の論考が「平和教育再編成の時」(『読売新聞』93年4月30日)というタイトルであったことにも示されるように,「新しい平和教育」の一種とみなすことができる。そこでは,次のように述べられている。

平和教育は「日本が起こした無謀な侵略戦争への深い反省に立ち,平和憲法の意義を確認する」という筋道で進められ,原爆・空襲・疎開体験の聞き取りなどの多彩な実践の蓄積が「一つの定型として現場に定着」してきたという。しかし,湾岸戦争は「平和教育がよりどころとしてきた憲法9条の『平和主義』の理想が国際政治の現実の中で破綻した」ことを示した。にもかかわらず,自衛隊派遣に反対したり非軍事的貢献を説くような,世界の常識からすると「驚くべき独善とエゴイズムの主張」をする教師がいまだに多いと嘆く。その実践例として,世界では多くの戦争が起こってきたが,日本は平和憲法のおかげで第二次世界大戦後に戦争をしていない数少ない国の1つだということを示す授業例を紹介したうえで,そのことは,憲法9条が「周辺諸国の戦争を防止するのに,いかに無力・無関係であったかを示すもの」であると批判し,「日本の平和教育は明らかに一面的であった。世界平和を自分たちの手でつくり出すという気構えにかけていた」と総括する。さらに,平和教育は「戦争に対する恐怖と憎悪と嫌悪を吹き込む」ことには成功したが,「例えば,戦争の原因に関して,日本が国際的に孤立し戦争への道をつき進むのを食いとめることができなかったのはなぜか」といった学習が不十分であったと批判し[10],今後は「過去の反省と身辺の『平和』に自閉する平和教育」を脱皮して「従来の平和教育のパラダイム転換」を図らねばならないという。

この藤岡の論に対する疑問を以下に4点あげる。

第1に,「一つの定型」という平和教育は,第**3**章で確認した80年代までに展開した「狭義の平和教育」で,藤岡は「狭義の平和教育」が過去の反省に「自閉する平和教育」であると批判している。しかし,「狭義の平和教育」においても,目良誠二郎のように「戦争に対する恐怖と憎悪と嫌悪を吹き込む」授業を「暴露＝告発型」として批判し,「世界平和を自分たちの手でつくり出す」ような抵抗の事実に目を向けさせる歴史学習の実践はあった。また,安達喜彦のように加担の事実をその「心のひだ」にまで立ち入って,「戦争への道をつ

き進むのを食いとめることができなかったのはなぜか」を考えさせる実践もあった。これらの実践は，過去の反省に「自閉する」平和教育への批判を土台として，それを乗り越えようとする平和教育だった。

　第2に，世界には戦争が常に存在するという事実から，9条が戦争防止にとって「無力・無関係」であると批判する。しかし，「平和教育がよりどころとしてきた憲法9条」は，国際紛争を武力以外の方法で解決しようというものなのだから，これまでの世界の戦争に対して，日本政府が武力以外のあらゆる手段で解決を図ろうとしたのに無理であったということが論証できなければ，9条が戦争防止にとって「無力・無関係」だとはいえない。はたして，日本政府が9条に基づく国際平和のためのあらゆる努力をやりきっていただろうか。藤岡は，非軍事的貢献は世界の常識ではなく，9条は「国際政治の現実の中で破綻した」として軍事力による「国際貢献」の必要性を説く。たしかに，平和教育は非軍事に焦点を当ててきたが，今日の「新しい戦争」に対応するためには，「ハード・パワー」（軍事力，経済力）のみではなく「ソフト・パワー」（その国の文化，政治的な理想と価値観，政策の魅力など）が有効な場面のほうが多いというジョセフ・ナイの議論は，9条をよりどころとしてきた平和教育の現実的有効性を裏づけるものでもある（ナイの同名の邦訳書が刊行されたのは2005年）。ただし，筆者は，これまでの平和教育が，軍事を検討すること自体を避けてきた面が強い点には批判的である。ハード・パワーとソフト・パワーの組み合わせを説きつつも，「新しい戦争」への対応においては軍事力の役割が相対的に低下してきた，というナイの議論をふまえた平和教育実践が今後は望まれるだろう。すなわち，非軍事の選択肢を最初から非現実的であると決めつけたり，9条を機械的に適用して軍事を最初から排除するいずれの方法にも，筆者は同意できない。軍事・非軍事のあらゆる選択肢を教材の俎上に乗せたうえで，自由な討論と調査を通して子どもたち自身に，最も平和的な道を考え選び取らせる学習こそが，現実的な展望のもてる平和教育になるはずである。

　第3に，平和教育は「世界平和を自分たちの手でつくり出すという気構えにかけていた」と批判する。しかし，平和教育は，当初から，どうすれば戦争を起こさない世の中をつくることができるだろうかという目的のもとに行われて

きたのだから,「気構え」に欠けていたという指摘は当たらない。もっとも,藤岡のいう「自分たちの手でつくり出す」は軍事力によるものを前提としているので,そういう立場からみれば「気構え」にかけるとなるのだろうが,それは1つの「ドグマ」的な見方である。

　第4に,上述の第1の点に対しては,目良や安達の実践は一部の例外的な実践者のものにすぎず,多くは「自閉する平和教育」ではないかという批判がありえるだろう。しかし,だとすれば,藤岡が批判すべきは,これまでの平和教育の理論と実践そのものではなく,そうした一部の優れた実践が広く共有されてこなかったという点,つまり,平和教育の運動の方法にこそ向けられるべきではないか。おそらく,目良のいう「暴露＝告発型」平和教育への批判という点では,藤岡は同意できるはずである。すなわち,「戦争に対する恐怖と憎悪と嫌悪を吹き込む」ような平和教育ではなく,「世界平和を自分たちの手でつくり出す」ような平和教育を目指していた目良や安達のような実践を広めていこうという点では,歴教協などの平和教育を推進してきた諸団体と藤岡は共通の土俵の上に立っているのではないか。にもかかわらず,これまでの平和教育そのものに対して批判の矛先が向けられるのは,一部の優れた平和教育実践がいずれも非軍事・非暴力の実践だったからだということであろう。

　藤岡は先の新聞論説の最後で「ドグマにとらわれず現実を直視する勇気」が必要であると述べており,それには筆者もまったく賛同できる。非軍事的貢献は非常識であるとして排除する授業も,9条を有無を言わさずに教え込む授業も,いずれも「ドグマ」であって,平和教育とはいえない。これまでの平和教育を批判的に振り返るとすれば,一部の優れた平和教育実践がなぜ広く共有されなかったのか,平和教育の運動方法に問題がなかったのか,「ドグマ」を教え込むような平和教育は本当になかったのか,といった点だろう。そして,これらの問いへの回答は,これまでの平和教育の蓄積を丁寧に吟味し,「地殻変動」の実情を正しく把握する地点から始めることで可能となる。

　さて,藤岡とともに自由主義史観研究会や新しい歴史教科書をつくる会の中心的な論客として活躍した高橋史朗も「新しい平和教育」の論者である。高橋は「平和教育のパラダイム転換」を掲げることで従来の平和教育の「転換」を

求めているが，その平和教育論は第**5**章で詳細に検討する。

（2）「地殻変動」に即応した平和教育：これまでの平和教育の発展的継承

「昂揚期」の平和教育運動に携わってきた実践者・研究者が提唱するもので，これまでの平和教育の蓄積を継承しつつその弱点を克服しようとするもの。

教科研・歴教協など老舗的な教育研究団体や教職員組合に関わる実践者・研究者の間で，上述の第1類型からの平和教育批判への対抗を機に，これまでの平和教育の意義と限界に関する議論が起こった。また，分裂後も日教組と全教それぞれが教研集会などで平和教育の研究に継続的に取り組んではいる[11]。しかし，それらの影響力は限定的である。それは，こうした老舗的な教育研究団体の機関誌普及が思うように進んでいない点や，日教組・全教の組織率低下（双方あわせて，全教職員の3割強）と両者の不毛な対立からもうかがえるが，次の第3類型の「新しい平和教育」の担い手の多くが，これまでの平和教育運動の流れ（老舗的な団体や教組など）とほとんど関わりをもたないところから生まれているにもかかわらず，そうした新たな担い手を十分に糾合しきれていない点に大きな原因があるように思われる。

これまでの平和教育実践・研究に関わってきた良心的な実践者と研究者のなかに，これまでの平和教育の蓄積を継承しつつその弱点を克服しようという真摯な試みはあるが，それが従来からの運動体の枠組みのなかにとどまっている限り，これからの平和教育のあるべき指針として広く共有されるようになるとは期待し難い。なお，本書は，老舗的な平和教育の流れとは異なる新たな平和教育の流れにあって，この第2類型を目指している。

（3）新しい平和教育：これまでの平和教育からは距離

従来から平和教育に取り組んできた第2類型とは距離をおいたところで，主に2000年代になってから登場した新しい平和教育論。平和憲法の理念を尊重し非軍事・非暴力の立場を堅持する点で第2類型の平和教育論と似ているが，これまでの平和教育の蓄積を取り立てて重視するわけではなく，文字どおり「新しく」登場してきたもので，さらに3つの流れを指摘できる。

第1に，開発教育や環境教育といった平和に関わる教育や運動に取り組んできた団体のなかに，「開発と平和」「環境と平和」の関わりに焦点を当て，参加型学習やワークショップといったそれぞれの得意とする手法を活かしながら平和教育の教材・実践づくりを試みているものがある[12]。開発教育や環境教育などはNGOや市民運動との関わりが深く，現地に根差した活動に取り組んできた人びとのなかから，教育との接点を求める声が起こってきた。したがって，貧困や環境などのありのままの現実から平和との関わりを追究しようとするので，これまでの平和教育が見落としてきた課題や論点を示しているという強みがある。しかし，逆に，これまでの平和教育の実践と研究の蓄積を必ずしもふまえていない議論が散見する。たとえば，長い歴史をもつ国際理解教育では，近年，平和教育との重なりが広がっている（→第6章2節参照）。しかし，日本国際理解教育学会の現在の到達点ともいえる『グローバル時代の国際理解教育』で平和教育を総括的に整理している箇所において，「これまでの平和学習は『構造的暴力』の除去を視野に入れた教育実践が圧倒的に多く展開され，それによって当初の目的である『心の中に平和のとりで』を築くことに意義を見出してきた。（中略）9・11テロとアフガンやイラクでの戦争以降，こうした平和教育の前進を背景として，『直接的暴力』である戦争，『消極的平和』への学習も重要かつ緊急の課題となっている」[13]と記述されているが，この整理は，戦後日本の平和教育の実践と理論の展開をふまえていない[14]。なお，第2類型も，80年代以来の平和教育の射程の広がりの過程で，開発・環境などを平和教育の重要な課題ととらえているので将来的には協働もありうるだろう。

　第2に，平和運動・市民運動に携わってきた人びとから提唱される平和教育論。平和問題の現実に直面するなかから生まれた構想なので傾聴すべきところもあるが，自らの被教育経験のみに依拠した直感的なものや発達段階などの教育学的知見を無視したものなど粗雑なものが散見する。

　第3に，海外の平和教育実践・理論を取り入れようとするもの。海外から学ぶこと自体は望ましい試みだが，日本の教育現実や歴史的・文化的背景，教育実践と理論の蓄積などを詳細に検討したうえで何を学び何をアレンジすべきかを考えねば，「地殻変動」に応えうる平和教育をつくるのは難しい。近年，海

第 **4** 章　平和教育の歴史的展開(3)

外の留学先で学んだ成果を日本で発表するという意欲的な試みが増えている。しかし，それらのなかには，単なる海外の理論と実践の直輸入だったり，実はすでに日本の教育実践史のなかで論じられていたりするものが珍しくない。

以上の第 3 類型の典型例として，コスタリカ平和ガイドの平和活動などに携わっている足立力也の平和教育論があげられるので，第 **5** 章で検討する。

以上のような「新しい平和教育」が模索されてはいるが，玉石混淆というのが現状である。第 1 類型のように実質的に平和教育を否定する「平和教育論」ではなく，これまでの平和教育の弱点を克服できる平和教育をつくりだすためには，平和教育の理論と実践の蓄積や日本の教育現実を丁寧に総括・吟味したうえで，平和学や教育学の知見を正しくふまえた「新しい平和教育」でなくてはならない。次章では，これらの「新しい平和教育」のうち第 1 類型と第 3 類型のものについてさらに丁寧に分析検討してみよう。

---

1)　"The Oxford International Encyclopedia of Peace" Volume2, Oxford University Press, 2010, p. 40.
2)　リアドンの包括的平和教育の全体像がまとまっている邦訳書としては，現在のところ次のものしかない。ベティ・リアドン＝アリシア・カベスード（藤田秀雄・淺川和也監訳）『戦争をなくすための平和教育』明石書店，2005年。
3)　堀尾輝久「地球時代へ向けて」堀尾輝久・河内徳子編『平和・人権・環境　教育国際資料集』青木書店，1998年，15〜25頁。
4)　藤田秀雄「平和の文化と日本の暴力文化」『日本の科学者』日本科学者会議，1999年11月。平和の文化をきずく会編『暴力の文化から平和の文化へ』平和文化，2000年。
5)　ハーグ・アジェンダの訳文は，リアドン＝カベスード前掲注 2)書，253〜289頁。
6)　松井ケティ「GPPAC 国際提言の意義―平和教育を中心として」『法と民主主義』401号，日本民主法律家協会（2005年 8・9月号）。
7)　天野之弥「軍縮・不拡散教育」黒沢満編『新版　軍縮問題入門』東信堂，2005年，222頁。
8)　リアドン＝カベスード前掲注 2)書，81〜83頁。
9)　土岐雅子「軍縮・不拡散教育の役割と課題」黒澤満編『大量破壊兵器の軍縮論』信山社，2004年，391頁。
10)　藤岡は，この個所を宮原誠一が提起した平和教育の 7 つの課題から引用しているが，引用の論拠・出典の誤りを山田正行が指摘している。山田正行「宮原誠一平和教育論の

現代的継承のために」『月刊　社会教育』2000年9月号，68～73頁。
11)　日教組は「反戦平和教育から平和共生教育へ」を掲げ，全教も「平和の文化」の重要性を提起し，地殻変動に対応できる平和教育を模索している。
12)　たとえば，開発教育の分野では，『もっと話そう！　平和を築くためにできること』(開発教育協会，2003年)。同書の「はじめに」に「2001年9月に起きた米国中枢部への同時多発テロとその後のアフガニスタンでの戦争は，私たち開発教育関係者に大きな衝撃をもたらしました」とある。
13)　日本国際理解教育学会編『グローバル時代の国際理解教育』明石書店，2010年，114頁。
14)　平和教育における「直接的暴力（戦争）」と「構造的暴力」の理論と実践の展開過程は逆。また，「当初」の平和教育でユネスコ憲章が「目的」とされていたとはいえない。

第5章

「新しい平和教育」の魅力と危うさ

竹内　久顕

1　「新しい平和教育」の登場

　1999年に森田俊男は，平和教育の実践・研究は，「平和教育は間違っている，こう転換すべきである」という非難と「平和教育は成果をあげてきた。だが弱点をかかえている。こう転換すべきである」という問題提起に直面していると指摘した[1]。前者は，自由主義史観研究会（95年発足）に代表されるいわゆる歴史修正主義の立場からの議論を指しており，後者はこれまで平和教育に取り組んできた実践者や研究者からの議論を指している。前者の代表的な論者としては藤岡信勝，高橋史朗らがあげられ，その流れは紆余曲折を経ながらも今日に続いており，ここでは「保守派」の平和教育批判（→第4章4節の第1類型）と呼ぶこととする。一方，後者には教科研や歴教協などの民間教育研究団体に関わっている論者（同第2類型）が多いが，森田の指摘以降2000年代にはいると，そうした民間教育研究団体のほかに，9・11テロやその後の世界情勢の緊張を背景に「新しい平和教育」を説く論者（同第3類型）が目立つようになってきた。本章では，それら2000年代以前と以降の双方の論者の議論を「リベラル派」の平和教育批判と呼ぶこととする。

　日本の平和教育は，戦争体験に関する学習を軸に実に豊富な実践と理論を蓄積してきた。しかし，そこには，森田の指摘どおり，克服すべき「弱点」があることも否定はできない。その結果，さまざまな平和教育批判が登場することになるのであり，それらが建設的な論争を積み重ねながら互いの質を高めていくことができれば，これまでの平和教育の蓄積を発展的に継承しつつ，今日の

日本と世界が直面している諸課題を克服しうる平和教育を創造することができるだろう。しかしながら，こうした諸議論・諸提案のなかには，平和教育構想のようにみえて実は平和教育を解消させてしまうものや，自らの経験の枠内での思いつきにすぎない稚拙なものなどもあり，玉石混淆という状況である。

　そこで，本章では，錯綜する平和教育批判を検討することを通してそれらの意義と問題点を剔抉し，もって今後の平和教育に課せられた課題を考えてみたい。あらゆる平和教育批判を網羅的に検証することは紙幅的にも無理なので，ここでは，「保守派」の議論として高橋史朗のものを，「リベラル派」のうち2000年代に入ってから目立つようになった「新しい平和教育」の系譜に含まれる議論として足立力也のものを取り上げる。高橋は，自由主義史観研究会や新しい歴史教科書をつくる会などで中心的な役割を果たす「保守派」の論客である。足立は，「コスタリカ研究者」を自称して平和問題や教育問題に取り組む「リベラル派」の平和活動家である。

2　高橋史朗の平和教育批判と構想[2]

(1) 平和教育の「弱点」批判

　高橋は，広島平和教育研究所が実施したアンケートで「被爆当時のようすや，その後の被爆者の苦しみについてどのように感じるか」という問いに対して「実感にならない」「特に何も感じない」という回答が増加したことを紹介したうえで，「戦争の悲惨さと残酷さばかり教える平和教育の形骸化が深刻化している」と指摘する（47頁）。さらに，日教組教研集会の平和教育分科会でも同様の発言が相次いでいると紹介して，「日教組の平和教育がマンネリ化に陥った」という（50頁）。そして，その原因として，次に掲げる「平和教育の三つの目標」が達成されていないということを指摘する[3]。

① 戦争のもつ非人間性・残虐性を知らせ，戦争への怒りと憎しみの感情を育てるとともに，平和の尊さと生命の尊厳を理解させる。
② 戦争の原因を追求し，戦争を引き起こす力とその本質を科学的に認識させる。

③ 戦争を阻止し，平和を守り築く力とその展望を明らかにする。

　これまでの平和教育はもっぱら①に集中していたとして，「日本の教育というのは，感性を刺激する教育なのです。論理的に戦争の悪というものを知らしめる教育ではなくて，戦争を感情的に毛嫌いするように仕向ける教育なのです」という井沢元彦の言葉を紹介する（56頁）。そして，教研集会で発表された平和教育実践を批判的に紹介したうえで，戦後の平和教育の特徴と問題点は，「戦争のネガティブな面を子どもの感情に訴えるだけ」であり，「三つの目標」の②の視点がまったく欠落していることであると総括する（60頁）。

　ここまでの高橋の議論は，ことさらに日教組に限定して論じる必然性はないが，これまでの平和教育が抱える「弱点」に対する指摘としては同意できる。たしかに，「三つの目標」を視野に入れた実践もないわけではないが，一般的には②と③の位置づけが不十分であった点は率直に認めるべきであろう。

（2）高橋の新しい平和教育構想

　では，こうした「弱点」をどのようにして乗り越えればよいのか。高橋は，それを「平和教育のパラダイム転換」と呼び，まず戦争をどういうものとして教えてきたかを批判し，次いでそれに代わるものを提起するという手順で論ずる。その際，日教組が「平和教育のパラダイム転換」を掲げて「反戦平和教育」から「平和共生教育」に「変身」したことに着目し，そこでの議論を紹介したうえで次のようにいう[4]。

　第1に，戦争のとらえ方に関して，「日教組のこれまでの『反戦平和教育』は，戦争の残酷さ，悲惨さ，非人間性や日本の加害責任を正しく認識させるために，『南京大虐殺』などの戦争の最も醜い光景，広島，長崎の原爆の悲惨な状況などを子どもたちにできるだけ印象づけ，それによって戦争への嫌悪感を高め，平和への決意を固めさせようとしてきた」と批判したうえで，「それは『戦争教育』であって『平和教育』とはいえない。戦争の悲惨さを教えれば，平和な世界を築く子どもが育つと考えるのは幻想にすぎない」という（82頁）。

　第2に，それに代わるものとして沖縄とハワイでの新動向を紹介する。まず，沖縄の試みと日教組の「平和共生教育」の共通点として，「戦争の悲惨さ

だけを教えるだけでは駄目だという明確な反省」,「教育活動全体を通して総合的に教えようとしている」,「平和を創る主体形成に力点を置いている」,「身近な問題を取り上げ，心を育てようとしている」という4点を指摘する（85頁）。そして，沖縄では「悲惨な写真や戦争の非人間的部分をクローズ・アップさせすぎたのではないかという反省」が生まれたとして，沖縄県教委の『平和教育指導の手引き』から，「平和を愛する美しい心」や「豊かな感性」を育てることの大切さや，「（沖縄戦を教えるにあたって）人間の醜い面を強調しすぎて，幼児児童が人間不信に陥ることがないように」という留意点などを引用する（87頁）。そして，「福祉教育，環境教育によって『平和について総合的に指導する』ことに力を入れており，地域のお年寄りを招待して給食会を催したり」といった活動を平和教育の一環とする実践や，「思いやりの心」の教育に力を入れている小学校の事例を紹介し，「小学校段階では平和を実現するベースとなる豊かな感性を育てることが最も大切である」と総括する（88～92頁）。次に，ハワイの「自己尊重からの平和教育」というプログラムの事例をあげる。これは，「私たちの生活のなかに潜む暴力の源泉を探り出し，私たちに平和と調和のある生活をする方法を教え，争いが起こる前に自らの心の中の怒りの感情をどのように制御すればよいかを教える」ものであるとして，レッスン1「人を大切にするルールづくり」，レッスン2「自然と調和」，レッスン3「みんなユニークで大切な人」，レッスン4「家庭の平和と調和を求めて」という4つのレッスンを紹介する。

　ここまでに紹介した高橋の議論は，第1の点は「反戦平和教育」の批判，第2の点は「平和共生教育」の支持に対応するとまとめることができよう。そこで，次にこの両者に関する高橋の議論を検討する。

(3) 構想の検討

　❶　第1の点（「反戦平和教育」の批判）について　　「戦争の悲惨さを教えれば」自動的に「平和な世界を築く子どもが育つ」わけではないという指摘はそのとおりである。しかし，そのことは，「戦争の悲惨さ」を教えることを退ける論拠にはならない。「戦争の悲惨さ」の学習を「平和な世界を築く」主体の

第5章 「新しい平和教育」の魅力と危うさ

形成に展開できる学習を工夫すればよいのである。すなわち，高橋が批判すべき点は，そのように展開できるような「教育方法」(教え方)が不十分だったことなのであり，「戦争の悲惨さ」を「教育内容」(教材)とすること自体ではない。先の「三つの目標」に即して言い換えると，従来の平和教育が目標の①に終始していたことが問題なのであれば，②と③をも含み込んだ平和教育の方法を工夫することで「平和な世界を築く子ども」を育てる実践は可能となる。

また，高橋は，戦争の悲惨さを教え戦争への嫌悪感を高めようとするのは「平和教育」ではなく「戦争教育」「反戦平和教育」であると批判する。しかし，「反戦」という言葉は「厭戦」とは異なり積極的な行動を伴う(「反戦運動」という言葉はあるが「厭戦運動」という言葉はない)。したがって，従来の平和教育が「平和な世界を築く子ども」を育てていなかったのだとすれば，実はそういう平和教育は「反戦平和教育」ですらなかったということなのであり，「反戦平和教育」自体を否定する論拠にはならない。つまり，「戦争の悲惨さ」をどのような方法で教えれば，「反戦」の主体形成ができるのかという観点からの問題提起もありうる。にもかかわらず，高橋は，なぜ「反戦平和教育」自体を否定するのだろうか。以下の2つの理由で，高橋は平和教育の内容として「戦争の悲惨さ」を取り上げること自体を排除したいのではないだろうか。

まず，高橋は，「従軍慰安婦」の「強制連行」や「南京大虐殺」などを「虚偽の歴史像」(74頁)として，日本の加害を示すことを自虐的・反日的ととらえている(同書第1章)。「戦争の悲惨さ」は，空襲や原爆のように日本が受けた被害の事実からも読み取れるが，加害を扱う際には必ず伴う。したがって，日本の侵略と加害を後景に退かせるためには，「戦争の悲惨さ」を内容とすること自体に消極的にならざるをえないのではないか。

次に，高橋は，戦後の平和教育が「軍備・自衛隊そのものをタブー視するという歪みをもっている」(66頁)と批判しており，軍事力を「現実的」な選択肢として積極的にとらえているため，軍事力を行使した結果生じる「悲惨さ」の事実を伝えることには積極的意味を認めることができないのではないか。

❷ 第2の点(「平和共生教育」の支持)について　ここであげられている個々の事項は否定されるべきものではない。「平和を愛する美しい心」「豊かな

感性」や「自己尊重」は大切であるし，福祉教育，環境教育や「地域のお年寄りを招待して給食会」を催すことも意義深い教育活動である。しかし，「戦争の悲惨さ」に焦点を当てた学習に代わるものとしてこれらが提起されたということをふまえると，以下の2つの問題点を指摘せざるをえない。

　第1に，平和教育を，心の問題や身近な生活に還元しているという点。高橋が紹介している「平和共生教育」と「反戦平和教育」とは，対立・矛盾するものではない。「戦争の悲惨さ」とは，福祉・環境や自己尊重を徹底的に破壊してしまうことなのであり，だからこそ，それらを守りぬくためには戦争を否定する「反戦平和教育」が必要だ，という論理も成り立つ。つまり，高橋が紹介している沖縄などの事例と，「戦争の悲惨さ」を取り上げる「反戦平和教育」は両立するのであり，前者をもって後者に代置することはできない。

　高橋が紹介するハワイの平和教育プログラムは，『もうひとつの「平和教育」』の補章に掲載されている。それによると，高橋はレッスン4までしか紹介していないが，実はレッスン8まである。そのうちのレッスン7（対象高校生）は「核兵器を考える」というもので，広島・長崎の原爆を扱ったドキュメンタリー映画「The Lost Generation」の鑑賞が推奨されている。この映画は，10フィート運動の映画で知られる，邦名「にんげんをかえせ」だと思われる。そうであれば，これは「戦争の悲惨さ」を描いた映画であり，映画を通して核兵器の恐ろしさと危険性を知り，次いでなぜ核兵器が存在するのかを学び，どうすれば廃絶へ向えるのかを考えさせるレッスンになっているのである。まさに，平和教育の「三つの目標」を兼ね備えた，言葉どおりの「反戦平和教育」と呼びうるレッスンなのであり，ハワイの平和教育プログラムには，「平和共生教育」と「戦争の悲惨さ」の学習の両者がきちんと位置づいている。

　ただし，ここで注意せねばならないことは，「戦争の悲惨さ」を内容として平和教育を行うとしも，その際には必ず子どもの発達段階を考慮せねばならないということである。たとえば，小学校低学年の子どもに戦争の残虐で悲惨な場面や実態を見せつけるような授業は，「平和教育」ではなく「暴力教育」といってもよいだろう。発達段階によっては，「戦争の悲惨さ」はいっさい示さずに，自己尊重や福祉の学習に終始することが意味をもつ。実際，ここで高橋

が紹介している事例は初等教育（小学校）のものだし，沖縄県教委の『手引き』でも「幼児児童が人間不信に陥ることがないように」（傍点筆者）という点が留意されている。したがって，これらの事例を紹介したうえで，初等教育においては「戦争の悲惨さ」には慎重でなければならないという主張ならば同意できる。しかし，高橋はこれらの事例を紹介したうえで，平和教育一般の課題として「戦争の悲惨さ」に代わる平和教育を提唱しているので，これでは発達段階の問題をふまえない提案であるといわざるをえない。

　第2に，ここで紹介されている「自己尊重」「人を大切にするルールづくり」などは，平和教育固有の課題というより，教育そのものの課題であるという点。これらは，従来，生活指導や道徳教育をはじめとする教育の全領域で実践と研究が深められてきた。平和教育をこれらに置き換えると，平和教育は教育一般に回収されてしまう。一見平和教育が豊かなものへと発展したかのようにみえるが，戦争の問題をどのように位置づけるかを明確にしないと平和教育の固有性は見失われ，平和教育は解消してしまう。大切なことは，「反戦平和教育」と福祉・環境・人権・自己尊重などがどのように関わるのかという点を示しながら，平和教育の全体構造を明らかにすることである。

3　足立力也の平和教育批判と構想[5]

（1）平和教育の「弱点」批判

　日本の平和教育の「中身」は「そのほとんどが，昭和初期に日本が関わった戦争のことを扱っているのみ」であり「『平和教育』と言いながら，中身は戦争の話に終始する」といい，これだと「戦争の悲惨さを理解するにはよいかもしれないが，平和な社会を想像・創造する力を育てることができない」という。なぜならば，この「日本式平和教育」だと，「平和ではないこと」は理解できても「平和とはどういうものか」は理解できず，したがって「平和のために自分に何ができるか」を考えることはできないからである。さらに，「人間は，ネガティブなことは考えたくないものだ」として，「日本では『平和』という言葉とネガティブな概念（＝戦争・悲惨・死など）が直接つながっているた

め，平和ということ自体を考えなくなってしまう」という（b91〜92頁）。

足立の議論は，日本の平和教育が戦争に「固執」していたため，「平和のために自分に何ができるか」ということにまで達しなかったと批判する。先の平和教育の「三つの目標」の③を含み込んでいないではないかということであり，これでは平和を創造する主体形成はできないという点では同意できる。しかし，この足立の論理には，以下の2つの問題点を指摘できる。

第1に，平和教育の「中身」を問題としている点。足立は，平和教育の内容として戦争を扱うこと自体に問題があると考えており，「三つの目標」の①のみでなく②も含めて，日本の平和教育の「弱点」ととらえている。しかし，戦争に向き合いながらも，「自分に何ができるか」といった前向きな思考を形成することは可能である。ネガティブな戦争をポジティブな平和へ転換しようと苦闘した人物の事実を丁寧に学ぶことで「自分に何ができるか」を問う平和教育が，80年代以降の歴教協を中心に，抵抗体験の学習として深められていた。目良誠二郎の「暴露＝告発型授業」に代わる戦争学習の実践は，その好例である（→第3章3節参照）。すなわち，平和教育の「中身」＝「教育内容」（教材）として戦争を取り上げることが問題なのではなく，どういう「教育方法」（教え方）を工夫するかが問題なのである。したがって，足立が批判すべきことは，日本の平和教育が戦争の問題に「固執」していたことではなく，その問題を「自分に何ができるか」という方向へと展開できなかったことである。

第2に，平和を「ネガティブな概念」とつなげることを批判している点。足立の論理に従うと，戦争を「ポジティブな概念」としてとらえることができれば戦争は容認されてしまう。小林よしのりの『戦争論』（幻冬舎，1998年）は，戦争の「爽快感」「充実感」「感動」を描き，若者の一定の支持を得た。ここでは戦争は「ポジティブな概念」なのであり，「浮遊する個」を乗り越える魅力的な現象として描かれているのだが，これを批判する論理は足立のなかには見当たらない。足立は，平和は元来「ポジティブなもの」であり，平和教育において「ネガティブ（＝戦争）のネガティブ（＝否定）という形で伝えても，ポジティブ（＝平和）な概念にはなかなかつながらない」ともいう（a33頁，（ ）内は筆者）。この表現はレトリックとしては面白いが，あまりに形式論理的である。

「ネガティブ（＝戦争）」を「ネガティブ（＝否定）」に伝えることを問題にするのではなく，その伝え方を問題にしないと実践的な提案にはならない。

では，戦争の問題から始まる平和教育を批判する足立は，戦争の問題からどこに焦点を移すべきだと提起しているのだろうか。次にそれを検討する。

（２）足立の新しい平和教育構想とその検討

❶ 足立の平和教育構想の問題点　第１に，心・内面の問題や身近な問題から始めることを足立は提起する。「平和とはまず自分自身の内部の問題であり，さらには生活のいろんなシーンに関係してくる問題である」といい，「私たちにとって戦争は遠い場所あるいは時間の話だが，平和は現在，目の前にある問題である」という（c 213～214頁）。また，「日常生活におけるありとあらゆる行動が平和と関連してくる。問題が起こったときに暴力的（物理的なものにとどまらない）に解決するか，平和的（暴力的でない，当事者が納得できる対話を通して）に解決するか」という選択を人は常に迫られているともいう（b 92頁）。

身近な問題や日常生活の中で平和を追求すること自体は平和教育の課題として大切なことである。しかし，これらの諸問題を戦争と切り離して考えねばならないということはない。「戦争は遠い場所あるいは時間の話」なのであれば，その地理的にも時間的にも「遠い」ところにある戦争を身近な問題，自分自身と関わる問題としてとらえられるような教え方を工夫すればよい（→第**8**章２節参照）。戦争が「遠い」ものだから「目の前にある問題」「身近な事象」「日常生活」の中で平和を考えよう，というのではなく，戦争が「遠い」ものだから「目の前」「身近」「日常」と接続させて平和を考えようという問題の立て方もできる。つまり，ここでも問題は，平和教育で戦争を取り上げること（「教育内容」）ではなく，その取り上げ方（「教育方法」＝教え方）なのである。

第２に，環境，人権や友達づくりといった「ポジティブ」な諸課題に取り組むことを足立は提起する。足立は，コスタリカの小学校で実践されている「平和文化教育プログラム」が，環境，人権，民主主義といった課題に取り組んでいる点に着目する。低学年のクラスで行われた「平和の絵」を描く授業では，「友達とけんかして仲直りした図」「家族とともにいる図」や「美しい山や澄ん

だ川が流れる風景画」などが思い思いに描かれていたと説明する。また,「平和を直接扱うにしても,たとえば,戦争や内戦などの問題を出すのではなく,友達とのけんか,家庭内のトラブルなど,身近な話題が中心」であることを日本の平和教育との違いとしてあげる（a27～31頁）。また,「平和文化教育」は学校内にとどまらず「地域を巻き込んでの学校行事や,地域問題の解決などに積極的に関わっていくこと」も含んでいるという（b93頁）。足立が観察した小学校の地域は,かつては暴力がはびこっていたが,小学校の教師たちが「大人も子どもひっくるめて,コミュニティすべての人々の文化を変えていくことが必要だ」と考え取り組んだ結果,「コミュニティの文化が,『破壊』から『創造』へと変化」し始めた。そして,暴力の文化に馴染んでいた学校でもまず美化運動から始め,学校の文化を平和的なものへと転換した（c195～202頁）。

　ここで足立が紹介しているコスタリカの個々の事例が,いずれも大切な学習課題であることは間違いない。しかし,日本の学校カリキュラムでは,これらは,環境教育,人権教育や生活指導,教科外教育など学校教育のあらゆる領域で取り組まれてきたことであり,これをもって平和教育のあるべき姿とした場合,平和教育は教育そのものと同義になってしまう。むしろ次のように考えるべきだろう。平和教育として戦争否定の問題に取り組んでいる教師が,同時に,学校やクラスをさらには地域社会を平和的空間としてつくり変えていく実践に取り組むことで,その平和教育はいっそう説得力を増すということなのではないか。したがって,コスタリカの事例は,戦争の問題に焦点化した平和教育を現実的で説得力あるものへと高めていくために不可欠の諸実践であり,両者は共存できる。そもそも,環境,人権や自然との共生などを持続的に守っていく方法を探求するとき,それらを破壊し尽くす戦争のこわさを認識しておくことは必要なはずである。もちろん,戦争の扱い方は発達段階に応じて工夫する必要はある。先の小学校の事例を紹介するくだりで,「高学年になって初めて,世界的な問題まで裾野を広げてゆく」（a29頁）と記されており,発達段階の問題には足立も気づいているようだ。したがって,コスタリカの「平和文化教育」から学べることは,低学年の子どもに向かってことさらに戦争を取り上げなくとも平和の学習は可能であるということなのであって,平和教育一般に

第5章 「新しい平和教育」の魅力と危うさ

おいて戦争に焦点を当てなくてよいということではない。

　第3に，しかしながら，足立は戦争の学習自体を否定してはいない。それは次の引用からもわかる。「日本の平和教育というのは，概して『反戦教育』であり，もっと言えば第二次大戦の話がほとんどだ。（中略）それが誤っているというわけではない。それもまたひとつの道であり，必要なことでもある。しかし，それだけでは，心が未来に向かいにくい。つまり，後退を食いとどめるところまではできても，前進するところまではなかなかいかないのだ」「過去の過ちは大いに反省しなければならないし，私たちが受けた被害，例えば空襲や原爆の記憶を語り継ぐことも必要不可欠だ。だが，それに固執するあまり，『その先にあるもの』をイメージすることがおろそかにされてはいないだろうか」（c 212~213頁）。この理解に対しては，以下の2つの問題点を指摘できる。

　まず，従来の平和教育がもっぱら過去の戦争に「固執」していたという理解は不正確ではあるが，焦点化されていたと読み替えれば間違ってはいまい。しかし，そうであれば，「心が未来に」向かい，「前進」でき，「その先にあるもの」をイメージできるような戦争の教え方を工夫すればよい。たとえば，戦争の歴史学習に反実仮想（もし~だったら）を取り入れることで，平和な時代をつくる歴史的選択の可能性を学び，子どもたちを，自由で明るい歴史をつくり出す主体として教育するような授業が構成できる（→第8章1節（2）参照）。

　もう1つの問題点は，「それもまたひとつの道」ということで，戦争の学習を否定はしていないのだが，同時に，それを自らが提唱する平和教育のなかには位置づけようとしないことである。日本の平和教育において過去の戦争に関する学習は不可欠である。アジア諸国の人びとと心を未来に向かわせた交流を図ろうとしたときに，過去の戦争に関する認識，とりわけ日本の加害責任の問題に対して自覚的でないままで良好な関係を築くことはできない。また，90年代半ば頃から日本の加害や侵略性を否定する，歴史修正主義的な言説がしばしば聞かれるようになった。政治家や文化人のみならず，近年では自衛隊幕僚長の発言も知られているが，こうした発言を，歴史学の成果をふまえて的確に判断する力は，平和をつくるうえでこれまで以上に必要性を高めている。先にあげた目良実践や反実仮想の方法を取り入れた実践は，過去の歴史の学習を創造

的な未来へとつなげる工夫をした「ポジティブ」な平和教育である。これまでの平和教育の豊富な実践を丁寧に検討すれば，戦争認識や歴史認識の課題を正当に位置づけて未来を見据えた平和教育をつくることは可能であり，これからの日本の平和教育においてその必要性は決して失われてはいない。

❷　平和教育批判の方法上の問題点　　平和教育に対する足立の批判の方法には，論理上の問題がさらに2点ある。

　第1に，コスタリカの「平和文化教育」自体は大切な試みだろうが，これを日本の実践に活かすのであれば，背景の違いに留意せねばならない。先の引用にもあったように，足立が観察した小学校の地域は「暴力の文化がはびこっていた」所であった。この足立が紹介する事例が，そのまま日本の参考になるとは思えない。なぜならば，破壊的な暴力状況を必死の努力で克服しつつある学校の授業では，暴力の悲惨さを取り立てて教える必要はないのだから，「平和文化教育」で戦争の問題を直接取り上げなかったり，戦争・暴力の悲惨さに力点を置かないのは，むしろ当然だろう。つまり，背景においてコスタリカの事例に相当するのは，戦後間もない日本の平和教育なのだが，その頃の平和教育では戦争の悲惨さをことさらに取り上げる必要はなかった。戦争体験の継承に焦点が当てられるのはもっと後のことである。したがって，コスタリカの「平和文化教育」が，その本質においても戦争・暴力の悲惨さを取り上げる必要のない実践なのかどうかは，20〜30年後に明らかになるだろう。

　第2に，足立はコスタリカの「平和文化教育」と比較して日本の平和教育の狭さを批判するが，この批判の方法は論理的に成り立たない。先に述べたように，コスタリカの小学校でみられた事例は，生活指導，環境教育，学校づくりの呼び名で日本でも以前から実践されており，真新しくはない。たしかに，日本では「平和教育」の語が，戦争に関する教育を意味するものとして，すなわち「狭義の平和教育」を意味するものとして用いられてきた。しかしながら，そういう「狭義の平和教育」と，生活指導などの諸領域で取り組まれてきた諸実践とをあわせると，コスタリカの「平和文化教育」として紹介されているもののほとんどは含まれている。平和教育の定義を「広義」のものとして設定したうえで，従来「狭義」に用いられていた平和教育と比較すれば，後者が貧弱

にみえるのは当然である。平和教育を「広義」のものとして措定するのであれば，その概念をもって，これまでの日本の教育実践全体を検討したうえで，そこに欠けているものを指摘するのでなければ，建設的な提案にはならない。

4　2つの平和教育批判の総括

　「保守派」の平和教育批判と「リベラル派（「新しい平和教育」の系譜）」の平和教育批判を整理検討したが，本来目指す方向が正反対のはずの両者の議論の構造が酷似していることがわかった。その共通点を整理してみよう。
① これまでの日本の平和教育では戦争の悲惨さを学ぶことに焦点が当てられており，平和をつくる思考と行動へと結びついていなかった。
② そこで，平和教育の焦点を戦争の問題から個人の内面（心）や日常生活（身近な問題）の問題に移す必要がある。
③ さらに，従来の「狭義の平和教育」が射程に入れていなかった，環境・人権や仲間づくりといった課題をも含み込んだ豊かな内容のものへと組み替えていかねばならない。

　このうち，①に関しては日本の平和教育の弱点に対する批判として率直に受け止める必要があろうが，②と③は重大な問題をはらんでいることがわかった。その問題点を以下3点にまとめておこう。

　第1に，従来の平和教育の弱点は，戦争の悲惨さの学習を戦争原因の科学的認識の学習や平和創造の主体形成といった方向へと結びつける「教育方法」（教え方）が弱かったという点であって，戦争やその悲惨さを「教育内容」（教材）とすること自体ではない。にもかかわらず，方法と内容を区別して論じないまま，戦争に焦点を当てることを回避・後退させてしまっている。

　第2に，焦点を内面の問題や身近な問題に限定して戦争の問題とは切り離しているが，本来追求すべきことは，内面や身近な問題と「遠い」戦争の問題をどう切り結んでいくかということである。

　第3に，従来の「狭義の平和教育」には含まれていなかったさまざまな領域を含み込んで平和教育を構想することは，今日では「包括的平和教育」と呼ば

れる世界的な潮流でもある。しかし，戦争の問題を後景に退かせた結果，一見豊かに再構成されたかのような平和教育が教育一般と同義になってしまい，結果として平和教育は解消する（平和教育と呼ぶ必要がなくなる）。必要なことは，環境・人権や仲間づくりといった諸課題を視野に入れつつも，平和教育の固有性を失わないような平和教育のあり方を模索することである。

一方，両者の相違点も以下2点指摘できる。

第1に，高橋は日本の加害・侵略の歴史を教えること自体を批判しているが，足立はそういう歴史教育実践の必要性は認めている。しかし，足立の平和教育構想では，加害・侵略の問題が他人事のごとく位置づけられ回避されているため，結果的には高橋の平和教育構想と親和する。こういう平和教育が，日本の平和教育として有効性をもちうるとは考え難い。

第2に，高橋は平和をつくる手段として軍事力を容認しているが，コスタリカ問題に取り組んでいる足立はそれを批判する。しかし，軍事力による「平和」を否定するのであれば，その軍事力がなぜ否定されねばならないのか，すなわち軍事力のもたらす悲惨さに対する認識が欠かせない。なぜならば，軍事力を行使した戦争の惨状を知ることで，非暴力的手段を行使するしかないという切実さに直面するからである。したがって，戦争に関する学習が丁寧に位置づけられていない平和教育が，戦争や軍事力を「ポジティブ」なものととらえる言説（国家が軍事力行使に傾斜したときには，巧みなプロパガンダを通して「ポジティブ」さが宣伝される）に触れたときに有効性をもちうるとは考え難い。

以上の検討から，両者の平和教育批判が日本の平和教育をより建設的な方向で再編成するものではないことが示された。正確にいえば，従来の平和教育が抱える「弱点」に対する直感はあたっているが，その原因の見極めと代案に問題があった。本章冒頭の森田の分類に戻って考えると，高橋の議論は，これまでの平和教育が蓄積してきた加害・侵略や非暴力（9条）の学習を否定しているという点で，「平和教育は間違っている，こう転換すべきである」というものである。一方，足立は平和ガイドの活動に取り組むといった経歴をもつだけに，「平和教育は成果を上げてきた。だが弱点を抱えている。こう転換すべきである」という主張であろうといったんは位置づけた。ところが，その議論を

第 5 章 「新しい平和教育」の魅力と危うさ

精査した結果，戦争の問題が的確に位置づいていないこともあって，本人の思惑・自覚とは異なるだろうが，高橋の主張と結果的に大差ないものであった。

戦争という国家的国際的レベルの問題を，日常における平和の問題にすり替えることにはそもそも無理がある。大切なことは，戦争という大きな問題と，日常の問題がどのように切り結んでいるかということなのであって，置き換えることではない6)。

---

1) 森田俊男「平和教育の再吟味と大胆な展開を」『高校のひろば』33号，旬報社，1999年，59頁。
2) 本節で引用するテキストは次のもの。高橋史朗『平和教育のパラダイム転換』明治図書，1997年。引用頁は本文中に記す。
3) この「三つの目標」は，37頁で紹介したもの。
4) ここで高橋が引用する書籍は，日本教職員組合教育文化政策局編『もうひとつの「平和教育」―反戦平和教育から平和共生教育へ』（労働教育センター，1996年）である。同書第1章が「平和教育の新たな展開のために」という総論になっており，ここで「平和教育のパラダイム転換」や「反戦平和教育から平和共生教育へ」が論じられている。そのなかで，「これまでの平和教育は『戦争のない状態』という消極的な平和の概念に閉じ込められていたが，これからの平和教育は積極的な平和の新しいパラダイムに立脚して行なわなければならない」という高橋の言葉を引用したうえで，日教組もそういう方向での平和教育を創造していかねばならないと論じられている（同書14頁）。同書はその後絶版となったが，同趣旨の書籍として，日教組平和学習冊子編集委員会編『総合学習の時間に生かす　これが平和学習だ！』（アドバンテージサーバー，2001年）という好著が刊行された。
5) 本節で引用するテキストは次のもの。a：早乙女愛・足立力也『平和をつくる教育』岩波ブックレット，2002年。b：足立力也「『軍隊をすてた国』コスタリカにおける『平和文化教育』」『現代と教育』62号，桐書房，2003年。c：同『丸腰国家―軍隊を放棄したコスタリカ　60年の平和戦略』扶桑社新書，2009年。引用頁は，a～cの記号とともに本文中に記す。
6) 本章は次の論文に基づく。竹内久顕「平和教育学への予備的考察(2)―『平和教育批判』論の批判的検討」『論集』東京女子大学，2009年。

―― 第 6 章 ――

平和教育の「固有性」と「包括性」

竹内　久顕

　第4章で，今日の平和教育の「到達点」を4点あげた。また，90年代以降の「地殻変動」に対応すべく3類型の「新しい平和教育」が登場したことを指摘した。しかし，第5章では，それらのなかには，実質的に平和教育を否定することになる危うい「新しい平和教育」論が存在することが確認できた。

　したがって，次に考えるべきことは，「地殻変動」に対してどのように応答すれば，これまでの平和教育の蓄積を継承しつつ，新しい時代の要求に応えうる平和教育をつくり上げることができるのかということである。そこで，第2章〜第4章で検討した，これまでの平和教育の蓄積と弱点をふまえたうえで，どのような方針で弱点を克服すればよいのかを本章で考えてみよう。

1　「狭義の平和教育」と「広義の平和教育」が直面する課題

　第4章で確認した「低迷・混乱期」の4つの特徴は次のもので，これが今日の平和教育の「到達点」とみなすことができる。
① 自由主義史観など歴史修正主義の立場からの平和教育批判を受けた。
② 日本社会の「暴力化」への対抗軸を示しきれなかった。
③ 構造的暴力に関わる諸課題やいじめ・自殺問題などを含んだ「広義の平和教育」に焦点が当てられ，「包括的平和教育」論が登場し注目された。
④ 平和教育の組織的取り組みの後退と，平和関連諸教育の活発な展開。

　これら4つの「到達点」からは，今日の平和教育が直面している2つの問題点を導き出すことができる。

　第1に，上記①と②は，日本の平和教育がこだわり続けてきた反戦の平和教

育が，戦争の悲惨さを教えることに意を注いできたにもかかわらず，戦争を克服し紛争を非暴力的に解決する展望と確信を育てることに成功していなかったことを示しており，「狭義の平和教育」のあり方が問われている。

　第2に，上記③と④は，平和教育の射程が拡大された結果，平和教育の固有性は何か，平和教育の存在意義は何かという根源的な問いに立ち帰らざるをえないことを示しており，「広義の平和教育」のあり方が問われている。

　そして，これら2つの問題点に対応して，今後の平和教育が取り組むべき2つの課題が以下のように浮かび上がってくる。

（1）「狭義の平和教育」の直面する課題

　これは，今日求められている平和の課題，すなわち，戦争・テロなどの暴力と不安を解決・克服するにはどうすればよいかという課題と，これまで積み重ねられてきた平和教育の間に乖離が生じているということを意味している。いま問われていることは，「戦争・テロなどの暴力をどうすれば廃絶できるか」ということだが，それは換言すれば「紛争・対立（conflict）をどうすれば非暴力的に解決できるか」ということになる。そして，その問いに答えうる平和教育実践が弱かったということは，戦争の悲惨さの学習を，戦争・テロなどの暴力を阻止し平和を創造する主体形成へと展開していく実践が弱かったということでもある。したがって，これまで積み重ねられてきた「狭義の平和教育」のなかから，成果（被害・加害・抵抗・加担など戦争を多面的・構造的にとらえる歴史学習や平和憲法の学習など）と今後の課題（戦争・テロなどの暴力に代わる非暴力への展望を獲得する学習）を見定めたうえで，両者を架橋していける平和教育の方法を見出すことが，今後の平和教育の課題の1つである。

（2）「広義の平和教育」の直面する課題

　これにはさらに2つの課題が含まれている。

　第1に，開発教育・人権教育やグローバル教育・国際理解教育などの平和関連諸教育と平和教育との違いがわかりにくくなったという問題である。平和教育の対象として貧困・差別・環境を含み込み，また異文化理解，多文化共生と

いった目標をあわせもつことで，80年代以降の「広義の平和教育」は展開してきた。一方，近年，開発教育でも平和の問題を取り上げるようになったり，国際理解教育では平和の課題を国際理解教育に包含されるものとして位置づけるようになっている。こうして，平和関連諸教育の側からみても平和教育との違いがわかりにくくなりつつあるのだが，このことは，それぞれの「固有性」が見失われつつあるのではないかということを意味している。

第2に，「広義の平和教育」と教育そのものとの違いの問題である。射程を広げた「広義の平和教育」が課題とすることは，実は教育それ自体の課題であり，平和教育が豊かになったことで結果的に平和教育が教育一般と同義になってしまう。したがって，「平和教育」と銘打つ必要性がなくなってしまうというジレンマをどう考えるかという課題。

「狭義の平和教育」がはらむ諸問題（平和教育の「固有性」）は第7章・第8章で検討することとし，まず，次節以下で，「広義の平和教育」の問題，すなわち平和教育の「包括性」について考察する。

2　平和教育と平和関連諸教育の「包括性」の行き着く地点

(1) 国際理解教育の「包括性」

国際理解教育はユネスコとのつながりのもとで展開した（日本のユネスコ加盟は1951年）。国際理解教育の発展を目指す国際的な教育協同実験活動である「ユネスコ共同学校計画（ASP）」に当初から参加し，「人権の研究」「他国の研究」「国連の研究」の3主題に取り組む実験的な試みを文部省や日本ユネスコ国内委員会の支援のもとで行った[1]。しかし，この試みも80年代以降停滞し，また，「ユネスコ共同学校の教育は，戦争・軍事化の問題に直接のウェートを置いていない」と批判されたり，国際理解教育は「現状維持の姿勢」が強く，平和教育は「現状変革の姿勢」が強いと消極的な評価をされることもある[2]。

ところが，70年代から80年代にかけて国際理解教育はその射程を広げ「多様化」が進んだ。さらに80年代後半以降，「教育課題の多様化」「アクターの多様化」「教育内容・教育方法の多様化」が一体的に進んだ。たとえば「教育課題」

第 **6** 章　平和教育の「固有性」と「包括性」

図表6-1　国際理解教育の学習領域

学習領域	主な内容			
A 多文化社会	1 文化理解	2 文化交流	3 多文化共生	
B グローバル社会	1 相互依存	2 情報化		
C 地球的課題	1 人権	2 環境	3 平和	4 開発
D 未来への選択	1 歴史認識	2 市民意識	3 参加・協力	

出所：日本国際理解教育学会編著『グローバル時代の国際理解教育―実践と理論をつなぐ』明石書店，2010年

の場合，80年代後半には「帰国子女教育」，90年代には「多文化共生教育」のように，「その時々に社会問題化し，人々に強く意識されるテーマ」がその都度「発見」され，「『多様化』の流れに組み込まれて」いった[3]。

　こうした「多様化」の結果，日本国際理解教育学会の現時点での「到達点」として編纂された『グローバル時代の国際理解教育』で示された国際理解教育の学習領域は，4領域12内容という広範な柱で構成されている（図表6-1）[4]。そして，表中の「平和」に対応するキーワード例として，「けんかや対立の原因と解決法」「戦争と子ども」「構造的暴力」などが列挙してある。ここからわかるように，今日の国際理解教育では，人権教育・環境教育・平和教育・開発教育が取り組んできた課題を「地球的課題」として包括したうえで，さらに他の諸領域（異文化理解，多文化共生など）をも含み込んだ最広義の概念として国際理解教育を位置づけている。

　さらに，大津和子は，国際理解教育を「国際化・グローバル化した現代世界／社会の中で生きていくために必要な資質や能力を育成する教育」と定義し，その目標は「人権の尊重を基盤として，現代世界の基本的な特質である文化的多様性および相互依存性への認識を深めるとともに，異なる文化に対する寛容な態度と，地域・国家・地球社会の一員としての自覚をもって，地球的課題の解決に向けてさまざまなレベルで社会に参加し，他者と協力しようとする意志を有する人間」，「情報化社会の中で的確な判断をし，異なる文化をもつ他者とコミュニケーションを行う技能を有する人間」の育成と説明する[5]。

　さて，以上の，今日の国際理解教育の「到達点」をみると，前節で指摘し

た,「広義の平和教育」がはらむ2つの課題──①他の平和関連諸教育との異同がわかりにくくなる点, ②教育そのものと同義になってしまう点──がそのまま当てはまるのではないだろうか。

　第1に, **図表6-1**に記されている諸項目は, 今日の「広義の平和教育」「包括的平和教育」で論じられていることと一致するし, 大津が述べる国際理解教育の定義と目標は, 52頁に示した, リアドンとEUREDの平和教育の定義・目標とよく似ている。包括的平和教育を推進している松井ケティは, その目的を「責任のある, そして意味のある行動を起こして, 自分が住みついている地球を守る事ができる地球市民を育てること」であり,「この地球上に非暴力的で正義ある社会秩序を, 地球上のすべての人びとに公平に接し, 普遍的に人権を保護し, 非暴力的手段で紛争を解決し, 生命と人びとの福祉を生むこの地球への尊敬を確かにするような, グローバルな市民的秩序を創造することができるよう, 人びとを教育すること」[6]であるというが, これともよく似ている。ただし, 大津の国際理解教育の定義・目標と比べ, 平和教育のそれは「非暴力」「紛争解決」に力点が置かれてはいるが, 国際理解教育もそれらを無視しているわけではないので, 根本的な差異とはいえない。すなわち, 国際理解教育も平和教育も80年代頃からその射程を広げ「多様化」が進んだ結果, 今日のそれぞれの「到達点」はほとんど区別できないほどに似てきたのである。

　第2に, 大津の国際理解教育の定義・目標は, 教育そのものの定義・目標ともいえる。同様のことは, 多田孝志が掲げる国際理解教育の基本目標にも当てはまる。多田は,「ものごとを自己の枠組みのみから見ず, 相対化して多様な見方, 柔軟な考え方ができること」「先入観や固定観念を打破し, 物事の本質を洞察できる力を養うこと」「ものごとのよさや人々の立場や心情を感じとれる豊かな感性を培うこと」など10項目をあげるが, いずれも教育そのものの基本目標ということもできる[7]。

(2) 他の平和関連諸教育の「包括性」

　グローバル教育と多文化教育は論者により多様な語られ方をしているが, 次の説明であればおおむね共有されるだろう。グローバル教育とは,「異質と共

存し，人類史を共に形成していく精神の開発，自国家・自民族中心の思考・行動を脱し，『地球益』の観点から自覚と責任をもって連帯や協力を求め，問題解決に向かう『地球市民』を育成する教育」である[8]。一方，多文化教育とは，人種・民族・性の違いなどにかかわらずすべての人に対して多様で平等な学習の機会を保障し，「自分とは異なった集団とそれに属する人びとの文化的特徴を認識し，支配文化，ないし自己の文化との異なりを欠陥としてではなく異なりとして受け止めることが可能な前向きの態度を育てる教育」である[9]。

ところが，グローバル化が進む今日の世界における，人のトランスナショナルな移動によって，「地球規模の文化的一元化を促進する一方で，一国内の民族的，文化的多様化を推し進めることになり，グローバル化と多文化化が相互に連動して進行している[10]」という社会的現実が進行している。したがって，社会の「グローバル化」と「多文化化」が連動して進みつつある今日，グローバル教育と多文化教育の関連性が問われることとなったのである。

森茂岳雄は，グローバル教育と多文化教育に関する近年の議論において，両者の「類似性」が強調され，両者の「統合」やいずれかが他方を「内包」するという主張が繰り広げられていることを紹介する。しかし，そうした潮流に対して，「両者の『類似性』や『統合』を強調することは，これまで独自の社会的文脈の中で成立してきたそれら二つの固有の課題を薄めてしまう恐れがある」と指摘する。そして，「これら二つの固有な課題を保った上で，それらをどうインターフェイス（接続，結合）していくかが課題である」という[11]。

グローバル教育と多文化教育においても，世界・社会の変化という必然性のもとで，両者がその射程を拡大し接近してその違いがわかりにくくなってきた。ちょうど国際理解教育と平和教育の関係に似ているが，上記のグローバル教育と多文化教育の定義をみると，4者ともその重なりが大きいうえ，いずれも教育そのものが目指しているところといっても誤りではない。

（3）「〇〇教育」の「包括性」と「固有性」

こうして，「〇〇教育」がその内実を豊かなものにして展開したときに生じる「包括性」は，「〇〇教育」が教育それ自体と同義になってしまったり，ま

た関連諸教育との差異を失ってしまったりして、「○○教育」の「固有性」すなわちアイデンティティ、存在意義を喪失しかねないという逆説を生じてしまうのである。平和教育は80年代以来、その内容を豊かなものへと射程を拡大する方向で展開し、今日では「広義の平和教育」「包括的平和教育」こそが平和教育のあるべき「到達点」として受け止められる傾向が強いのだが、そのことがはらんでいる問題に目を向けねば、逆に平和教育はその存在意義を失ってしまうだろう。平和教育の「包括性」がもつ逆説に関して、村上登司文も、「広義の平和教育概念は、平和教育のアイデンティティが拡散する危険性を常に伴う」と危惧を示している[12]。

　この「広義の平和教育」がはらむ課題に応答するためには、平和教育固有の課題（=「狭義の平和教育」の課題）と平和関連諸教育の課題との関係性の構造化・体系化を試みるとともに、教育の全体に向けて平和教育は何を発信できるのか、平和教育からしか発信できないことは何なのかを追究せねばならない。つまり、平和教育の「固有性」と「包括性」をいかにして両立させるかということが、これからの平和教育の重要な課題なのである。そして、この「包括性」と「固有性」の課題を克服するうえで、森茂のいう「インターフェイス（接続、結合）」が重要な手がかりになるのではないかと筆者は考えている。

3　ガルトゥング平和学を問い直す

　80年代以降平和関連諸教育がその射程を拡大し始めたが、その背景にガルトゥング平和学の影響をみることができる（→43〜44頁参照）。平和教育に関してはその影響力は圧倒的である。「直接的暴力」「構造的暴力」や「積極的平和」「消極的平和」といったガルトゥング平和学の用語は、今日の平和教育論では常識的に用いられるし、「広義の平和教育」「包括的平和教育」の主張はガルトゥングに依拠して論が進められている。構造的暴力論は、「平和」の対語を「戦争」から「暴力」へと拡大することで、それまでは平和問題とは自覚されていなかった諸課題へも人びとの目を向けさせることに成功した点で、まさに「平和」のコペルニクス的転回といってもよいだろう。戦争の問題に焦点を当

てていた平和教育が貧困・飢餓や差別の問題をも射程にいれ，途上国の貧困に取り組んでいた開発教育が戦争の問題を教材化するなど，平和関連諸教育が豊かに発展した原動力がガルトゥング平和学だったといっても過言ではない。

しかし，前節までに論じたように，実は平和教育の「包括性」には，平和教育の存在意義を失わせる危うさがあることが確認できたからには，「包括性」の理論的根拠となっているガルトゥング平和学の功罪を立ち止まって検討する必要があるのではないか。第5章で検討した高橋と足立の平和教育論は，いずれも「構造的暴力」の考え方を参照しつつ展開して，結果的に平和教育を否定するという危うい「平和教育」論を生み出してしまった。これは，ガルトゥング平和学の受け手の側の問題なのか，それともガルトゥング平和学がそもそもはらんでいた問題性によるものなのか。本節では，ガルトゥングに依拠した平和教育の実践と理論の危うさを2点検討してみよう。

(1)「構造的暴力」論の陥穽

❶ 「構造的暴力」と平和教育　次の引用は，1990年の学会発表で，当時大学院生だった筆者が，今後の平和教育の「残された課題」として「構造的暴力論の精緻化」をあげて提起したものである。

> 「構造的暴力」概念を導入した場合，「平和教育」の概念が拡大され様々な教育問題がその射程に収まる。これは「平和教育」の内実を豊かにすると同時に曖昧にする可能性もあり，「平和教育」の固有性が問い直されるだろう[13]。

第3章で述べたような，80年代に構造的暴力論を取り入れて平和教育の射程が拡張しつつあった頃の見解だが，それから20年以上たった今，平和教育に関心をもつだれもが回答を迫られている問題ではないだろうか。

89年に日本教育学会が「『構造的暴力』と平和教育」という課題研究を行ったとき笹川孝一は，平和教育に「構造的暴力」を位置づけることの必要性について次のように論じている。80年代の日本の「軍事費突出」の背景には，「環太平洋経済圏」において搾取される途上国民衆の抵抗を封じ込めるという目的があり，「平和＝戦争の不在」という意味の平和教育（狭義の平和教育）が軍拡や核兵器を批判するためには，「その現象非難にとどまらず，その現実の舞台

である『環太平洋経済圏』における反日運動＝国際紛争の顕在的・潜在的可能性とその構造」をとらえねばならない。そして，途上国での反日運動の原因として差別・文化支配などがあり，さらに，そうした差別などに加担している日本の民衆自身も社会的・経済的に日本の支配層によって抑圧されており，これら双方の差別・抑圧などの全体構造を視野に入れる必要がある。こうした視点をもたねば，狭義の平和教育が問題視する「戦争の危険を増大する『軍事費突出』」をなくすことはできない。また，狭義の平和教育が「命を奪う」ことを拒否するのであれば，戦争だけではなく「途上国での栄養失調・病死・児童労働・児童買春」や「先進国でのノイローゼ・いじめ・過労死・不安定雇用」「地球規模での環境破壊など」の「命を枯らす」「命を奪う」現象も平和教育の課題とするのでなければ「自らの魂に忠実」とはいえない。したがって，「『直接的暴力』の不在だけでなく，個々人が必ずしも故意に行ってはいないが，社会構造に組み込まれている『暴力』である『構造的な暴力』の減少を統合した『暴力』の減少過程」を平和教育に組み込まねばならない[14]。

　笹川の論点は次の３点に要約できる。①先進国によって差別・搾取・抑圧される途上国民衆，日本の支配層によって差別・搾取・抑圧される日本の民衆，日本の民衆によって差別・搾取・抑圧される途上国民衆という三重の構造的暴力が存在する。②80年代日本の軍拡の原因は，これらの構造的暴力である。③狭義の平和教育が，戦争による「命を奪う」ことを拒否するのであれば，構造的暴力や「命を枯らす」「命を奪う」現象一般を対象とせねばならない。

　筆者は，笹川の議論のすべてには同意しかねる。第１に，初等中等教育の平和教育で戦争原因を学習する場合，戦争一般を論ずることはまずない。イラク戦争とか十五年戦争などのように，個別具体的な戦争を取り上げてその実態と原因を考える授業がつくられる。戦争の原因は複雑な要因が絡み合っているが，授業で取り上げる個別具体的な戦争に即して，その戦争にとって本質的な要因は何か，その戦争の学習を通して何を考えさせたいのかといった，教師による丁寧な教材研究を経て当該戦争の原因が絞り込まれる。授業で取り上げられた戦争原因が，結果的に，構造的暴力の諸要因と一致することもあるだろうが，戦争の原因は構造的暴力に帰着させねばならないということを前提とすれ

ば，結論のみえている公式的な平和教育になりかねない。第2に，「命を枯らす」「命を奪う」現象を対象とせねばならないのであれば，「児童買春」や「ノイローゼ」なども平和教育の課題となってしまい，それらを取り上げない平和教育は「自らの魂に忠実」でないと笹川はいう。しかし，これらの課題を扱うことこそが教育自体の課題なのだから，ここまで平和教育の課題としてしまうと，平和教育は教育一般に回収されてしまい固有の意義を見失ってしまう。第3に，しかしながら，笹川の提起が，第5章の高橋や足立らの平和教育論と決定的に違うのは，笹川は，戦争と構造的暴力を結びつけようとしている点（「統合した『暴力』」）である。高橋らは両者の関連性を考慮せず，戦争の問題を後景に退かせた。つまり，戦争と構造的暴力がどういう論理で結びついているのかを明らかにしないと戦争廃絶を目指す「狭義の平和教育」の課題は達成できないという，結びつきを強調する笹川の指摘はまったく正しい。だとすれば，第1の点とあわせて具体的な実践課題を考えれば，戦争と構造的暴力の結びつきではなく，個別の具体的な戦争に即して，戦争と差別，戦争と搾取，戦争と貧困，戦争と環境などの結びつきを実践（授業）にいかに取り入れるかということではないか。それは，森茂がいうような，開発教育や人権教育が取り組んできた貧困や差別と，狭義の平和教育が課題とする戦争の「インターフェイス（接続，結合）」をいかに構築するかということでもある。

❷ 「構造的暴力」論の教育実践的意義　以上のように考えると，平和教育に構造的暴力論を取り入れる必然性はどこにあるのか疑問をもたざるをえない。個別具体的な戦争に即して，その原因を科学的論理的に考察し，開発教育などの成果との「インターフェイス」に留意することで平和教育の目的は達成できる。むしろ，第5章で示されたように，構造的暴力概念に不用意に依拠することの弊害のほうが大きい。平和教育に良心的に取り組もうとする教師が構造的暴力論にとらわれてしまうと次のような実践を生み出してしまう。

高校選択科目の実践で，前期は飢餓や貧困などの構造的暴力の問題を，後期は戦争の問題を扱うという通年構成の授業である。前期には，フィリピンのゴミ山での活動，バングラディシュの開発支援活動，ケニアの孤児院での活動などに取り組んできた大学生に「現地でのナマの現状や解決の展望」を語っても

らった。それが生徒たちには衝撃的であったという。実践者は、「平和教育に飢餓や貧困などの『構造的暴力』を」と提起し、次のようにいう。「『あんな悲惨なことは信じられない、今は平和で良かった』との感想は、従来の私の平和教育で支配的な感想であった」という経験から、「そのような認識にとどまってきたことに私の平和教育の問題点」があったと振り返る。ところが構造的暴力の課題に取り組むと「そのような『他人事』の感想」も「『日本は豊かで良かった』式の認識」もみられなくなった。また、「従来の平和教育は『戦争学習』の側面」が強く「現在の平和学の到達」と乖離していると指摘し、「平和学の到達」をふまえて「『構造的な暴力のない状態』としての『積極的な平和』を訴える平和教育がより積極的に推進されるべき」であると提唱する[15]。

この実践に対しては、次の4つの問題点を指摘できる。第1に、構造的暴力の事例として途上国の多様な課題を取り上げ、現地での活動を行った学生を授業に取り込むなど大変意欲的な実践であることは間違いない。しかし、これは開発教育とはどう異なるのだろうか。もちろん、生徒の側からみればそれを平和教育と呼ぼうと開発教育と呼ぼうと同じことなのだが、この実践をことさらに「平和教育」と呼ぶことがこれからの平和教育の実践と研究にとってどういう意義があるのだろうか。第2に、しかしながら、実践者は、狭義の平和教育だと「今は平和で良かった」という感想にとどまるが構造的暴力を課題とするとそうした「他人事」の感想を乗り越えることができるので、構造的暴力を平和教育に位置づけることに意義があるという。しかし、「他人事」の感想にとどまってしまったのは、戦争を課題としたからではなく、その取り上げ方に問題があったからではないのか。こういう問題提起の仕方だと、第5章の足立力也の平和教育論と同じ陥穽にはまってしまう。第3に、「平和学の到達」は実践者の理解どおりではない。近年、平和学研究者の間でもガルトゥング平和学への疑義が論じられている。たとえば、君島東彦は、「構造的暴力や文化的暴力の克服を目ざすと、それはあらゆる社会問題を対象とすることになりかねず、そうなると平和学において最も明白な暴力である戦争の問題への取り組みが相対的に弱くなるというおそれが生じる」ことに注意を喚起している[16]。川本兼は、ガルトゥング平和学に関して「環境問題も平和の問題であり、貧困の

問題も平和の問題であるというのでは、平和の問題のポイントがどこにあるかが分からなくなってしまう」ことを危惧し、貧困や差別などの構造的暴力は「平和という言葉の下に戦争の問題と同列に扱われるべき問題」ではないと論じる[17]。加藤朗は、「構造的暴力はすべて悪か」と問題提起して、構造的暴力の別名でもある「権力関係」を否定すれば国家は崩壊し自然状態に舞い戻ってしまうと指摘している[18]。このように、ガルトゥングの暴力概念は再検討を迫られてもいる。第4に、とはいうものの、この実践は、優れた平和教育実践として展開しうる契機が内在している。通年授業の前期に構造的暴力を、後期に戦争を扱うことになっているのだから、前期に学習した構造的暴力の問題が、どういう論理で戦争につながるのかということを後期の学習課題に組み込めば、両者の「インターフェイス」に成功した平和教育実践として注目に値することになろう。しかし、引用の実践記録にはその点が示されていない。

一方、「インターフェイス」に自覚的に取り組んだ平和教育として、西尾理（高校教師）の実践「じゃぱゆきさん物語」を次に紹介する。フィリピンの貧しい農村から日本に仕事を求めてやってきた「じゃぱゆきさん」マリアの事例を取り上げ、その生い立ちを具体的に紹介する。そして、マリアの貧困の原因がフィリピンの地主・小作関係やアメリカの多国籍企業による収奪にあることを示し、フィリピンの支配層とアメリカ企業の一致する利益を守るために米軍の駐留や武器輸出が行われていることに気づかせる。西尾は、こうした授業展開で、途上国の貧困が、戦争と平和の問題につながることを理解させようとした[19]。この西尾実践は、先の笹川の問題提起と同じく両者の結びつきに留意していた。しかし西尾は、「じゃぱゆきさん」という具体的な事例から原因を1つひとつたどっていくことで、貧困と軍事の問題を授業の自然な流れのなかで結びつけることに成功しているのである。ことさらに構造的暴力論にとらわれなくともこうした実践が可能だということがわかる。

❸ **佐貫浩の「構造的暴力」論批判**　　筆者は、構造的暴力概念を平和教育に取り入れる必要性への疑義を、平和教育実践のあり方に即して、ある意味遠回りに論じてみた。しかし、佐貫浩は、より直接的に、構造的暴力概念そのものへの批判を提起している。その要点は次の3点である[20]。

第1に，構造的暴力概念が「無限定な拡大を抑制する厳密な規定を欠いている」点を批判する。差別や搾取などの構造的暴力のない状態を平和と呼ぶ場合，現時点では「権力を保持した国家の存在を前提とした歴史段階において実現されるべき平和を求めている」にもかかわらず，「社会革命の根本的な遂行のはてに平和が初めてやってくるという論理」を持ち込んでも「切実な暴力とのたたかいを支える理論」とはいえない。

　第2に，ガルトゥングが，行為主体が存在しない暴力を「構造的暴力」と定義づけたことに対して，「資本主義的な帝国主義は，それを推進する独占資本という主体が存在し，その要求に従って国家装置が植民地獲得競争に乗り出し，軍事的争奪戦を開始した」のであり，独占資本とその利益を推進する国家官僚のような「主体」は明確に存在しており，「暴力（戦争）を阻止するためには，その『主体』とたたかわなければ平和を引き寄せること」はできない。

　第3に，ガルトゥングがいう平和をつくる方法が，紛争を転換することに力点が置かれていることに対して，「紛争は『転換』されることによってではなく，平和的なたたかいの方法として遂行されることによってこそ新たな段階における平和的な関係にいたる」ことができる。

　以上3点に関して，第1と第2の点は筆者も同意できる。とくに第2の点は，筆者も，主体が存在しないと定義すると「責任を追及する対象の不存在」という困った問題が起こることを指摘したことがあった[21]。しかし，第3の点は，佐貫の誤解のように思われる。ガルトゥングのいう「紛争の転換」は「トランセンド法」（→117頁参照）と呼ばれるが，これは，紛争の根本原因を見きわめ，その背景にある文化的・歴史的違いを理解し，「対話」や「和解」といった平和的な方法を駆使して，単なる妥協や譲歩ではなく，紛争当事者の間に新たな関係を構築しようという創造的な解決の方法である[22]。これは，佐貫のいう「平和的なたたかいの方法」とは矛盾しないように思われる。

（2）「平和教育」の「教育一般」への回収

　ガルトゥングは「暴力」を，「ある人にたいして影響力が行使された結果，彼が現実に肉体的，精神的に実現しえたものが，彼のもつ潜在的実現可能性を

下まわった場合，そこには暴力が存在する」と定義づけた[23]。したがって，「暴力」の不在である「平和」は，「その人がもつ潜在的実現可能性を何者にも妨げられずに自由に実現できる状況」と再定義することができる。ゆえに，この定義に基づいて「平和教育」を定義づけると，「誰もが自らの潜在的実現可能性を最大限に発揮できるコミュニティ（社会・国・世界）をつくるための教育」となるだろうが，この「平和教育」の定義は，実は「教育」そのものを指しているのではないか。つまり，ガルトゥング平和学に依拠して平和教育を構想しようとすれば，「平和教育とは教育そのものである」ということになり，これでは「平和教育」について何かを語ったことにはならない。これまでに，「広義の平和教育」が教育一般に回収されてしまう危うさを指摘したが，ガルトゥング平和学に依拠すると，論理必然的にそうなってしまうのである。

4　平和教育の「固有性」と「包括性」両立の見通し

　本章2節・3節で平和教育の「包括性」の危うさを論じた。言うまでもなく，平和教育に貧困や差別の問題を取り入れる必要がないのではなく，重要なことは，戦争廃絶の課題とそれらがどのように結びついているかを個別具体的な戦争や紛争に即して考え，戦争原因となる貧困などを克服する道筋を明らかにするような学びをいかにしてつくるかということである。笹川や西尾のようにその点に自覚的な理論や実践もあるが，自覚的ではない「広義の平和教育」の理論や実践には，平和教育の存在意義を見失いかねない危うさがあった。

　本章1節(1)で「狭義の平和教育」を論じたときに，「狭義の平和教育」が応答すべき問いとして，「暴力（戦争・テロ）をどうすれば廃絶できるか」=「紛争・対立（conflict）をどうすれば非暴力的に解決できるか」というものを提起した。そこで，平和教育固有の課題を「戦争の廃絶」=「コンフリクトの非暴力的解決」と限定的に設定してみよう。すると，その戦争の原因を考える過程で，先進国による搾取，民族間の偏見，貧困層の不満などの不正義が浮かび上がってくる。そして，そうした不正義をどうすれば暴力を用いずに解決できるだろうかと問いかけていくことで，「コンフリクトの非暴力的解決」の現実的

で具体的な方法を考え,「暴力(戦争・テロ)をどうすれば廃絶できるか」という問いへの解答を見出すことができる。

　したがって,平和教育固有の課題を「戦争の廃絶」と狭く設定しても,その問いかけに答えうる実践を組み立てようとすれば,戦争の悲惨さの学習にとどまることなく,学習の過程で開発・人権・環境などの課題を必然的に含みこまざるをえない。その結果,戦争の問題はいったん暴力全般へと拡張するが,そうすることで「戦争の廃絶」=「コンフリクトの非暴力的解決」という固有の課題に立ち帰りその現実的かつ具体的な展望と確信を獲得することができるのである。こうして学習された「コンフリクトの非暴力的解決」に関する知識・スキルは,開発・人権・環境の学習を豊かにし,また日常のコンフリクト解決にも活用可能なものとして活かすことができるだろう。

　平和教育の課題を「戦争の廃絶」=「コンフリクトの非暴力的解決」といったん限定的に設定し,その課題に応答できる教え方を追究していくことで,平和教育の固有性を失うことなく,関連諸教育との「インターフェイス」を保った平和教育の構造化・体系化が可能となる。これまでの平和教育が困難に直面しているのは,戦争の問題にこだわっていたからではなく,現実的な解決への見通しを立てられるような教え方(カリキュラムと教育方法)が十分に組み立てられていなかったからなのである。したがって,発達段階に即したカリキュラムと教育方法の開発,すなわち発達論,カリキュラム論,教育方法論などの教育学の知見をふまえて平和教育を再構成することで,これまでの平和教育の蓄積を正しく継承しつつ,平和教育の「固有性」と「包括性」を両立させた,「地殻変動」に応えうる平和教育への見通しが立てられる。

〈補注〉
　本章3節で,ガルトゥング平和学の再検討を試みた。しかし,今日の平和教育論では,ガルトゥング平和学に対して懐疑的な論者は少数派と思われる。本書執筆者の多くは,ガルトゥング平和学を平和教育に活かすための意欲的な工夫を試みている実践者・研究者である。したがって,本書の読者は,3節に対してはむしろ批判的に読み進めていただいた方が面白いし,同節をたたき台にして大いに建設的な議論を重ねていきたいと思う。なお,ガルトゥング平和学の入門書として次のものが入手しやすい。ヨハン・ガルトゥング=藤田明史編著『ガルトゥング平和学入門』(法律文化社)。

第 **6** 章　平和教育の「固有性」と「包括性」

1)　永井滋郎『国際理解教育』第一学習社，1989年，第2章。なお，同書では，広島大学附属中学校が「人権の研究」(1954年度)の主題のもとで，「原爆と平和」というプログラムを組んだ事例が紹介されている (44〜45頁)。ここでは，被爆者との座談会，原爆病に関する医師の講演，核兵器についての軍事専門家の講演，生徒の討論会などが列挙されているが，平和教育の先駆的実践として興味深い。
2)　グレン・D.フック『軍事化から非軍事化へ』御茶の水書房，1986年，107〜108頁。
3)　渡部淳「国際理解教育の理論と概念」日本国際理解教育学会編著『グローバル時代の国際理解教育—実践と理論をつなぐ』明石書店，2010年，18頁・23頁。
4)　大津和子「国際理解教育の目標と内容構成」前掲注3)書，37頁。
5)　同前，28頁。
6)　松井ケティ「包括的平和教育からみた地球市民学」庄司興吉編著『地球市民学を創る』東信堂，2009年，254〜255頁。
7)　多田孝志『学校における国際理解教育』東洋館出版社，1997年，58〜63頁。
8)　魚住忠久「日本のグローバル教育」『国際理解　重要用語300の基礎知識』明治図書，2000年，102頁。
9)　朝倉征夫『多文化教育の研究』学文社，2003年，4頁。
10)　森茂岳雄「グローバル教育と多文化教育のインターフェイス」『教育学論集』44集，中央大学教育学研究会，2002年，50頁。
11)　同前，52頁。
12)　村上登司文『戦後日本の平和教育の社会学的研究』学術出版会，2009年，415頁。
13)　竹内久顕「日本教育学会課題研究『平和教育』の経過と課題」『教育学研究』58巻1号，日本教育学会，1991年，83頁。
14)　笹川孝一「『環太平洋圏』時代の平和教育—『構造的暴力』の位置づけをめぐって」『教育学研究』57巻1号，日本教育学会，1990年，88〜91頁。
15)　森口等「平和教育に飢餓や貧困などの『構造的暴力』を」『歴史地理教育』741号，2009年3月，52〜55頁。
16)　君島東彦編『平和学を学ぶ人のために』世界思想社，2009年，23頁。
17)　川本兼『「日本国民発」の平和学』明石書店，2007年，15〜17頁。
18)　加藤朗『入門・リアリズム平和学』勁草書房，2009年，72頁。
19)　西尾理「戦後日本における平和教育の分析と教材開発研究」兵庫教育大学連合大学院提出博士論文，2010年，406〜417頁。
20)　佐貫浩『平和的生存権のための教育』教育史料出版会，2010年，53〜57頁。
21)　竹内久顕「平和教育における戦争理解の問題」『教育学論集』45集，中央大学教育学研究会，2003年，231頁。
22)　ヨハン・ガルトゥング＝伊藤武彦編（奥本京子訳）『平和的手段による紛争の転換』平和文化，2000年。同『平和を創る発想術』(岩波ブックレット)岩波書店，2003年。
23)　ガルトゥング（高柳先男ほか訳）『構造的暴力と平和』中央大学出版部，1991年，5頁。

第7章

平和教育における戦争像の再考

竹内　久顕

1　90年代における戦争像の揺らぎ

　70年代までの平和教育論の到達点だった「3つの目的」の1つ目は,「戦争のもつ非人間性・残虐性を知らせ,戦争への怒りと憎しみの感情を育てるとともに,平和の尊さと生命の尊厳を理解させる」であった(→37頁参照)。ここで前提とされている戦争像は「非人間的」「残虐」なもので,疑う余地のない正当な戦争像のようだが,この大前提を反転させた戦争像が小林よしのりの『戦争論』(幻冬舎,1998年)によって示され,若者に対して一定の説得力をもった。
　中西新太郎は,『戦争論』は,「平和主義アプローチの絶対性」という「『制約』を打ち破ったと感じられている」という。つまり,「『戦争は悪い』という結論はいつも絶対に動かせない,では戦争は本当に悪いのか——そういう大胆な反問を『戦争論』は行ってくれた」ため若者たちに受け入れられた。また,中西は,そういう感覚は70年代半ば頃から進行していた「『暴力の文化』の広い土壌」に成立したと指摘する[1]。若者に対する同書の影響力を客観的に裏づける統計があるわけではないが,『戦争論』の登場はそうした「暴力の文化」が醸成されているという,より大きな問題を象徴するものであり,そうした変容に平和教育が対応しきれているかどうかが,90年代半ば以降問われ続けている。
　90年代半ば頃から顕著となった歴史修正主義の動きのなかで,一連の歴史物が相次いで出版されたが,『戦争論』もその流れのなかで登場した[2]。『戦争論』の戦争像は,おおむね次のようなものと理解される。まず,「浮遊する個

の確固たる立脚点として「公」＝「国家」を設定し，その「公のため」の究極の形態を「戦争」とする。そして，「戦争」においてこそ「個人主義＝エゴイズム」（と小林は等置する）を乗り越えることができる。また，「戦争」にはそれだけの魅力・力（「爽快感」「充実感」「感動」）があるとする。

　「戦争＝非人間的で残虐＝悪」という平和教育の大前提を反転させた戦争像が，若者たちにとって説得力をもった理由として，以下の2点が考えられる。

　第1に，90年代の日本社会の「地殻変動」がもたらした，展望の見えない不安のなかに置かれていた若者が小林の議論に触れたとき，その戦争像に新鮮な驚きと自信回復への展望を感じたのではないか（→第4章1節参照）。

　第2に，当時20～30歳代の世代が目の当たりにした最初の戦争である湾岸戦争（91年勃発）は，まるでゲーム感覚の戦争のように報道された。しかも，彼らが日常「実感」できる戦争は，ゲーム・娯楽映画などを通したものだった。これらの戦争像は，「爽快感」「充実感」「感動」などの魅力を説く『戦争論』のそれに近い。しかし，学校で教わる戦争像は，「非人間的・残虐」を大前提としたものであり，湾岸戦争報道のイメージや「実感」できる戦争像との間に「乖離」が生じてしまった（→8～9頁参照）。

　筆者の大学の授業での学生レポートに，次のようなものがあった。「私自身大学にはいるまで，小林よしのり氏のような考え方があるのを知らなかった。戦争では日本が悪かった，ただそう思っていた。氏の考え方には基本的には反対であるが，『そういう考え方もあるのか』と知ったときには新鮮だった」（99年度）。おそらく，『戦争論』の主張に関しては，「積極的受け入れ派」と「積極的拒否派」より，その間に横たわる「そういう考え方もあるのか」ととらえる若者のほうが多いのではないだろうか。その場合，悲惨で残酷な戦争像も爽快感と充実感のある戦争像も等価のものとしてとらえられているため，『戦争論』は嘘だと決めつけ，「戦争の実態は悲惨で残酷なんだ」と，『戦争論』の戦争像と異なる戦争像（「戦争＝非人間的で残酷＝悪」）をいくら示しても説得力はない。

　梅野正信は，「小林よしのりは，むしろ，これまでの平和（教育）論がタブーとしてきた部分，いわば平和教育の陥穽を巧みに衝くことによって，はじ

めて，魅力的な物語を提供できているのである。だからこそ，平和教育を真面目に学んできたものほど，『戦争論』言説の前で逡巡してしまうのだ。問題としなければならないのは，こちらのほうである。(中略)戦争論言説に惹かれた若い世代が聞きたいのは批判ではない。彼らが本当に聞きたいのは，責任をもって対抗的に提案される，現実的な『選択肢』なのである」という[3]。また，山田朗は，「全部が全部ウソッパチではなく，部分を取ってみると事実もあるわけです。一側面をデフォルメする手法を取っているため，『戦争論』をまったく虚偽と無知の固まりといってしまうことはできません。戦争のたてまえ的な『正義』と将兵の『勇気』，勝ち戦の壮快感といったことは，局面をとらえてみれば実際にあったのだろうと思います」という[4]。さらに，ロジェ・カイヨワは，戦争は「色あせて，静かで，単調な日々の生活を打破するもの」であり，「死の危険と破壊の陶酔をともなった秩序と計算がある」という[5]。

『戦争論』の戦争像は，戦争のある一局面を描いたものとしては不当なものではないのである。つまり，戦争の「本質」ではないが，1つの「現象」としては確かに存在した。小状況としての個別の戦闘において，悲惨・残酷・恐怖・卑怯は至る所にみられた。しかし，同時に戦闘の各場面のなかには陶酔感・爽快感・充実感・感動もあった。また，戦闘の合間にも孤独・不安とともに安穏・笑いもあった。こうした小状況としての戦闘のすべてを含み込んで大状況としての戦争が遂行される。しかし，これまでの平和教育では，「青少年にとってはとかく戦争というものはカッコよく見え，そこでの当事者はいかにも英雄らしく思える。(中略)ただ表面的なカッコよさだけが心を刺激することになる」と，「魅力」も「陶酔」も偽りのものとしてあっさりと退けられてきた[6]。これが，平和教育がこれまでタブー視してきた「陥穽」だった。

以上のことから，『戦争論』の問題点は，小状況としての戦闘にみられる一方の事実をもって大状況としての戦争全体の本質としたところにあり，逆に従来の平和教育の戦争像の問題点は，小状況の一部を捨象したうえで大状況を描こうとしたところにあると考えられる。そこで次の課題は，小状況としての戦闘のすべてを含み込んで大状況としての戦争をとらえたうえで，なおかつそうした戦争を拒絶する視点を見出すことである。その視点を，戦艦大和の最後の

乗組員として奇跡的に生還した吉田満[7]の言説から探ってみよう。

2　吉田満の描く戦争像

　吉田の代表作『戦艦大和ノ最期』[8]の発表当時，「これは戦争肯定の文学であり，軍国精神鼓吹の小説である」と批判されたようだ。こうした批判に対し吉田は，「戦争を一途に嫌悪し，心の中にこれを否定しつくそうとする者と，戦争に反発しつつも，生涯の最後の体験である戦闘の中に，些かなりとも意義を見出して死のうと心を砕く者と，この両者に，その苦しみの純度において，悲惨さにおいて，根本的な違いがあるであろうか」と喝破し[9]，「戦争にかかわる一切のものを否定し，自分を戦争の被害者，あるいはひそかな反戦家の立場に仕立てることによって，戦争との絶縁をはかろうとする」戦後の風潮に疑問を投げ掛けてきた[10]。根本博愛は，吉田ほど「（戦争体験の）意味と責任をおそろしいばかりの持続力で考え抜き，担ってきた人も稀である」と評する[11]。

　吉田は，「戦争の悲惨さの実感」について次のように語る。

> 　われわれが体験した戦争は，いっさいがただ空しいというのではなくて，個々の行動，一つ一つの個体の中に，人間性の昇華を含むものであった。（中略）戦争を構成する個々の接点には，人間性の昂りがある。あえていえば，生命の充実感がある。人間が自分の生に執着するかぎり，そこに必ず生れてくるような，気力の燃焼がある。（中略）人間らしい悲劇は，それぞれの局面に配置された微細な生甲斐が，一つ一つにはかけがえのない個性を蔵しながら，全体として全く虚無という事実にこそふさわしい，というべきではないか。しかし反面，戦争の一瞬一瞬に賭けたこの充実感は，紙一重で，それにそのまま陶酔しやすい危険につながっている。もともと，戦争と人間とは，密接に結ばれすぎている。闘争，組織，協力，任務の遂行，至上目的のために他のいっさいを無視する決断――戦争を形作るこれらの行動原理は，いずれも人間の本性をとりこにする魅力に満ちている。そしてその中で得られる生甲斐は，戦争そのものの魔力と結びつきやすい誘惑を秘めているのだ。（傍点筆者）[12]

　根本は，「この実感の二重性のなかに〈人間の悲劇〉が厳存するからこそ，戦争は真実，悲惨であるという認識である」と総括する[13]。吉田が示した「生命の充実感，気力の燃焼，陶酔感を味わえる戦争」「人間の本性をとりこにす

る魅力に満ちている戦争」といった戦争像は，カイヨワが述べていたところとも符合し，戦争のある一面を表したものとして正確である。しかし，その一方で，戦争の残虐さを私たちはよく知っている。すなわち，「充実感・燃焼・陶酔」も「残虐」も，小状況としての戦闘において見出される実感・現実として確実に存在する。しかし，吉田が「全体として全く虚無」と言い放つことで，前者（「充実感・燃焼・陶酔」）の虚しさが浮き彫りとなり，大状況としての戦争をかえっていっそう悲惨なものとするのである。このように大状況としての戦争をとらえることで，戦争を絶対的に否定し拒否する論理の強さが生まれる。

3 「充実感・燃焼・陶酔」の論理

　吉田は，この「充実感・燃焼・陶酔」の論理を，学徒兵の遺書などを通して次のように読み解いていく（傍点筆者）。
　出撃を目前にひかえた特攻隊員には，「今さら"何と差しちがえて死ぬべきか"を，思いめぐらしている余裕はない。私利私欲の醜さ，一身の軽さを思い，自分の生死を超えた使命，永続する世界の重さをくり返し想起して，それにすがりつく以外に，確実な死を迎え入れる平静さ」は保てない。しかも，表向き平静でも，内心には「煮えたぎるような苛立ちとたかぶり」があった。なぜならば，「青年として未来にどのように豊かにも夢想しえた可能性が，寸分も狂いない出撃計画に従って，いっさい失われようとしている」からである。その時にすがりつく慣用語が「悠久の大義」だったが，「かけがえのない生命を捧げる対象として，どれほど立派な大義名分を持ち出してきたとしても，死者の筆がその内実に触れること」はない。もし大義を深く追求しようものならば，「どんなに権威があるはずの大義も，内実が空であることをかくせなくなる」のである。
　「悠久の大義」の裏側の「空白」が見えてしまったとき，その先には再び「おのれ」が見えてくる。では，「おのれ」を見つめた先には何が見出されるのだろうか。日本が戦争の泥沼へと直進していることを，時勢を食い止めることに対して「無力」だったことを，これからも「無力」であるほかないことを，

彼ら学徒兵らはよく知っており,「そこには重い悔恨と自責がうずいていた」に違いない。したがって,彼らに必要なのは「勇猛心」ではなく,「いかなる困難に遭遇しても,おのれをみつめつづける平常心」なのであった。

「"おのれをみつめる"という営為は,おのれのうちに深く入ろうとすればするほど,"おのれをこえる"努力に近づく」のだが,「"おのれをこえる"行為が抽象的な想念にとどまらず,具体的な目標を求めずにはおれなくなった時,おのれとその目標を結びつける関係が必要になる。おのれの側から見ればそれが対象を"護ろうとする"行動となるのは自然であろう。悠久の大義は,それに向って一方的におのれを捧げるほかにかかわりようのないものであるが,護るべき目標は,どれほど広大なものであっても,手のとどく目標,少なくとも手がとどくと期待できる目標でなければならない。」「無数の兵士は,戦争という巨大な虚妄のために命を捨てる孤独感に打ち勝とうとして,自分はある公的な存在,価値ある実体を護る使命を与えられているのだと,みずから納得させてきた。そしてその護るべき対象の最大公約数は,祖国と同胞であった。」

こうして,吉田の読み解きは,「悠久の大義」→「空白」→「おのれをみつめる」→「おのれをこえる」→「祖国と同胞のために殉死」という論理で進んできた。しかし,この論理は一直線に展開したわけではなかった。自らの「無力」「孤独感」を底流に,平和とナショナリズム,自由と同胞愛,戦争への懐疑と忠誠義務の葛藤という「混乱と矛盾」「悔恨と自責」が渦巻くなかでたどり着いたのだった。しかし,そうした「矛盾」にはまり込んでしまったとき,「残された道は,眼を現実から未来へ向けるしかない。今自分がおちいっている混迷から,未来に向って一歩でも前進発展があることを期待し,期待から生まれる願望,懇願を書き残しておく」しかない。「自分たちの死後に来る世代を信頼して望みを託す以外に,自らの殉死の意味を納得する道はなかった」のである[14]。

特攻隊員の遺書などに書かれていることは「真実」である。しかしそれは,「生涯の最後の体験である戦闘の中に些かなりとも意義を見出して死のうと心を砕く」苦悩の作品でもある。そこに表現されている「悠久の大義」は自然に表出されたものではなかった。自らの死の意義を自らに納得させざるをえない

というぎりぎりの状況に置かれたとき，「祖国と同胞」に「すがりつく」しかなかったのだが，その「祖国と同胞」のイメージは，まだ見ぬ未来に仮託せざるをえなかった。こうして「充実感・燃焼・陶酔」が生み出されたのであれば，それは実は空虚なものでしかなかった。

　そして，このように読み解けば，「悠久の大義」を掲げ戦場へと赴いていった特攻兵士は，「単純な戦争肯定という底の浅い虚妄とは関わりなく，誰よりも戦争の持つ醜い暴力を熟知し，誰よりも深く戦争の矛盾に苦しみぬいた」人間であったことがわかる。戦後，兵士を加害者として断罪する言説はしばしば聞かれる。しかし，「彼らは，あの時どのように行動すれば正しかったかを教えられ，提起した疑問が正面から取り上げられて答えられ，死の代償がどれほどふさわしく実ったのかを示されない限り，戦後世代の批判に屈することはない」であろうと吉田はいう。彼らが託した未来のイメージに，戦後の日本人はどこまで真剣に向かい合ってきただろうかということである。そして，「世界に平和を創り出すために，日本は為しうる限りの努力を怠ってはいないか。日本のみに課せられた役割，例えばアジアにおける平和秩序の回復について，南北問題の解決促進について，世界史に対する責任がどこまで自覚されているのか。その自覚を，今後いくらかでも深めてゆく用意があるのか」とたたみかける吉田の問いは，戦没学徒から平和教育が何を学びとるかということでもある[15]。

　「戦争＝非人間的・残虐」という平和教育が依拠してきた大前提をいったん退け，小状況において確かに存在する「陶酔感・爽快感・充実感」の意味を「巨大な虚妄」である大状況のなかで考え，そして再び大状況に戻ったとき，初めて戦争が「全体として虚無」な悲劇であることが納得できる。また，戦争は，吉田のいうように「人間らしい悲劇」なのであって，「非人間の悲劇」ではない。戦闘に従事しているのは「鬼＝非人間」ではなくまぎれもない人間なのであり，「生涯の最後の体験である戦闘の中に，些かなりとも意義を見出して死のうと心を砕く」兵士は誠実で純粋な人間なのである。しかし，それは「巨大な虚妄」のなかでの誠実さ純粋さであり，最後は押しつぶされていく。吉田は，「一人一人何十年かずつの人生をここまで引きずってきたあげく，一

つの戦闘という虚無のルツボの中で一切がうたかたのように消えさるほかなかった。(中略)あらゆる煩悩,あらゆる未練にさいなまれた無数の人間の前に,それとはまるで無縁のような無頓着さをもって,徹底した破壊力が横行するのが戦争」なのであり,それこそが「戦争というもののほんとうの悲惨さの実感である」という[16]。

こうした小状況における充実感と大状況としての虚無という戦争像に立ったとき,戦争が決して「浮遊する個」の確固たる立脚点にはなりえず,自己を歪める悲劇以外の何ものでもないことが示せるのである。

4　「充実感・燃焼・陶酔」をめぐって

以上のような「戦争像の再考」を,筆者はこれまでに3回論じたことがあるが[17],これらに対して賛否両論が示されたので,それらを紹介しておく。

青砥恭は,本章注17)の①を引用しつつ,「平和・歴史教育とは,やはり戦争の残酷さ,非人間性をさまざまな教材を通して生徒と学ぶことだ」といい,「吉田満から戦争の『充実感』『陶酔感』,まして『美しさ』を読み取るというのは,国家による『記憶』づくり,そして戦争プロパガンダに利用されることになるとは思えないか」と強く批判する[18]。現実に戦争が遂行されるときには,いつの時代でもどの国でも,「充実感」「陶酔感」や使命感,正義感を鼓舞することで国民を動員する。したがって,それらの「正体」を突き詰める思考や学習の必要性を拒否する青砥の論のほうこそが,容易に戦争プロパガンダに利用されることになるとは思えないか。

目良誠二郎は,上記の青砥の論に対して,吉田は「戦争の悲惨さの中でも存在し続けたこうした人間性の発露と,同時にそのすべてを巨大な虚無の中に飲み尽くそうとする危険な魔力を秘めた戦争の実相を,驚くほどリアルに描き出した」ことによって「戦争の悲劇の真の深さを重層的に示すことに成功した」という。そして,小林らの戦争美化論は平和教育の「暴露・告発型」の弱点を突いたものであったのに対し,「吉田満の文学と思想の正確な理解とその教材化は,こうした弱点と戦争美化論の双方を克服する上で大きな意義を持ってい

る」といい，青砥の批判は「戦争の悲劇の重層性という吉田満の文学・思想の根幹をまったく理解しない乱暴なものである」という[19]。

　佐貫浩は，上記の青砥と目良の論争に関して「青砥が戦争は『美しいか』というようにテーマを取り違えて議論を展開したことによって，焦点がずらされて」しまったが，この論争の中心テーマは，「戦争が人間的情熱を組み込み展開するという問題」であると指摘する。そして，本章注17)の③に触れたうえで，「戦争動員体制は，すべて強制で成り立っていたのではなく，（中略）共同体の存続を賭けた危機のなかでの多くの人々の自己犠牲の精神，共同体意識で結ばれた『親しい』他者のために自己の命をもいとわぬ犠牲的精神等々の人間的精神の高揚によっても支えられていた」といい，「共同性の実現を奪われた若者が，戦争におけるそのような献身性の発露を知ることで，他者のために生きる人間の情熱を感じさせられ，戦争の悲惨さ，残虐性，侵略性の強調に反発する側へと組織されていく」という今日的な問題をも指摘する[20]。

　安井俊夫は，本章注17)の②を引用しつつ，「『全体としての戦争の悲惨さ』をつかむためには，『陶酔感・爽快感・充実感・感動』を戦争学習の中に持ち出さなくてはならなくなる」と，実践上の危うさを指摘する。そして，「悲惨・残虐は紛れもない事実そのものであるのに対して，陶酔感などは感情の高揚なのであって，かなり主観性の強いものである。だからそれを戦争学習の教材の中に組み込めば，（小林『戦争論』がそうであったように）学習者は受動態のままで受け止めてしまう」という[21]。しかし，戦争が「人間的精神の高揚によっても支えられていた」（佐貫）という現実が，どういう回路で形成されてしまったのかを明らかにしなければ，たやすく戦争動員体制にからめとられてしまう。「陶酔感」などを「受動態のままで受け止めてしまう」か否かは，その組み込み方による。たとえば，本章3節で述べたような「充実感・燃焼・陶酔の論理」を丁寧に読み解くことで，学徒兵らの「陶酔感」の悲劇的実態を知り，そこへと追い込んだ時代のメカニズムを考え抜くことで，戦争の悲惨を乗り越える主体を自らの側に立ち上げる，「能動態」としての学習は可能である。

　戦後メディアにおける「特攻」の語られ方を分析した福間良明は，学徒兵の「戦争責任」を追及する言説への反動として「殉国」を強調する自由主義史観

を生み出したことに触れ,「『殉国』と『戦争責任』は二項対立にあったわけではなく,両者は連続線上にあった」ことを論じた。その例として吉田満らをあげ,「ナショナルな戦争体験に徹底的に固執することは,じつはそれを批判することと,そう遠いものではない」という。そして,吉田が距離を置き続けていた,戦後の声高な「反戦」「戦時体制批判」は,「自らを『正しい』位置の安逸に置くことによって,当事者がなぜ『殉情』に引き寄せられたのかということの検証」を怠っていたといい,「あえてナショナルな戦争体験に執着しながら,ナショナルな物語を内破し,そこから自己への批判的な視座と他者との開かれた対話にいかに結び付けていくのか」ということの必要性を強調する[22]。本章は,この福間の問題提起を平和教育の課題として引き受ける試みである。

---

1) 中西新太郎「『戦争論』が映す現代日本の生の感覚」『季刊人間と教育』22号,旬報社,1999年,22～23頁。
2) 藤岡信勝・自由主義史観研究会編『教科書が教えない歴史』(全4巻)産経新聞社,1996～1997年。小林よしのり『戦争論』幻冬舎,1998年。西尾幹二『国民の歴史』産経新聞社,1999年。
3) 梅野正信「戦争論言説を超えて」『戦争論妄想論』教育史料出版会,1999年,238頁。
4) 山田朗「歴史修正主義の克服とこれからの歴史教育」『歴史地理教育』604号,2000年1月,74頁。
5) ロジェ・カイヨワ(秋枝茂夫訳)『戦争論』法政大学出版会,1974年,238頁。
6) 別技篤彦『戦争の教え方』新潮社,1983年,113頁。
7) 吉田満(1923～1979年)は,42年東京帝国大学法学部に入学し,翌年学徒出陣により海軍に入隊。44年に少尉となり副電則士として戦艦大和に乗り組み,45年4月の沖縄特攻作戦に参加。大和沈没に際して奇跡的に生還し,その時の体験を『戦艦大和ノ最期』に著す。戦後は日本銀行に入行し,「平和運動」からは距離を置きつつ自らの戦争責任や平和問題について発言を行う。以下の引用は,『吉田満著作集(上・下)』(文藝春秋社版,1986年)による。
8) 同書は,敗戦直後の未定稿以来幾度か書き改めつつ発表され,52年に創元社から出版。決定稿は74年に北洋社から刊行。同書に基づく授業実践記録として河合正直「授業記録『戦艦大和ノ最期』」(『諸君!』1980年1月号)があり,また,同書は筑摩書房刊の現代国語教科書に収録されたこともある。
9) 吉田満「『戦艦大和ノ最期』初版あとがき」前掲注7)『著作集(上)』,642頁(初出1952年)。
10) 吉田「『戦艦大和ノ最期』決定稿に寄せて」前掲注7)『著作集(上)』,645頁(初出

1974年)。
11) 根本博愛「吉田満の戦争体験論が語りかけるもの」『歴史評論』496号，校倉書房，1991年，28頁。また，藤沢法暎は「『国のために戦った（死んだ）』人たちとその家族の心のひだと侵略戦争の現実とをつなぐ回路をどうつくるのか。(中略) 私は以前から吉田満の場合が一つのモデルになると思っている」(『韓国との対話』大月書店，1998年，114頁) と，平和教育における吉田の意義を示唆する。
12) 吉田「散華の世代」前掲注7)『著作集（下）』，36～38頁（初出は1965年)。
13) 根本前掲11)論文，33頁。
14) 吉田「青年は何のために戦ったのか」前掲注7)『著作集（下）』，69～89頁（初出1976年)。なお，同論文は，多くの遺書を駆使してその複雑な深層を読み解こうとしており，歴史や国語の平和学習教材として有意義であると思う。
15) 吉田「戦没学徒の遺産」前掲注7)『著作集（下）』，62～64頁（初出1965年)。
16) 吉田「一兵士の責任」前掲注7)『著作集（下）』，148～149頁（初出1962年)。
17) ①目良誠二郎・竹内久顕・糀谷陽子・堀尾輝久「座談会　あらためて平和教育の課題を考える」『人間と教育』22号，旬報社，1999年。②竹内久顕「二〇世紀の平和教育から二一世紀の平和教育へ」『教育』684号，国土社，2003年1月。③竹内久顕「平和教育における戦争理解の問題―吉田満の平和論を手掛かりとして」『教育学論集』中央大学教育学研究会，2003年3月。
18) 青砥恭「戦後五七年，揺れる平和教育」『人間と教育』36号，旬報社，2002年，46～53頁。
19) 目良誠二郎「非暴力による平和の思想・教育・実践の深化のために」『人間と教育』38』旬報社，2003年，118～125頁。
20) 佐貫浩『平和的生存権のための教育』教育史料出版会，2010年，192～200頁。
21) 安井俊夫『戦争と平和の学び方』明石書店，2008年，178～179頁。
22) 福間良明『殉国と反逆 「特攻」の語りの戦後史』青弓社，2007年，204～206頁。

第8章

再び「4つの乖離」

竹内　久顕

　第1章～第7章までの検討を経て，「4つの乖離」を埋める展望を考える地点にたどり着いた。

1　過去の戦争と今日の戦争の乖離

　今日の平和創造にとって過去の戦争を学ぶことの意義が明らかになればこの「乖離」は埋められるだろう。フランスの歴史教師ジャン・フォルジュ（Jean-François Forges）の実践にそのヒントが見出される。フォルジュの『21世紀の子どもたちに，アウシュヴィッツをいかに教えるか』は，「（アウシュヴィッツを）記憶する義務が意味を持つとすれば，それはただ，アウシュヴィッツの再来に対する警戒心のため，現在と未来に関わる抵抗のため」[1]という実践である。フォルジュは，子どもたちに伝達すべきものとして，「事実」「感動」「共感共苦(コンパッション)」「価値」の4点をあげる。第1に，「事実を，可能な限り正確に，また厳密に」伝える。第2に，単なる知識の記憶ではなく，「歴史的事件を生徒の意識のなかに組み入れていく」過程で「他人の苦悩に対する想像力」＝「共感共苦(コンパッション)」を育てる。第3に，優れた芸術作品がもたらす「感動」が，「野獣性と暴力の極限について語りながらも，人間性と愛情を生み出すという奇跡」を引き起こす。第4に，「道徳を転倒させ，殺す行為を善とし，殺さない行為を悪と」したナチズムに対抗しうる道徳的・ヒューマニズム的価値観を尊重する[2]。これらのうち，「乖離」を埋める直接的な手がかりとなるのは「共感共苦(コンパッション)」である。

(1) 加害者への「共感共苦(コンパッション)」から始める

　平和教育が，二度と戦争被害者を出さないことを目指すのであれば，それは同時に，二度と加害者をつくらないことでもある。したがって，なぜ，どういう条件下で人は加害者になってしまうのかを明らかにすることで，それとは異なる歴史的可能性を探ることができる。そのために，加害者への「共感共苦(コンパッション)」を契機とする，一見危うい戦争学習の意義を再確認すべきように思われる。

　加藤公明（高校教師）は，元日本兵山本武の加害告白の映像を見せる。中国戦線での非道な加害行為の話から，その加害の記憶と慙愧の念に苦しむ戦後の姿が描かれている。そして，「何が，平凡で善良な日本人であった山本さんを無慈悲で暴虐な加害者にしてしまったのか」と問い，討論を進めるなかで加害者の苦悩に共感し，なぜそういう時代状況がつくり出されてしまったのかと，歴史を構造的に理解する学習へと展開する。そして，「このようなことを二度と起こさないためにはどうすればいいと思いますか」と問う[3]。加藤実践は，抽象的概念の操作による学習ではなく，山本武という具体的な生身の人物に即して「自分の問題として人間の生き方や社会・国家の在り方を考えさせる」試みである。しかし，筆者には，2番目の問いが，非歴史的な思考に子どもたちを導きかねない点が気になる。1番目の問いで当時の歴史構造をとらえさせているのだから，たとえば「あの時代のどの段階であれば，別の，平和的な時代をつくる選択肢を人びとは見出せただろうか」と問うほうが，平和な歴史をつくる主体の形成につながるのではないか。

(2)「反実仮想（もし○○だったら）」による思考の揺さぶり

　歴史の学習には，しばしば，「もし自分が○○だったらどうするか」という発問から，歴史を創造する主体形成を図ろうという実践がある。戦争の，それも加害の学習において，この「反実仮想」の問いは，「ある痛みを伴って子供の胸にトゲになってつきささっていく」[4]発問として，子どもの思考を追い詰めることにもなろう。しかし，これを有効に活用することで「他人の苦悩に対する想像力」を獲得する授業をつくることも可能である。

　西尾理（高校教師）は，「三光作戦」を扱ったあとで，「あなたが当時の日本

軍の状況にいたら，同じように人を殺せますか」と問い，逃げたら処刑されるかもしれないが罪もない中国人を殺せるはずもないといったジレンマ状況をつくり出す。思い思いに発言していた子どもらが沈黙したとき，「なぜ日本兵はこのような状況におかれてしまったのであろうか」と問うことで，いかなる答えも出しえない歴史状況がなぜ生み出されてしまったのかという学習を展開する[5]。他にも，「もしあなたがヒトラー政権期のドイツ人で，幼なじみがユダヤ人だったらどうするか」[6]「もし上官の前に並ばされて，特攻志願を迫られたらどうするか」などありうるだろうが，いずれも，「なぜこういう苦しいジレンマに追い詰められるのか」という切実な声を子どものなかから引き出すことで，そこに至る歴史的要因を構造的・科学的に学習する授業を展開できる。さらに，「別の選択肢を選びとる歴史的可能性はなかったのか」と問うことで，平和な歴史をつくる主体を子どものなかに形成することもできる。

今野日出晴（高校・大学教師）は，中国での「刺突訓練」の証言資料を用い，「自分が初年兵として，一列に並んでいて，自分の番が来たときに，それを拒否できるのだろうか」と問い，「もし，あなたに，銃が手渡されたとき，どうするのか」とたたみかける。きれいごとではすまされない思考状況のなかで，「その場にいて，殺す条件が揃ったら，拒否できないであろうという〈自分〉の発見」にたどり着き，当時の兵士が自分たちと同じ「普通の人」であることに気づくと同時に，「兵士の苦悩を共感的に理解する」意見が出てくる。こうして，「過酷な状況におかれた被害者としての兵士が，加害者となって捕虜を刺し殺す」という被害と加害の重層性を，自らの思考のなかから発見するのである。しかし，今野実践はさらに続く。凄まじい報復リンチにあいながらも刺突を拒否した兵士渡部良三の記録を通して，過酷な状況下での刺突を拒否できないのはやむをえないではすまされないことに気づかせる。いったんは「兵士の苦悩を共感的に理解」したかのようだったが，その「理解」が再び揺さぶられる[7]。「虫を殺すのも嫌だ」と思っていた「普通の人」がなぜ捕虜を殺せたのだろうかという今野の発問に対し，「所属集団のなかでの上昇（出世）意識」「集団内部の心理的圧力」「上官の命令」「中国人蔑視」「国際法の無理解」の5点がどのクラスでも出そうようだ[8]。だとすれば，これら5点は今日の社会

ではどのようなかたちで表れているのか（あるいは潜んでいるのか），そして，渡部はなぜこれらを乗り越えられたのか，と問うことで，平和を妨げる要因とそれを克服する道筋を発見する学習へと展開できるだろう。

（3）戦争体験の継承：過去と今を切り結ぶ

　身近なお年寄りから戦争体験を聞き取るという学習は，以前から平和教育の定番の方法として定着しているが，ここには二重の困難な課題がある。

　❶　**体験世代から非体験世代へ**　　戦争体験世代は次第に減り，遠くない将来にはいなくなる。そこで，戦争を語り継ぐ非体験世代をどう育てるかという課題が浮かび上がるが，ここにはさらに難しい課題が横たわっている。

　沖縄の元ひめゆり学徒隊員の体験談を聞いた高校生が，「言葉がこころに届かない」と発言した。両者の間には「金網の壁」が横たわっており，声は聞こえるし姿も見えるが隔てられたままなのである。下嶋哲郎が主宰する「虹の会」は，元ひめゆりと高校生らの間で戦争体験を語り・継ぐプロジェクトとして発足した。そこでは，体験者が一方的に語る上下の関係ではなく，体験者と非体験者が対話をする水平の関係で進められる。パーティやゲームをしたり，当時の学園生活について語らうといった関わりを重ねていくうちに，元ひめゆりの方々が自分たちと同じ「普通の人」であることに気づく。そういう関係が築かれたとき，高校生から「あの時の自分に何と言いたいか」「動員される前になぜ疎開しなかったのか」と本質に迫る質問が出されてくる。こうした「魂をえぐる」ほどの問いかけは，体験者を「二度被害者にする」ことだと下嶋はいうが，それほどの覚悟が両者にないと「金網の壁」は越えられない。そして，この壁を越えたとき，高校生らは「新しい伝える人」として育っていく[9]。

　東京都武蔵野市は，1944年11月に本土空襲の最初の目標地とされた地域で，自治体として平和施策に積極的に取り組んでおり，市民の戦争体験を語る会の開催やその記録集の刊行を行政が支えてきた（→コラム11参照）。しかし，ただ話を聞くだけで「金網の壁」を越えられるだろうか。こうしたおとなたちの取り組みを学校教育に活かす試みとして，地域の体験者の話をもとに，子どもらが創作劇をつくり学芸会で発表するという小学校の実践がある[10]。自分たちで

第8章 再び「4つの乖離」

台本をつくる過程で，当時の生活や地域の様子を調べ，また台詞を考えながら当時の人びとの気持ちを想像し共感する。語り部の話を自らのなかで再構成することで，「金網の壁」を乗り越える契機になるのではないか。

広島市立基町高校の生徒らが，被爆者の体験証言をもとに「原爆の絵」を作成するという試みを広島平和文化センターが行っている。作品『先生の支え』を描いた生徒は，写真もないまま，何度も体験者に質問を重ね，「鏡と向き合い，自分の顔で悲しい顔や深刻な顔，眉間を寄せたりと，さまざまな表情を作って，試行錯誤を繰り返し」ながら被爆の状況を再現しようとしたという[11]。筆者も作品を鑑賞したが，非体験者にもここまで描けるのかと驚くほどリアルであった。聞いた証言を作品化する過程で，自らを体験者の側に置いて体験を想像する営みを重ねることで，「金網」の向こうの体験者と自分を重ね合わせることができ，自らの体験であるかのように表現できたのである。

❷ **非体験世代から非体験世代へ**　「虹の会」の試みもそうだが，これからの平和教育の重要な課題は，非体験世代のなかに「新しい伝える人」をいかに育てるかということである。その方法として，よく実践されることだが，学んだことを他者に伝えるために「表現」することの意義は大きい。

林綾（小学校教師）は，広島修学旅行で学んだことを新聞にまとめた6年生1人ひとりが，縦割り班の1～5年生に伝え，質問に答えるという全校的取り組みを実践した[12]。伝え答えるという「表現」の過程で，見聞きしたヒロシマを自らのなかで血肉化するとともに「新しい伝える人」を育てる実践である。

米山宏史（中学校教師）は，学園祭で，平和研修旅行で行った松代大本営の壕を教室に再現する実践を行った[13]。朝鮮人強制労働の現場を再現する過程で，その場の「身体感覚」を思い起こし，その苛酷さを再発見するのである。

広島女学院高校と横浜のフェリス女学院高校は，85年以来，平和学習の交流を行っている。「広島研修旅行」で訪れたフェリス女学院の生徒に対して，広島女学院の生徒が原爆の碑巡りガイドをし，交流会を行う。その文集に，広島女学院生の次のような感想があった。最初は，碑巡り案内に軽い気持ちで応募したが，自分が説明する碑について調べていくうちに，地元のことであるにもかかわらず，次から次へと知らなかったことが出てきた。自分で調べ足を運ぶ

ことで「やっと今までの平和学習の意味が見えてきた」という。一方，フェリス女学院生の感想には，「広島に育ち，平和を学んできた彼女たちが，世界に向けて発信する姿は，同世代とは思えないほどしっかりしていた」のように，広島女学院生が知識だけではなく実践的である点に衝撃を受けたという感想が多くみられる。他者に伝えるために学ぶことで，受動的な知が能動的な生きた知へと活性化する。そして，同世代の生きた知に触れることで，自らの知をも刺激するのである。ところで，フェリス女学院生の次の感想は，この実践の予期せぬ効果として面白い。「平和記念資料館で凄惨な写真や物たちを見たあと，広島女学院の人たちと合流した時，なんだかほっとしてしまった。」おとなでも被爆の写真に触れるのは重く辛い。同世代の友人たちとの交流によって，重く辛い課題から目をそむけることなく，自然に語り合っていける。

（4）和解への道：過去と今の新たな関係の創造

　藤本文昭（高校教師）は，地域（愛媛県今治）の戦災調査学習に取り組んだ。その過程で，「空襲を実行したB29搭乗員は，どんな気持ちで爆弾を投下していたのか」という疑問が生徒らから出されるようになった。今治空襲に参加した元兵士バーン氏と連絡が取れ，交流が始まった。それから3年，空襲犠牲者の慰霊碑建立に際してバーン氏を招き，戦災体験者との交流，元日本軍パイロットとの対談，遺族会会長との握手が行われた。バーン氏の案内を務めた生徒は次のような感想を記した。「都市空襲を実行した『恐ろしい』B29搭乗員と，目の前で穏やかに話しているバーンさんの優しい人柄は，私のなかでどうしても一致しない。しかしまぎれもなく，バーンさんは日本を焦土にした作戦の参加者だった。戦争は一個人の人柄や感情を抑え込んだ国家レベルでの殺りく行為である」[14]。かつての「加害者」と「被害者」との和解を，戦争非体験世代の高校生が実現した実践だが，非体験世代だからこそなしえたのかもしれない。そして，この交流を通して，「優しい人」に「恐ろしい」行為をさせてしまう，戦争という「国家レベル」のシステムの残虐さを生徒は発見した。

　神直子（NPO法人ブリッジ・フォー・ピース代表）は，元日本兵と侵略されたフィリピンの被害者との間でビデオメッセージを交わす実践を行っている。

「罪の意識はある。しかし，謝罪のすべを知らない」と告白する元日本兵，「母は2人の娘と夫を殺された。戦争は人間を狂わせる」と言うフィリピン人遺族。こうした多くのメッセージをビデオに収め，双方の「思い」を伝える。そして，学生や市民に向けて，これらの証言ビデオの上映会を続けている[15]。被害者はもちろん，加害者も実は苦しみ続けてきた戦争が，いかに「巨大な虚妄」（→第7章3節参照）であったかを示し伝える実践である。もちろん，「思い」を伝えることで加害行為が免責されるわけではない。しかし，未来へ向けて両者の新たな関係を構築する最初の一歩を切り開いた実践の意義は大きい。

(5) 身近な「モノ」：過去と今を結ぶ「モノ」からの学び

　戦争体験者の語りから学ぶことが次第に難しくなっている。子どもたちの身近な「モノ」から学ぶ工夫はこれまで以上に意味をもってくる。

　渡辺明（小学校教師）は，地域の兵士の墓碑調べを実践した。戦死場所と年齢を読み取らせ，それを地図に記していくと，戦場がアジア太平洋全域にわたっていること，若い戦死者が多いことがみえてくる。自分たちの地域の若い人がなぜ遠い地で戦死しているのかという疑問を子どもたちは抱くことになる[16]。渡辺実践は小学校3年生なので，この疑問を解き明かす学習は難しい。しかし，過去の，しかも遠い地での戦争が，自分たちの日常の場とつながっていることに気づいた経験は，のちに歴史や地理の学習が進んだときに活かされる。

　「生きモノ」を教材化した実践も多い。倉持祐二（小学校教師）は，戦争で供出させられた牛と犬を題材とした創作紙芝居『おじいちゃんと牛』と児童文学『犬の消えた日』（井上こみち作）を用いた。「動物もせんそうが苦しいんだなあ」という子どもの感想からは，イメージのわきやすい動物を通して，戦争の不条理さを認識できることがわかる[17]。

　身近な物や動物を通して遠い過去の戦争と自分との接点に気づかせる学習は，平和教育の方法としてしばしば用いられる。ここで紹介した事例はたまたま小学校のものだが，子どもの発達段階をふまえると，体験者の語りを通して戦争の生々しい惨状を伝えるのではなく，物や動物を通して想像させるという方法は，初等教育段階においてはいっそう有効である。

2　遠くの暴力と身近な暴力の乖離

(1) 子ども兵と携帯電話

　子ども兵を扱った実践は多い。中学生くらいだと，同世代の子どもが戦場で戦い殺される現実に強くひきつけられるようだ。仲本佳子（中学校教師）が，ウガンダの元子ども兵チャールズを取り上げた授業でも，子どもらは大きな衝撃を受けた。その後，元子ども兵らにビデオレターを届けることとなり，その発案者だった生徒――実は彼は正義の戦争は必要だと主張し続けてきた――が，チャールズに会いにアフリカに行った。帰国後次のように語った。子ども兵の話は他人事ではなく「僕の友達に起きた実際の事件，事実なんだ」と感じた。以前は「平和」がきれいごとにしか思えず「現実を見ろよ，人間なんてこんなもんだよ」と思っていたが，実は「現実を見ていないのは，自分の方だった」と気づき，「平和」とは「人が必死に生きることだ」と思うようになった[18]。遠くアフリカの現実を，チャールズという「友達」の姿を通してみたとき，日本に暮らす自分自身の生き方と重ね合わせることができた実践だ。

　吉田里織（高校教師）らを中心に開発教育協会がつくった「ケイタイの一生」という実践・教材がある。子どもたちにとって身近で欠かすことのできない携帯電話の原料生産と部品製造が世界各地，多くは途上国で行われていることを学習する。携帯電話に必要な希少金属タンタルをめぐってコンゴ民主共和国では内戦が打ち続き，周辺国ルワンダ等の武装勢力もタンタル獲得に乗り出して紛争を拡大している。また，部品製造も，低賃金労働のもとで，東南アジアの労働者によって行われている。子どもたちにとって身近な携帯電話を通して，途上国の紛争と貧困の現実と原因を解き明かす実践・教材である[19]。

　いずれも，遠くアフリカの暴力（戦争・貧困）と日本に暮らす自分たちをつなげようという実践・教材で，しいて分類すれば，前者は「平和教育」，後者は「開発教育」となるだろう。さらに進めて，この両者を結びつければ，戦争と貧困を構造的に関連づけ，遠くの暴力を自分の課題としてとらえることができるのではないか。すなわち，「携帯電話→タンタル→内戦→子ども兵」とい

う論理展開（矢印は逆も可）で授業を構成すれば，アフリカの戦争と日本の自分たちが，また途上国の貧困と先進国の豊かさの接点がみえてくる。しかも，そのとき「主役」となるのが自分たちと同世代のアフリカの子どもであるという事実は，この問題の切実さをいっそう浮かび上がらせることになる。

(2) マイノリティへのまなざし

先に，アフリカの子どもたちを襲う「剝き出しの暴力」と，日本の子どもたちを抑えつける「見えない暴力」の「乖離」に関する楠原彰の論を紹介した（→11〜12頁参照）。楠原はこの乖離を埋めるために，「自分の身近で『剝き出しの暴力』にさらされているマイノリティと出会い向き合うこと」を提案する。障害者，同性愛者，在日外国人や虐待に苦しむ人，孤独な老人などと触れ合うことを通して，「南の子どもや若者たちに強いられている『剝き出しの暴力』を自らの苦悩として引き受け，自らに強いられている『見えない暴力』を見抜く目を獲得し，そこから自らを解き放つ」ことができるという[20]。身近なマイノリティとして，近年多くの実践が試みられているものに「ホームレス（野宿生活者）」の問題がある[21]。一見平和な日本で，命をも奪う「剝き出しの暴力」にさらされている「ホームレス」に向き合ったとき，かれらを襲う貧困・差別・排除といった「見えない暴力」が見えてくる。そして，じつは自分も同じ「見えない暴力」に抑えつけられている現実に気づくことで自らのマイノリティ性がみえ，自分と「ホームレス」に襲いかかってくる暴力からどうすれば自分たちを解き放つことができるかという思考へと向かっていく。こうした思考と感性を遠い南の人びとに向けていけるような実践が望まれる。

(3) 遠くの子ども・若者とつながる

2003年3月開戦のイラク戦争直前，小中高を問わず各地で開戦の是非をめぐる討論学習が行われていた。当時中学3年生だったK子はアメリカ支持の立場で立論したが，実際に戦争が始まり誤爆や民間人殺戮の報道に触れるにつれ，その想像を超える残酷さに戸惑い，中学の時の担任教師に手紙を綴った。担任教師のすすめでK子とアメリカのシャーロットのメール交換が行われた。シ

ャーロットは，開戦直前に「爆撃で殺されるのは，私のような子どもなのです」という非戦メッセージを読み上げ世界中に反響を呼んだ13歳の少女だ[22]。K子のメールでは，祖母が亡くなった時の悲しみと，多くの大切な人を失ったイラクの人びとの苦しみを重ね合わせ，すでに戦争は始まってしまったが「これから起きるかもしれないことはもしかしたらくい止めることができるかもしれません」という。シャーロットからの返信では，アメリカでの彼女の行動に対する多くの無理解な反応に接し，孤独感に襲われることがあると告白しつつも，「知ってしまったことを忘れることはできません」という。このメール交換の直後，来日したシャーロットとK子の交流が始まった[23]。日本とアメリカの同世代の子どもが，遠いイラクの子どもに思いをはせてつながった。

　遠くの暴力を想像するときに，自分たちと同世代の子どもや若者を取り上げることの有効性は，多くの実践にも示される。インドネシアのストリートチルドレンやインドの児童労働などを通して子どもを脅かす貧困・暴力の現実を知ると同時に，児童労働問題の解決を目指してカナダの12歳の少年クレイグが始めた「フリー・ザ・チルドレン」の運動が政府や世界を動かしたという事実を学ぶことで，遠くの暴力に対して日本の子どもたちに何ができるかを考えさせる契機になる[24]。地雷原の村に住むカンボジアの子どもたち，放射能の「暴力」によって健康を蝕まれるチェルノブイリ周辺の子どもたち，民族・宗教の違いで互いに分断されてしまったコソボの若者たち，厳しい現実のなかにあって希望と夢を持ち続け現実に立ち向かっている遠くの子どもらの姿を，日本の子どもたちが自分たちの現実と重ね合わせることで，日本と世界の暴力を乗り越える道を探求する平和教育実践をつくることができるだろう[25]。

　ところで，先のK子とシャーロットの最初のやり取りはEメールで行われた。たとえばSkypeやTwitterなどインターネットのツールを駆使することで，遠くと身近をつなぐ実践には今後飛躍的な進展が期待できそうだ。

3　平和創造の理念（平和憲法）と現実の乖離

　この乖離を埋めることこそが，平和教育の根本的な目標であり，本書全体に

(1)「生き方の原理」としての9条

【日本国憲法第9条】
第1項 日本国民は，正義と秩序を基調とする国際平和を誠実に希求し，国権の発動たる戦争と，武力による威嚇又は武力の行使は，国際紛争を解決する手段としては，永久にこれを放棄する。
第2項 前項の目的を達するため，陸海空軍その他の戦力は，これを保持しない。国の交戦権は，これを認めない。

　9条に対しては，「戦わずして滅亡する条文」「現実離れした夢想の条文」といった非難がなされる。しかし，第1項を素直に読めば，「放棄する」のは「国際紛争の解決」ではなく「戦争」「武力による威嚇」「武力の行使」である。すなわち，9条は，武力以外のあらゆる手段を用いて国際紛争を解決するという，優れて積極的かつ能動的な条文なのである。しかも，「正義と秩序を基調とする国際平和を誠実に希求し」とあるのだから，国際社会に「不正義」と「無秩序」が生じた場合には，その排除に向けて「誠実」に立ち向かうことになるのであり，決して「一国平和主義」と揶揄されるような生やさしい態度に立っている条文でもない。

　佐貫浩は，「個人の尊厳と人権を侵す暴力の否定のうえに正義が追求されるという原理を，国家間の方法へと発展させたときに，それは必然的に日本国憲法第9条へと具体化されざるをえない」と指摘し，9条は「軍隊によらない平和的なたたかい」によって「国際的な不正義とたたかうことができるという確信」によって裏打ちされることで現実的な力を発揮できると論じる。そして，憲法学習の目標は，「憲法に宣言された人権を行使して，自己の生き方を切り開き，個の尊厳を実現する方法を獲得する」ことであるという[26]。

　佐貫の9条理解をふまえると，9条は，自衛隊が違憲か否かという政策課題のためだけのものではなく，1人ひとりの「生き方の原理」として「教育課題」として読み替えることが可能であることがわかる。ところで，上に引用した限りでは，9条の「国際紛争」の意味が「国際的な不正義」（たとえば，圧倒

的な軍事力をもつ国家が軍事力を背景に不当な要求を突き付けたり一方的な武力攻撃を行うようなケース)に限定されるようにも読める。しかし，9条は，対等な主権国家間の対立・紛争に際しても武力行使を禁じている。したがって，9条は，人間が生きていくうえで，生活を営むうえで直面するさまざまなコンフリクト(葛藤・諍い・矛盾・対立・紛争)一般を，非暴力的方法によって解決し新たな平和的関係を構築することを宣言したものと読み解くことが可能なのである。

このように読み解いた9条は「生き方の原理としての9条」と呼べばよいだろうが，これは，"Conflict Resolution Education"(CR教育，コンフリクト解決教育[27])の考え方そのものである(→コラム15参照)。つまり，9条を机上の空論とさせない教育実践上の課題は，コンフリクトの平和的解決が可能であることを確信できるような実践を工夫することである。

(2) コンフリクト解決教育

佐貫は，争いは避けるのではなく，平和的な方法で「たたかう」ことで解決することを強調する(→45～46頁参照)。つまり，避けるべきは争い自体ではなく，その暴力的解決なのである。もっとも，「争い」に関するこうした理解は真新しいものではない。アメリカの社会学者ルイス・コーザー(Lewis Coser)は，「社会関係を分裂させるというネガティブな要素のみならず，社会闘争(social conflict)は，集団およびその他の対人関係において数多くの決定的機能を果たしうる」[28]と，そのポジティブな意義を説く。また，宮田光雄は，「紛争ないし軋轢は，人間の社会関係の中にいつまでも内在せざるをえない」のだから，大切なことは，紛争解決の方法を「暴力的方法から非暴力的方法へ」転換して「軋轢とともに生きる精神」を培うことであるという[29]。このように社会学や政治学ですでに論じられてきた考え方を教育学的に読み解くと，佐貫の議論と重なる。コンフリクトを非暴力的方法で解決する具体的で現実的な道筋に確信をもてたときに，理念と現実の乖離は埋められる。

こうした「CR教育」の実践は，「非暴力トレーニング」[30]「マクロカウンセリング」[31]など多様に試みられている[32]。ここでは，ガルトゥングが提唱する「トランセンド法」について簡単に紹介してみよう。コンフリクトとは，両立

しえないゴール（目標）が複数存在する状況で，しばしば，互いに譲歩し合い目標の一部を満たすことで解決しようとする。こうした「妥協」は，表面的にはコンフリクトが解決したかのようにみえるが，実は不満を残したままなため新たなコンフリクトを生み出しかねない。そこで，トランセンド法では，当初の目標より高次の目標を設定し達成することで，コンフリクトを創造的に「超越（トランセンド）」しようとする[33]。札幌の幼稚園で次のような出来事があった。例年園で育てているイチゴが4粒しか取れなかった。68人の園児と対策を話し合ったが，等分すると全員ほとんど食べられない。ある園児から「ジャムにしたらいい」という声があがった。イチゴジャムを皆で協力して作りパンに付けて美味しくいただいた[34]。この記事は，子どもの発想の豊かさを示す出来事として紹介されているが，実は，これは「トランセンド法」の典型的なコンフリクト転換の事例である。イチゴを食べるという目標にとらわれるのではなく，目標自体をジャム作りという，より高次のものに置き換えることで，当初の目標では得られなかった満足と友達関係を創造したのである。

(3) 生活現実と平和

　赤木智弘（31歳，フリーター）の「希望は，戦争」との論文が話題となったことがある。戦争になり社会が流動化することで自分たち経済弱者にチャンスが巡ってくるという論旨である。赤木が望むことは「社会的な地位を得て，家族を養い，一人前の人間としての尊厳を得られる可能性のある社会」であるにもかかわらず，現実の日本社会の格差は大きく揺るぎない。そういう社会を突き崩す戦争はたしかに悲惨なのだろうが，しかし「『何も持っていない』私からすれば，戦争は悲惨でも何でもなく，むしろチャンスとなる」という[35]。

　しかし，赤木が本当に望んでいることは戦争ではない。論文の最後で「私を戦争に向かわせないでほしい」という。「何も持っていない」赤木が望むことは「何かを持つこと」で，その「何か」とは「人間としての尊厳」なのである。赤木に対して，いくら戦争の悲惨さを示しても，9条の理念を説いても説得力はない。本当は，戦争は「人間としての尊厳」を徹底的に破壊するものだが，その破壊される「尊厳」に確信がもてない状態で語られる平和の主張は虚

しい。したがって，平和教育のあらゆる実践が説得力をもつためには，「尊厳」が保障されていること，あるいは脅かされている「尊厳」を回復する方法を示すことが大前提でなければならない。たとえば，いじめが横行し管理によって抑圧されている学校で9条の理念を教えても「平和憲法授業を出ず」としかならない。「生き方の原理としての9条」は，学校内のコンフリクトを非暴力的方法で解決し「尊厳」を取り戻すことによって証明される。80年代頃から佐貫浩が掲げてきた「学校の平和的原理の探求」（→45～46頁参照）とはこういうことなのだが，これまでの平和教育実践のなかでどこまで自覚的に追求されてきただろうか。近年盛んになりつつある一連の「CR教育」は，学校・家庭から社会・国家・世界に至るあらゆるレベルで「生き方の原理としての9条」を実現しようとするものであり，生活現実のなかから平和を立ち上げて，理念と現実の乖離を埋める平和教育実践として期待できる。

4　これまでの平和教育と新しい平和教育の乖離

　これまでの平和教育において，教職員組合と民間教育研究団体の果たしてきた役割は大きい。とりわけ，「昂揚期」をリードしたのがこれらの諸団体であったことは間違いない（→第3章1節参照）。しかし，いずれも今日においてその影響力（組織率，機関誌発行部数など）にかつてほどの勢いはない。

　日教組の教研集会は，平和教育の実践を集約し理論化するうえで重要な場となってきた。しかし，1990年代に日教組と全教に分裂して以来，両者間に有意義な交流はない。組織率も低下しており，日教組が27％，全教が6％で，両者あわせても全教職員の3割強に対してしか発信力をもちえていない（文部科学省2010年度調査）。平和教育実践に取り組んできた折原利男は，日教組分裂時に組合を脱退したというが，「組合が，これまでのいきさつや考え方の違いを乗り越えて，手を結ぶことを訴えたい」と主張する[36]。折原の訴えは，平和教育の発展を真摯に望む多くの教育関係者に共通するものだろうが，教育基本法改定の時ですら共同行動を取れなかった日教組と全教に対して，はたしてこの訴えが届くのだろうか。せめて平和教育の研究交流だけでもできないものか。

第 8 章　再び「4 つの乖離」

　近年の「新しい平和教育」の流れは，こうした老舗的な平和教育の流れとは別の文脈で展開してきた。この流れは，不毛なしがらみから自由であるという利点と，その一方で，これまでの平和教育の成果と限界の議論から何も学んでいない，ひとりよがりの平和教育論が散見するという危うさを内包している。

　蓄積から学ぶべきことと克服すべきことを見定め，新たな平和教育の試みと流れを糾合していくことで，「地殻変動」を乗り越える平和教育の展開は可能となる。そのためには，これまでの豊富な蓄積を丁寧にふまえたうえで，新しい平和教育の実践と研究を目指すグループ，それも教組や党派的な団体とは無縁のグループを立ち上げるべき地点に，私たちは立っている。

---

1 ）　ジャン－フランソワ・フォルジュ（高橋武智訳）『21世紀の子どもたちに，アウシュヴィッツをいかに教えるか』作品社，2000年，283頁。
2 ）　同前，4 〜 6 頁，20〜23頁。
3 ）　加藤公明『考える日本史授業　3 』地歴社，2007年，27〜39頁。
4 ）　黒羽清隆『歴史教育と教科書問題』地歴社，1982年，17頁。
5 ）　西尾理「戦後日本における平和教育の分析と教材開発研究」兵庫教育大学連合大学院提出博士論文，2010年，317〜322頁。
6 ）　竹内久顕「平和教育をつくり直す」君島東彦編『平和学を学ぶ人のために』世界思想社，2009年，42頁。
7 ）　今野日出晴「捕虜を殺す兵士・殺さない兵士」『歴史学と歴史教育の構図』東京大学出版会，2008年，193〜216頁。
8 ）　同前，201頁。
9 ）　下嶋哲郎『平和は「退屈」ですか』岩波書店，2006年，第 1 〜 2 章。
10）　『武蔵野市平和施策懇談会報告書』2011年 1 月。
11）　『毎日新聞』2010年 7 月 6 日。なお，広島平和文化センター機関誌『平和文化』（2010年10月号）に作品 3 点が掲載されている。
12）　林綾「『ヒロシマのピアノ』からはじめるヒロシマ修学旅行の取り組み」『歴史地理教育』758号，2010年 4 月。
13）　米山宏史「マツシロ・無言館・浅川巧」『歴史地理教育』688号，2005年 8 月。
14）　藤本文昭「平和学習から元 B29 搭乗員との交流へ」『教育』761号，国土社，2009年 6 月。
15）　『朝日新聞』2010年11月25日夕刊。
16）　渡辺明「『お墓調べ』から入る戦争学習」『歴史地理教育』687号，2005年 7 月。
17）　倉持祐二「動物も戦争が苦しいんだな」『歴史地理教育』694号，2006年 1 月。

18) 仲本佳子「アフリカの子ども兵を映し鏡にして見た自分，子ども兵の授業から」『教育』720号，2006年1月。
19) 『ケイタイの一生』開発教育協会，2007年。吉田里織他『ケイタイの裏側』コモンズ，2008年，第1・2章。
20) 楠原彰「『剥き出しの暴力』と『見えない暴力』」『教育』715号，国土社，2005年8月，20頁。
21) たとえば，開発教育研究会編『身近なことから世界と私を考える授業』明石書店，2009年，第4章。
22) シャーロット・アルデブロン『私たちはいま，イラクにいます』講談社，2003年。
23) 二人が交わしたメールの全文は，地域民主教育全国交流研究会編『現代と教育』62号，桐書房，2003年8月。実践は，大野一夫「ブッシュ・イラク戦争と平和を発信する日米の少女」『歴史地理教育』663号，2003年12月。
24) フォスター・プラン・オーストラリア『世界の子どもたち』明石書店，2002年。
25) 小野寺愛・高橋真樹編著，ピースボート編『紛争，貧困，環境破壊をなくすために世界の子どもたちが語る20のヒント』合同出版，2011年。
26) 佐貫浩『平和を創る教育』新日本出版社，1994年，169〜170頁・177頁。
27) conflictの訳語としては，「対立」「紛争」「葛藤」が用いられるが，この3つの日本語は意味が異なる。そこで筆者は，conflictを無理に日本語にすると意味が限定されてしまうので，「コンフリクト解決教育」という表現を用いる。
28) ルイス・コーザー『社会闘争の機能』新曜社，1978年，序文（原著1956年）。
29) 宮田光雄『平和思想史研究』創文社，2006年，279〜80頁（初出『中央公論』1973年8月）。
30) 阿木幸男『非暴力トレーニングの思想』論創社，2000年。中川喜代子『非暴力を学ぼう』解放出版社，2008年。阿木幸男『世界を変える非暴力』現代書館，2010年。
31) 井上孝代編著『コンフリクト転換のカウンセリング』川島書店，2005年。井上孝代『あの人と和解する』集英社新書，2005年。
32) デイヴィット・セルビー＝グラハム・パイク（小関一也監修・監訳）『グローバル・クラスルーム』明石書店，2007年。モーニングサイドセンター編『子どもとできる創造的な対立解決』開発教育協会，2010年。ほかにも，コンフリクト解決のための教材・実践集は近年続々と刊行されており，ここで網羅することはできない。
33) 伊藤武彦「紛争研究」『平和学を学ぶ人のために』世界思想社，2009年。
34) 秋田喜代美「ややこのココロ」『日本教育新聞』2011年4月25日。
35) 赤木智弘，「『丸山眞男』をひっぱたきたい——31歳，フリーター。希望は，戦争」『若者を見殺しにする国』双風社，2007年，205頁（初出『論座』2007年1月）。
36) 折原利男「教育はどうあるべきか」『軍縮問題資料』324号，軍縮研究室，2007年11月，49頁。

Ⅱ 各論

第9章

平和教育のなかの「戦争体験」

今野日出晴

1 「戦争体験」を継承することの難しさ

　平和教育の「カリキュラム上の位置づけがはっきり」せず,「教材や資料」も不足し, それらを準備する時間がないと意識される現状[1]を考えると, すでに, 平和教育を実践するための条件そのものが失われているのではないかという疑いを起こさせる。その点からすれば, 回復されるべきは, 平和教育の意味——平和教育を実践することにどのような意味があるのか——そのものなのであり, 平和教育の根幹に関わる部分が問われている[2]といってよい。

　ここでは, 歴史学習において「戦争体験」はどのように考えられ, 実践されてきたのか, その検討を通して, 平和教育の意味を考えてみたい。まず, 「戦争体験」を継承することが如何に難しいのか,「戦争体験」を歴史学習に活かすことの難しさ, その困難性を確認することが重要になってくる。

　竹内久顕は, 「平和教育学の研究課題と構想」として, 「これまでの日本の平和教育実践と研究の丁寧な総括」が必要であるとして, 「克服すべき『弱点』と学ぶべき『遺産』をたて分けつつ, 批判的・発展的に継承する手法の研究」が求められているとした[3]。この「手法の研究」を私の議論にひきつけていえば, 過去の平和教育実践を, 当時の社会状況や文化状況と切り離して, 現在の視点だけで裁断するようなものではなく, それぞれの実践をその時代の文脈のなかに位置づけて, 実践者が格闘しようとしたもの, 実践者がその実践に込めた意味を理解したうえで, 現在の視点とも交錯させながら評価していくべきだということになる。それが「平和教育実践と研究の丁寧な総括」の前提をつく

るのだと思う。

　1955年，敗戦後10年を経て，雑誌『世界』は「特集　十年前―忘れられぬあの日」の特集を組み，応募原稿として「私の8月15日」10編を掲載した。そのなかの1つに，「陸士出身の軍人として」と題して，ある高校教師が「目のくらむ様な思いで」，8月15日を迎えながら，なかなか次の世代にその思いが伝わらないもどかしさと不安を記したものがある。そこには，「教室で私自身の過去と私たちの世代の過去とを，苦しみと哀しみといきどおりで語るとき，多くの生徒の目にあらわれるものは，同じ感動ではなく，むしろ珍しいものへの好奇心とある種の単純な笑いである」[4]と記されていた。日高六郎は，翌年，これを引用し[5]，子どもだけでなく，大学生も，戦争の記憶をぼんやりとしか思い出せない世代となり，「戦争がすでに各人の体験と実感を越えた抽象物となりかけている」ことを指摘した。別の言葉でいえば，「戦争体験」の断絶，戦争の抽象化，そして，その後たびたび繰り返されることになる，「戦争体験の風化」に，最もはやくに直面したのは，まさに，教室のなかの教師たちであった。重要なことは，日高においてはいまだ構想にとどまっていた課題を，教師たちが自らの戦争体験を軸にして，戦後世代と格闘して，具体的な教育実践としてつくり上げていかなければならなかったということであろう。

　たとえば，同じ1955年に，奈良学芸大学附属中学校（現：奈良教育大学附属中学校）の後呂忠一は，「戦争の惨苦を直接体験していない」生徒に，「近代戦のおそろしさというものを十二分に認識させ」たいとして，「生徒の父母や兄妹・祖父母に」「戦争に参加した時，或いは銃後での生々しい体験談を書いてもらい，それを」「近代史教育に活用しようと」試みていた[6]。後呂は，生活綴方教育や，とくに，「母の歴史」を取り上げた村田直文・加藤文三・鈴木亮らの成果に導かれて，『父母が語る戦争の歴史』という冊子にまとめて，授業で活用するような学習方法を考えついたとしている。具体的な授業展開が十分に記録されているとはいい難いが，生徒は冊子を精読して，「強く印象に残ったことやら不審な点など」に注意し，戦争の原因や被害，敗戦の理由，軍隊や国民の様子などについても読み取り，まとめることが指示される。授業では，とくに，「日本軍隊の実状」と「戦時中の国民生活」に焦点を合わせてグルー

プごとに調べさせたうえで、教師が中心となって「太平洋戦争の当時の内外の実相」や「敗戦への過程、敗戦の理由」などをまとめていくというものであった。

生徒の感想文には、「下級兵士の苦しみや、戦時中の家族のようすが良く分かり」、「両親が書いてくれたので縁遠いものと思えず、真実感がこもっていてよく分かった」とか、「今までの日本史は」「自分の生活と離れていた」が、「この本によって非常に身近なものと感じられた」とある。後呂は、それらを引きながら、「歴史を傍観者的立場で学ぶのでなく、非常に身近なもの、自分のもとして主体的につかんでいる」とし、「歴史教育ではよく観念的・抽象的な概念をおしつけるきらいがあるが、本書の活用によって、歴史特に多くの民衆の生活なり感情を具体的に生き生きとつかませることができた」としている。ここで示されているのは、観念的抽象的な概念で天下り式によそよそしい歴史として説明されるあり方ではなく、生徒自身が父母の実際の体験を読み、感じ考えることによって、身近な歴史として把握しようとする学び方なのであった。

しかし、教科書の概念的説明・叙述と「父母の戦争体験」という実感的な説明・叙述とが、実際の学習のなかでどのようにすりあわせられたのか、そうした具体的なことは記されていない。「一つ一つの話について、時代背景をもっと説明して欲しい」という生徒の感想は、1人ひとりに起こった個別の出来事と教科書に記載された時代とが、どのように関わっていたのかということ、端的には、1人ひとりの体験の意味を知りたいということであり（それは今を生きる自分自身の意味を知りたいということにつながっている）、それは、現在の時点においても、重要な課題として残っている。

振り返ってみれば、この実践を導いたのは、加藤文三らが展開した「母の歴史」[7]であったが、そこで加藤は、「ある一つの事件がおこった頃、いろいろな人たちは、それぞれどのように生活していたかを、多面的に学ぶ方法」を提起していた。「多くの人の記録を事件ごとにまとめてとりあげる」ことで、「ある一つの時代の歴史について、いろいろとちがった面から眺めることができるので、複雑な社会の歴史を、矛盾をふくんだままで、そのまま全体としてとらえ

ることができる」としたのであった。そして,「私たちの父母の歴史が, 日本全体の歴史の流れ, さらに世界の動きと, どのような関係があるのか, そして, 日本全体の歴史が, 私たちの父や母という一人の人間の歴史の中にどのようにあらわれているのかを学んで行きたい」と決意するのである。

　しかし, それは, 決意としては可能であっても, 実際の実践において, 1つの出来事・事件に対する多様なさまざまな人びとの経験を取り上げることで,「複雑な社会の歴史を, 矛盾をふくんだままで, そのまま全体としてとらえることができる」のか, ということに関わっている。たしかに, 1つの出来事・事件ごとに, さまざまな体験を配置していけば, ある程度の「全体」を示すことは可能かもしれない。しかし, 黒羽清隆が明快に指摘したように,「個人の戦争体験をどんなにもれなく総和しても戦争の全体像を把握させることはできない」のであり,「食糧不足とか空襲とか肉親の死とかいうことの算数的合計が戦争なのではない」[8]。個々の「戦争体験」が直線的に戦争全体の歴史へと接続しないのであり, その意味では, かつて村田直文実践へ投げかけられた,「父母の生きてきた道と歴史的事実との平行的な列記ではなしにその有機的な関連が欲しい」とする指摘は, 村田や加藤だけでなく, 先にみたように後呂の実践においても, 解決できないままの難問[9]としてあった。

2　生の原点としての「戦争体験」

　加藤や後呂の実践を考えるに際して, 見落とされやすいことは, これらの実践が, 敗戦後10年経った時点で, 太平洋戦争を考えようとした実践であるということ, つまり, 同時代史として, 現代史教育として, 歴史をどのようにとらえるかという実践であったことである。鈴木亮は, 加藤実践に対するコメントで,「私たちは, 現代史教育をやって行くという目的で『母の歴史』をとりあげる」のであり,「あくまでも, 現代史を学ぶための材料であり, 手段である」と明確に位置づけている。そして, 加藤文三の「母の歴史」は,「貴重な試み」だが,「さてこれを使ってどのように現代史の授業をやられたか, あるいは, どのようにやって行かれるつもりであるかということ」を知りたいとした。さ

らに,「文集」を読んで,「生徒たちの環境がみな同じよう」であるとして,「加藤先生がこういう風に整理してしまった」のではないかと疑問を投げかける。そして,出来事や事件ごとに個々の体験を分割して横割りに並べるよりも,「一人一人の歴史」として,「先生と生徒とが一緒に整理してゆくことをやるべきでないかと」提案するのであった。その後,鈴木は,実際に,都立第一商業高校の時事問題の授業として「私たちの歴史」の実践[10]を行った。生徒たちは,卒業を半年後にひかえて「自分はどの方面に就職すべきか」悩みながら,「商業高校出がいくらジタバタした所で課長止まり」で,「大会社の機構の片隅で」だれにも認められることなく,あくせくと「人間性も奪われて働かなければいけない」というあきらめのなかで,「私の将来——全く絶望的です——」と書くような状況にあった。そこで,鈴木は,「こういう生徒にどうすれば希望をもたせることができるだろうか。実はこれを何とかしたいということが『私たちの歴史』を作ろうという目標」であるとして実践を試みる。生徒たちが生まれてから卒業する(1936〜1955年)までの時代を対象に,まず,それぞれが,自分や家族の経歴を書き,グループでは,自分たちの経験のなかから主題——歌(習った歌,流行歌,軍歌など),話(父母から聞いたもの,童話など),遊び(遊技,チャンバラなど),疎開生活など12項目——を選んで「なまの材料」を集めたり,当事者から聞き取ったり,主題に応じた作文を書いたりして,大部の資料を作成する(最終的には204頁のプリントになる)。そして,その資料をもとに,「私たちの歴史」をつくり上げるというものであった。

　斉藤利彦は,この実践を丁寧に読み解き,「生徒たちの痛切な歴史体験を,現代への問題意識,さらには自己の生き方への問題意識へと結びつけてとらえさせようとする」もので,「歴史認識を青年の自立(職業選択)の問題へと結びつけよう」とする実践として,その先駆的意義を高く評価した[11]。そして,その評価は「(青年)の未来への見通しは,社会と歴史との緊張関係の中ではじめて成立する。将来の自己像は,社会の歴史的変化の過程についての見通しと,その社会の歴史的過程と自己の生育史がどのように交錯し,将来の自分が社会のどこに位置づくのかという見通しを含んでいなければならない」[12]という乾彰夫のアイデンティティ研究を前提にしていた。

斉藤は,「疎開生活」のグループの活動を例に取り,歴史認識の質の深まりを指摘する。当初,生徒の認識は,乏しい食糧の話や追いつめられた精神状況など,疎開の思い出のレベルにとどまっていたが,それに対して,鈴木が,「経験をただの経験として」ではなく,今日の問題をもとに「疎開生活をどう考えるのか」と指導したことによって,「疎開の思い出は楽しいという皇太子の疎開生活の新聞記事をあらためてとらえなおし」「戦争と子どもの関係について考えを深めていった」。そして,生徒たちは,「集団生活につきものの小ボスや嫉妬。これが食物とからみあって作る重苦しい雰囲気,この様なものがまだ幼いものの経験すべき事柄だろうか」と疑問を投げかけ,「戦争して,それが子供たちにどんな影響を与えるか」,経験者としての自分たちこそが,発言する資格をもっているのであり,「疎開生活の経験を大切に,唯楽しかっただけではなく,自分の大きな歴史として残して」おきたいと記す。そして,「現在の原子力の時代では疎開というものは通用しないが,しかし今後は人類滅亡の戦争が愚かなる人間達によって引起こされないとは誰が保証できようか。私たちはそんな日が来ない前に,平和な良い社会になるように努めねばならない」と決意を明らかにするのである。

　斉藤が明快に位置づけたように,生徒たちは,まさに「『疎開』という痛切な歴史体験に根ざして,自己が守り発展させるべき歴史的価値（平和）を選び取り,そのことによって,日本の将来と自己の生き方への見通しを切り開いている」のであった。

　ここで注目したいのは,こうした主体的な認識を可能にしたものは何であったのか,ということである。それは,まず,「母の歴史」ではなく,体験者として「私たちの歴史」を書いたということ,つまり,歴史叙述の基層に,自らの「体験」を置いたということであろう。まさに,この実践では,生徒自身が,自らの体験を軸に,生きることへの展望を開こうと,同時代史を描いたのである。ここには,直ちに忘却したり,蒸発したりするような揮発性の高い言葉で描くのではなく,身体の奥深いところにとどまって,何度も立ち戻ってその体験の意味を問い直すことを余儀なくさせる,いわば,「生の原点としての経験」に立脚して歴史を描くということ,当事者として歴史を綴ること[13]の原

初的な姿があった。

　その際,「先生と生徒が一緒に整理」することの重要性はやはり指摘しておきたい。この実践は,単に生徒たちに調べさせて書かせるといった類の実践ではない。グループの作業の合間に,「過去の経験談をきこう」という活動があった。それは,まず,私(＝鈴木)が,終戦直後の大学時代や教員としての「今日に至るまでの体験を私自身の心の遍歴と世の中の動きとを関連させて述べ」,次に,ある生徒が自らの戦中の体験(キンダーブックが改題されて「ミクニノコドモ」となり,その内容の紹介,桜井忠温や平泉澄の文章など)を発表し[14],そして,都立第一商業高校の教師2名が,軍隊や戦時中の本校の話をするというものであった。生徒のみならず,教師自身が自らの体験を「世の中の動き」と関連させて語ることで,現代史を同時代史として視野にいれながら,自分史を描くということの難しさを自覚する。この自覚こそが歴史を主体となって綴るための前提となっている。疎開体験のところで示されているように,生徒の平板で表層的な記述が,教師の問いかけ(＝指導)によって,現代の問題と切り結ぶような記述へと深まっていった。そうした問いかけは,教師自身が,同時代史と格闘したことによって可能になったのである。教師のみでも,生徒のみでもなく,「先生と生徒が一緒に整理する」ということのひとつの方法と意味がここにもある(もちろん,整理の中心は年表の作成,グループ発表やそれをふまえた討議にあるのだが,それらは十分に記述されていない)。

3　体験を綴り,歴史を綴ることの可能性:平和教育の意味

　生活綴方に感銘を受けた鶴見和子は,「歴史をつくる国民が,国民の歴史を書き,書くことをとおして,自分たち自身をつくりかえていく」生活記録運動を推進していく[15]。鶴見は,1959年,牧瀬菊枝らとともにそれぞれの「戦争体験」をまとめて『ひき裂かれて――母の戦争体験』(筑摩書房)を世に問う。その際に「まず年表をつくり,それにもとづいて年代を追って共通のテーマを設け,テーマごとに具体的な回答をそれぞれが書き,それらをつなぎ合わせ」るという「生活記録的方法」を用いながら,「個別的主観的な体験を,くらべあ

わせ，組み合わせることによって，いくらか，組織化，客観化しよう」と試みた。それは，「戦争体験の個人的記録から，庶民の戦争史にたどりつくまでの，ささやかな第一歩」であり，「戦争体験の年代史」とされるものであった。

　『昭和史』（岩波新書）を描き通史的叙述を重視したとされる遠山茂樹は，この『引き裂かれて』に触れて，「当時（太平洋戦争時）の気持と現在の気持とをかき分ける苦労」，「若い世代」に理解してもらうための苦労，「自分の立場を客観的にみきわめる苦労」，「ぐち・感傷からぬけ出る苦労」など，「そうした苦労をつみかさねながら，主婦たちは，『家』という殻から抜け出て，社会への眼を開き，これを科学的に見る学習」をしてきたと評価する。そして，「個人の体験を一旦はその実感からつきはなして，これを客観化しなければ，地域を異にする人，職業を異にする人，世代を異にする人に伝達することはできない」のであり，「その客観化を実現する方法は，他人の体験とつきあわすこと，すなわち集団で話し合い考えあうこと，いいかえれば自分の体験を集団・社会の中に位置づけることのほかにはなく，それは記録（他人の体験記述）とつきあわせ，一般史に照らしあわせる歴史化の作業にほかならない」[16]と明言した。注目すべきは，この時点で，体験を軸に歴史を描こうとする鶴見も，概説的な通史を重視したとされる遠山も，ほとんど同じ地点に立って，歴史叙述の新しい方向を見据えていたということであろう[17]。

　個人の体験が実感を伴っているがゆえに，その実感に拘束されて，体験を越えた全体を視野におさめることができない。しかし，形骸化した通史では，個人の体験が押しつぶされて実感をもって歴史を認識することができない。その難問，すなわち，個人の体験的記録と通史的叙述という両端に割れていこうとするあり方に対して，鶴見は，体験の側からその溝を埋めようとし，遠山は，通史の側からその溝を埋めようとしていた。そして，実は，鈴木実践で高校生たちが，「社会の歴史的過程」と「自己の生育史」がどのように交錯し，将来の自分が社会のどこに位置づくのかと，悩み，格闘していたことも，同じ地平にあったといってよいであろう。これから社会に出ていこうとする生徒たちにとっては，自分たちの歴史を書き，書くことを通して，自分たち自身をつくり変えていこうとする，いわば，「歴史の綴り方」とでもいうべき場所で，自ら

の「疎開体験」を問い直していたのであった。

　成田龍一は,「戦争経験」を体験／証言／記憶の三位一体としてとらえ,同時に,戦争体験のある人びとが同様の体験をした人びとに語りかける「体験」の時代（1950年代中心),体験を有しない人びとが増えて,「体験」が「証言」として語られるようになる「証言」の時代（1970年代中心),そして,体験を有しない人びとが多数を占めるようになった「記憶」の時代（1990年代以降）と時系列的に意味づけた[18]。これを念頭に置けば,まさに,1950年代,「体験」の時代では,教師も父母も「戦争体験」をもっていて,戦後生まれの幼い子どもをのぞけば高校生も「戦争体験」をもっているという状況であり,その意味では,たしかに,「戦争体験」に当事者として向き合うことの可能性がひらかれていた。しかし,同時に,苛酷な体験をもつ者ともたない者という意味での断絶――それは,当事者と非当事者という線引きを常に伴う――も,あるいは,先にみたように,「戦争体験の風化」という事態も確実に進んでいた。そのことからすれば,鶴見も,遠山も,そして,鈴木や高校生たちも,同じ時代のなかの共通の課題に向き合い,その解決の道を模索していたのであった。

　のちに,鶴見和子は,戦争を知らない世代が増えてくるにつれて,自分たちの体験を伝えることが難しくなったとして,「共有しない体験を,どのようにして,伝達しあえるのか」と問題を設定し,そのための方法として,「異なる体験を相互に翻訳して理解すること」を提示した。それは,「過去の忘れられない体験」が,「のちの衝撃的な別の体験によって,問い直され,新しい意味」をもってくるということであった。そして,逆に,その後の衝撃的な別の体験によって,戦争―敗戦の時に感じた,「悲しみ,苦しみ,怒り,驚き,喜び,楽しみなどの負と正との情動」が,「ふたたびなまなましく噴出してくること」でもあった。そして,「体験から体験への翻訳には,体験の構造を明らかにする知的な側面と,感動を触発する情動の側面とが重なりあっている」と位置づけた。さらに,敗戦後に生まれ育って,戦争を知らない若い人びとが,「わたしたちの戦争体験をじかに聞いたり,読んだりして,自分自身の異なる体験と重なりあう部分のあることを感得し,その重なりあう部分を手がかりとして,他者の戦争体験に分け入ることができるのではないか」[19]としていることは重

要であろう。

　2011年3月11日の東日本大震災、津波のあとの瓦礫とその前で呆然とたたずむ人びとの姿をテレビは映し出す。何か、戦災のあとの焼け跡の姿と二重写しになり、既視感にとらわれる。しかし、こうした表層的なことではなく、重要なことは、かけがえのない家族を喪った人びとは、自らの体験を容易に語ることはできないのであり、語りえないという重い空間にたたずんでいることであろう。とすれば、その沈黙の重さは、時間と場所を越えて、戦災で家族を喪った人びとの悲痛な体験と接続し重なり合う。異なる体験が相互に結びつき、新たな回路を開き共有されていくという契機が確実に存在する。さきの「疎開体験」も、福島原発の事故によって、故郷を離れざるをえなくなった子どもたちの現在の体験と結びつき重なり合う——避難先で、「放射線がうつる」というかたちでの偏見と排除の眼差しをどのように受け止めるべきなのか——。鈴木実践での高校生が、「現在の原子力の時代では疎開というものは通用しないが、しかし今後は人類滅亡の戦争が愚かなる人間達によって引起こされないとは誰が保証できようか。私たちはそんな日が来ない前に、平和な良い社会になるように努めねばならない」と記した決意は、決して古びたものではなく、新たな意味と力をもって私たちに迫ってくる。

　たしかに、ここで、検討した実践と理論は、1950年代の〈体験の時代〉のものであり、そこでの時代の文脈のなかで理解されるべきものであり、1990年代以降の〈記憶の時代〉における課題——戦争を体験していない世代が、「完全非体験世代」に、揮発性の高い言葉で戦争を語るような状況を克服すること——に対しての直接的な解答にはならないかもしれない。しかし、「戦争体験」にこだわり、個別的な「戦争体験」を超えて、普遍的なものとして共有しようとする営為は、やはり、戦後の日本の平和教育において、繰り返し繰り返し立ち戻るべき原点なのだと思う。自分の体験の限界と他者の経験に分け入ることの難しさを自覚すること。そして、戦争を考えること、平和を考えること。容易に決着しないことであるがゆえに、格闘しなければならない、さまざまな問題群を正面から私たちに突きつける。その〈場〉に踏みとどまって格闘し続けること、そこに、平和教育の可能性の中心がある。

第 9 章　平和教育のなかの「戦争体験」

1）村上登司文『戦後日本の平和教育の社会学的研究』学術出版会，2009年，149～168頁。
2）社会科教育の領域からいえば，初期社会科から現在まで，『学習指導要領』上の表記ではあっても，社会認識を通して，「民主的，平和的な国家・社会の形成者として必要な公民的資質の基礎」を育成することをねらいとする教科として位置づけられている。その意味では，社会科教育は，本来的に平和教育でなければならないという，この平凡であるが重要な事実を原点として確認するところから始めたい。小原友行「社会認識教育としての『平和教育』」『社会科教育』409号，1995年参照。
3）竹内久顕「平和教育学への予備的考察(2)―「平和教育批判」論の批判的検討」『論集』60巻1号，東京女子大学，2009年，42頁。また，拙稿「戦後歴史教育実践史の方法について」（『日本教育史往来』172号，2008年）も参照のこと。
4）入江澄夫「陸士出身の軍人として」『世界』1955年8月号，83頁。
5）ただし，日高は，なぜか「私たちの世代の過去」の部分を脱落させて引用している（日高六郎「戦争体験と戦後体験―世代のなかの断絶と連続」『世界』1956年8月号）。
6）後呂忠一「太平洋戦争史の学習―『父母が語る戦争の歴史』の取り扱い」『歴史地理教育』22号，1956年10月。なお，『父母が語る戦争の歴史―終戦十周年を記念して』の一部は，この実践記録に掲載されているが，私家版で刊行された冊子全文は，奈良県立図書館で閲覧できる。1955年8月刊行の冊子は2冊あり，3年1・2組のもの（中野薫が「はじめに」を執筆，全155頁）と，3年3・4組のもの（後呂忠一が「はじめに」を執筆，全120頁）のものである。語られにくいとされる加害の体験についても，中国での現地調達（掠奪）の実際が示され，調達の兵士が何者かに殺害された事件をめぐって，「班長等の命令により部落全体を焼いて」しまったと記される（3・4組冊子，35～36頁）。第2集（1957年），第3集（1961年）が刊行されている。
7）加藤文三「母の歴史」『歴史地理教育』8号，1955年（のち，『石間をわるしぶき―国民的歴史学と歴史教育』地歴社，1973年所収）。この実践については，小国喜弘『戦後教育音のなかの〈国民〉―乱反射するナショナリズム』（吉川弘文館，20007年），鬼嶋淳「一九五〇年代の歴史叙述と学習方法」（大門正克編『昭和史論争を問う―歴史を叙述することの可能性』日本経済評論社，2006年）を参照のこと。
8）黒羽清隆「戦争史の学習をどうすすめるか」『歴史地理教育』49号，1959年（のち，『増補版　日本史教育の理論と方法』地歴社，1975年，140頁）。
9）私も参加した，大門正克・安田常雄・天野正子編『近現代日本社会の歴史　戦後経験を生きる』（吉川弘文館，2003年）に対して，成田龍一は，「膨大な人びとの体験に着目する」，この「通史」では，人びとの体験が，「通史」の流れに沿ったものになり，「人びとの体験の束ね方」がうまく説明されていないと厳しく批判した（『歴史学のポジショナリティ』校倉書房，2006年，197頁）。現在の歴史叙述においても，重要な論点をなしている。
10）鈴木亮「授業で現代史をどう扱ったか―『私たちの歴史』ができるまで」『歴史地理教育』9号，1955年6月（のち『世界史学習の方法』岩崎書店，1977年，所収）。授業を受けた生徒からの手紙も参照のこと（「高校卒業生からの便り―『私たちの歴史』その後」

『歴史地理教育』11号，1955年8月）。
11) 斉藤利彦「青年期における『自立』の課題と生育史学習――一九五三年・鈴木亮『私たちの歴史』（高校時事問題）」民教連社会科研究委員会編『社会科教育実践の歴史　記録と分析　中学・高校編』あゆみ出版，1984年。
12) 乾彰夫「現代の青年期と人格発達――アイデンティティ試論」日本教育学会『教育学研究』47巻3号，1980年。
13) 今野日出晴「歴史を綴るために――〈歴史教師〉という実践」（『思想』1036号，2010年第8号）参照のこと。なお，「生の原点としての経験」は，鹿野政直「問いつづけたいこと」（『鹿野政直思想史論集　第7巻』岩波書店，2008年，430頁）から借用した。
14) この内容は，「現代史教室」(二)（『歴史地理教育』4号，1954年11月）に，「東京の山の手の高校で，生徒が発表した体験談」として紹介されている。
15) 鶴見和子『鶴見和子曼荼羅Ⅱ』藤原書店，1998年。鶴見の運動については，西川祐子・杉本星子編著『戦後の生活記録にまなぶ　鶴見和子文庫との対話・未来への通信』（日本図書センター，2009年）を参照のこと。
16) 遠山茂樹「歴史叙述と歴史意識」『社会科教育大系　第3巻』三一書房，1963年（のち『歴史学から歴史教育へ』岩崎書店，1980年，同じく『遠山茂樹著作集　第6巻』岩波書店にも所収）。これは，オーラル・ヒストリーで，個々の兵士の証言をその出来事のなかでどこに位置するかを確かめることを，「コンステレーション（星座，位置）」と意味づけていること（中村政則『昭和の記憶を掘り起こす――沖縄，満州，ヒロシマ，ナガサキの極限状況』小学館，2008年）と同様の意味をもっている。なお，遠山の歴史教育に関しては，木下路子「遠山茂樹の歴史教育論と昭和史論争」（大門正克編『昭和史論争を問う――歴史を叙述することの可能性』日本経済評論社，2006年）が重要である。
17) 遠山は，後年「一般の人々がみずからの歴史を確かめ記述する，こうした運動が，現代史研究に新しい分野と視角を開くことを私は予感した」（「『昭和史』論争と箱根会議」永原慶二・中村政則編『歴史家が語る戦後史と私』吉川弘文館，1996年）と回想している。また，鶴見は，先の年表を作成するにあたって「遠山茂樹氏のご親切に感謝する」と謝辞を述べていたことも，その交流の一端を示している。そして，「母の歴史」を深めるところ――それは自らの体験を掘り下げること――から出発しようとする鶴見に対して，遠山は，「できるだけお父さんの意見もすなおに反映されてくるように」「しなければならない」のであり，「戦争が痛快だったというお父さんがいてもさしつかえない」（前掲注16)書，141頁）として，そう考える理由を探ることに意味を見出そうとする。
18) 成田龍一『「戦争経験」の戦後史――語られた体験／証言／記憶』岩波書店，2010年。
19) 鶴見和子・牧瀬菊枝編著『母たちの戦争体験――ひき裂かれて』麦秋社，1979年（これは『ひき裂かれて』の改題新版）の序文。

コラム1　高校社会科での実践：「兵士になること／兵士であったこと」

　平和な時代なら"よき父親""よき息子"として生活していた"ふつうの人びと"が，どのように戦争に動員され，兵士として殺し合いを行い「加害者」になってしまうのか，ということを考えるのも平和教育の重要なテーマの1つである。これは，1986年にユネスコから出された『暴力についてのセビリア声明』の以下の命題にもつながっている。

　「戦争は「本能」によって引き起こされる，という意見は科学的に正しくありません。……われわれの行動のなかには，学習によって変えることのできないほど決定的なものが一つもないからです。……現代戦では，将兵の決意と行動はふつう情動的ではありません。それどころか彼らは自分たちが訓練されたとおりに各自の任務を遂行するのです。兵隊たちが戦争のために訓練されるとき，国民が戦争を支持するように訓練されるとき，彼らは敵を嫌い，恐れるように教育されます。」

　このような問題意識に基づき，"ふつうの人びと"がどのように兵士にされ，兵士であったことがその人生にどのような影響を与えるのかを考える高校現代社会での授業実践の一例をここでは紹介したい。この授業の柱にしたのはベトナム戦争の帰還兵であり平和運動家のアレン・ネルソンの体験である。

1. 授業の冒頭で『戦争で死んだ兵士のこと』（小泉吉宏，メディアファクトリー，2001年）という小さな絵本を紹介する。この絵本は，戦場で死んでいる若い兵士の人生を1時間前…2日前…10年前といった形でさかのぼって描いている。これを通じ，生徒たちに兵士が"ふつうの人"であることをまず意識させる。
2. アレン・ネルソンを描いた『ネルソンさん，あなたは人を殺しましたか』（三枝義浩，講談社，2005年）というマンガの一部を配布する。そのなかで，ふつうの若者がなぜ兵士を志望し，やがてベトナム戦争で人を殺せるようになっていったかを，台詞や状況などから生徒に探させ，発表させる。
3. 2の発表をふまえながら，『戦争における人殺しの心理学』（デーヴ・グロスマン（安原和見訳），ちくま学芸文庫，2004年）によりながら，ふつうの人が軍隊の訓練や実戦を通じて兵士になっていく過程を説明する。
4. DVD『アレン・ネルソン―ベトナムの記憶』（藤本幸久監督，森の映画社製作，2009年）の一部を鑑賞し，アレン・ネルソンが戦後にPTSDでどのように苦しみ，それをどのように克服したかを学ぶ。
5. ベトナム戦争やイラク戦争に従軍した兵士のPTSDについて『母親は兵士になった』（高倉基也，日本放送出版協会，2010年）や『彼らは戦場に行った』（石山栄一郎，共同通信社，2009年）などから具体例を紹介・解説し，戦争は，終わった後も，被害者だけでなく，加害者をも苦しめることを学ぶ。　【小島健太郎】

> **コラム2**　こころのヒバクシャ：ヒロシマ・ナガサキを受け継ぐ人びと

　「被爆二世」という言葉から，みなさんは何を連想されるだろうか。2009年夏，歌手で俳優の福山雅治さんが，自ら被爆二世であることをラジオ番組で公表したとして，新聞記事になったことを思い出す人も多いだろう。このニュースは，被爆二世であるということが，いまだにカミングアウトの対象であることを示している。つまり被爆二世は，被爆者の血を引くということだけで，差別や偏見の対象とされてきたのだ。しかし，というよりも，だからこそ，と言ったほうがいいかもしれないが，自らが望んだわけではない「被爆二世」という場所から，社会をしっかり見据えたうえで，さまざまに発信している二世たちがいる。私が2010年に上梓した『「被爆二世」を生きる』（中公新書ラクレ）では，そんな人たちを紹介した。

　たとえば歌手の佐々木祐滋さんは，広島平和記念公園にある原爆の子の像のモデルである折り鶴の少女，佐々木禎子さんの甥であり，被爆二世である。彼が禎子さんの気持ちを詠みこんで作った歌「INORI」は，シャンソン歌手のクミコさんが歌って有線リクエストチャート1位を獲得し，NHKの紅白歌合戦にも出場するなど，人びとの共感を呼んだ。

　あるいは，性教育の分野における日本の第一人者である広島の産婦人科医，河野美代子さんは，「偏見は無知の兄弟」と語る。自らの被爆二世としての体験が，問題の種類は違っていても，性の問題に悩む若い人たちへの確かなメッセージとして伝わっている。

　被爆二世の彼らは，父や母の被爆体験そのものを受け継ぐことはできないが，彼らの無念の思いを自分たちの言葉に置き換え，感覚として受け継いでいる。被爆者の言葉を，私たちに理解できるよう翻訳してくれる，通訳であると言ってもいいかもしれない。なぜ被爆二世の人たちが通訳となりえたかといえば，父や母の被爆体験を意識的に，あるいは無意識的に，常に考えるなかで，長い時間をかけて，言葉にならない怒りや悲しみの感情を共有していったからではないだろうか。

　こうした思いを抱く人は，被爆二世にとどまらない。「長崎の証言の会」代表委員を長く務められた故・鎌田定夫さんは被爆者ではないが，あたかも求道者のごとく，被爆者問題と核兵器廃絶運動に一筋に取り組むその姿は，原爆犠牲者の魂が乗り移ったかのようだった。鎌田さんは自らを，「こころのヒバクシャ」と呼んだ。証言運動に参加した2000人にのぼる日本人や外国人の被爆者の記録を通じ，鎌田さんの心には，原爆と戦争に対する，重く沈んだ怒りがもたらされていたのだ。

　被爆体験をもっていなくとも，被爆の悲しみを胸に秘めた人びとを，鎌田さんに倣って，「こころのヒバクシャ」と呼びたい。そして彼らに共鳴する人びとと，「こころのヒバクシャ」の輪を広げていきたいと，私は願う。

【中村　尚樹】

第10章

憲法・国際・地理学習と平和教育

竹内　久顕

1　日本国憲法の理念と現実

　平和教育における憲法学習の重要性は言うまでもない。しかし，「平和憲法校門を出ず」（→44頁）といった学習に終わってしまえば，「平和憲法の理念と現実の乖離」（→第1章2節(3)参照）を埋める回路は見つからないままである。

(1) 日本国憲法の立憲平和主義[1]

　「（　　）は，この憲法を尊重し擁護する義務を負ふ」という第99条の空欄に入るのは，「天皇」「摂政」「国務大臣」「国会議員」「裁判官」「公務員」であって，「国民」は入らない。憲法尊重擁護義務の名宛人は国家権力であり，国家が人権を不当に侵害できないよう権力行使を抑制するという立憲主義原理を示した条文なのである。一方，第12条では，「この憲法が国民に保障する自由及び権利は，国民の不断の努力によつて，これを保持しなければならない」とされている。第12条と第99条を統一的に把握すれば，日本国憲法における人権は，国民の不断の努力と国家による人権侵害抑制の措置（権力分立のような統治機構の整備，権力行使に対する鋭敏な監視など）によって実現し続けていかねばならない厳しいものなのである。

　平和憲法の最も象徴的な文言は，前文の「われらは，全世界の国民が，ひとしく恐怖と欠乏から免かれ，平和のうちに生存する権利を有することを確認する」と第9条である。深瀬忠一は，前文において明示的に確認された平和的生存権を保障する実定法的装置として，憲法第3章の人権諸条項と，第9条およ

び他の平和的統治機構規定が存在すると説く[2]。深瀬説に立ったうえで平和的生存権を平和学的に解釈すれば，人権（憲法第3章）と非暴力的方法（第9条）を用いて，直接的・構造的のあらゆる暴力を排除し，平和的に生存すること自体を人権としてとらえ，その実現を世界のあらゆる人びとに保障する理念と方法であるということになる（憲法は国内法ではあるが，ここでは，前文に「全世界の国民がひとしく」とある点にも注目せねばならない）。

以上のことから，次のことが結論づけられる。日本国憲法は，平和的生存権を保障するために人権諸条項と第9条を備えている。そして，あらゆる人びとの平和的生存権を守ることを，換言すれば人権諸条項と第9条を守ることを国家権力に対して義務づけ，また国民にはそれらを守らせ実現させる不断の努力を求めている。こういう考え方を「立憲平和主義」と呼ぶことがあるが，これを教育課題として読み替えると次のようになるだろう。人間が生きていくうえで，生活を営むうえで直面するさまざまなコンフリクトを非暴力的方法によって解決し，平和の実現したコミュニティ（学校，家庭，地域，日本，世界）を創造する。その際，人権を脅かす不正義に対しては，本来的な意味での他者との共生と連帯・協力によって正義の回復を求め実現する。そうした努力と工夫がすべての人に求められ，また保障される。

日本国憲法の立憲平和主義をこのように読み解くと，平和教育の理念と実践上の課題が浮かび上がってくる。立憲平和主義の視点に立った憲法学習の実践こそが，「理念と現実の乖離」を埋める契機となりうるのである。

（2）生活のなかの憲法

「理念と現実」をつなぐ回路は，理念へ向けて現実を変革するという経験を通して見出される。それは，社会科（公民）の課題でもあるが，学校カリキュラムの他の分野にこそふさわしい場面もある。学校内の不合理な校則を子どもたちの手で変えていく生徒会（児童会）活動や，いじめなどの暴力を集団の力で乗り越える学級（ホームルーム）活動や生活指導などの実践は実に豊富だ。これらを通して，暴力を用いずに不正義を克服することができる確信を経験することで，平和憲法の理念の実質を獲得できる。

生活主体者を育てる視点を教科の中核に据える家庭科の役割も見落とせない。家庭科では,「平和で民主的な国家及び社会の形成者」(教育基本法第1条)を育てる課題に,「リアルな生活者像」「学習における生活感」の視点から取り組む。平和な社会の形成に参画しようとしても,現実の生活においては,病気,高齢,貧困やジェンダー的なさまざまな障害にぶつかる。リアルな「生活場面の実際」から学びをつくる家庭科の視点は,憲法の理念を現実の生活のなかで実現するうえで欠かせない[3]。

2　国際法と国際政治の現実

近年,国際法・国際人道法の意義に着目した平和教育実践が増えている[4]。戦争違法化の歴史的到達点としての戦犯法廷や国際刑事裁判所(ICC)の学習や,人権普遍化の流れをふまえた難民・子ども兵・「慰安婦」問題の学習など,この分野には教科書では手薄な課題が多い。また,9条を不戦条約と関連づけることで平和憲法の国際的意義を理解したり,さまざまな国際組織やNGOの学習を通して国際問題の多様な解決方法を学ぶことの今日的意義も大きい。

しかし,一方で阿部浩己は,国際法の歴史を紐解きながら,「国際法の原罪」への警戒を主張する。20世紀前半以前の戦争法規は,「欧米諸国の行使する国家暴力を正統化しながら,非欧米の人々が行使する対抗暴力を非正統化する」という政治的機能を帯びていた。しかし,国連憲章に象徴される「国家間の平等」と国際人権諸文書をつらぬく「人間間の平等」が大戦後の国際法の潮流となり,その根底には,多様性を認め合う「寛容の精神」と「脱暴力の思想」があった。ところが,冷戦終結後,この2つの平等原則が揺らぎ始めた。9・11以降のアメリカ単独主義にみられる,「ならず者国家」「テロリスト」に対する容赦ない暴力は,かつての「非欧米諸国＝非文明国」には戦争放棄は適用されないという論理の再現であり,「国際法の原罪」である「暴力性」が噴出してきたのである。阿部は,この「原罪」からの脱却を図るためには,国際法が排除してきた「他者」――「南」「過去」「民衆」――に寄り添うことを提起する[5]。「慰安婦」裁判のような「過去」,尊厳を奪われた先住民族などの「民

衆」，国際法の「暴力性」を最も実感しているこれら「他者」の視点に立ち，2つの平等原則と寛容・脱暴力の原理を立ち上げる現実的な道筋を，国際人権に取り組む社会運動やICCなどの取り組みから学習するという平和教育実践の意義が浮かび上がってくる。日教組が，総合的な学習で取り組める平和教育のテーマとして，途上国民衆，戦後補償，ジェンダー，子ども，在日外国人，難民などを掲げたことがあるが[6]，いずれも阿部のいう「他者」の視点として欠かせない課題である。

　野島大輔（中学校・高校教師）は，自らの実践経験から国際法のもつ「限界」に次のようにこだわる。国際法の諸規範と理念を教えるのみでは「なぜ平気で破られるのか」「破られても何の罰もないのはなぜか」という子どもらの疑問に答えることができない。「国際法の体系が示している全体的な構図の可能性と限界の上において，現代の武力紛争を読み解く総合的な視座」に立ち「国際平和を考案する人類の努力のダイナミズム」をとらえねばならないというのである[7]。国際法のもつ「原罪（阿部）」「限界（野島）」に自覚的でなければ，国際社会の理念と現実の「乖離」を埋める回路を見出す実践はつくれない。

　野島は，単独行動主義に走るブッシュ政権時代の「唯一の超大国」アメリカの対外政策を歴史的・構造的に理解し，その平和的変容のあり方を探求する授業を試みた。「参加型」学習を基軸とし，それに生徒自身が調べる「獲得型」と教師と生徒の対話をふまえた「講義型」を，生徒・クラスの状況に応じて柔軟に組み合わせるという，立体的な平和教育カリキュラムの実践である。それらのうち2例を紹介する。1つは，アナン事務総長，小泉首相，カダフィ大佐，キング牧師，井伊大老など，歴史上の人物も含めアメリカ外交と関係をもった外国人やアメリカ人を1人選び，その考え方・業績や時代背景などを調べさせるもの。そして，その人物になりきって，「戦争を推進する（あるいはやめる）場合どういう政策をとるか」「アメリカとの関係を重視する（あるいは弱める）場合どういう政策をとるか」などといったインタビューに答えるというロールプレイ学習をする。もう1つは，超大国役と複数の周辺国役のグループをつくり，超大国の意に沿わない場合食料や領土のカードを取られるなどのルールを定め，周辺国はルール変更の交渉を行うことで，いかにして超大国の

暴走を食い止めるかというゲームを行うシミュレーション学習。この両者を組み合わせて振り返ることで，実在する人物の行動とゲームで取った戦略の共通点を探ったり，現実の矛盾点を発見したりという学習を展開する[8]。国際法の背景となる国際政治の現実を追体験することで，超大国の不正義に対して「ルール変更の交渉」を通して平和を実現する道を探る1つの試みとして興味深い。

3 平和教育における軍事の学習

平和教育の実践において，軍事の知識を取り上げることにどこか及び腰になってはいないだろうか。1991年8月のモスクワでのクーデターに際しNHKが「戦車が走っていく」と報道したのを耳にした江畑謙介は，本当に「戦車」なのかそれとも「装甲車」なのかを急ぎ確認したという。日本のマスコミは両者をしばしば混同するが，「戦車」ならソ連軍が，「装甲車」なら内務省治安部隊が動いたということで，事態は異なってくる[9]。かつて筆者の学生が海上自衛隊の活躍を描いた映画を見たと話したとき，一瞬驚いたが，海上保安庁を舞台とした映画『海猿』のことだった。軍と治安警察の違いがわからないでどうやって9条や平和の学習ができるだろうか。あるいは，日本がなぜ航空母艦や戦略爆撃機を持てないか，自衛隊の防衛出動と治安出動はどう違うのか，北朝鮮が発射した弾道ミサイルはどの程度「脅威」なのか。こうした軍事に関する的確な知識を持って初めて現実的な平和への道筋が見えてくるのではないか。

城丸章夫は，「戦争や軍事について，国民を無知の状態に置くことは，軍国主義者の手慣れた方法」であり，民主主義国家においては国民が軍事の正しい知識と理解をもっていることが欠かせないと以前から主張し続けてきた。平和教育を進めるにあたって，少なくとも教師は「戦争についてのリアルな認識を持つべき」であるという[10]。平和教育カリキュラムのどこかに軍事に関する学習を組み込む必要を前向きに検討すべきだろう。

4 「遠いところ」への接近

　1990年代の冷戦終結後，アフリカで紛争・内戦が多発する。その原因として，先進諸国が経済援助の指標として多党制化による「民主化」を掲げたことが指摘されている。アフリカの国家を支えていた「親分・子分関係」に基づく家産制的・集権的なネットワークが分裂・解体していったのである[11]。私たちの感覚では疑う余地のない「民主化」が紛争激化の要因であるならば，それぞれの国家の「親分・子分関係」の強度に応じて「民主化」のあり方を考えねばなるまい。「遠いところ」は地理的な遠さだけではなく，価値観・慣習・文化の面でも遠い。地理学習を通してこの「距離」を埋めていくことが「平和で民主的な国家及び社会」を世界中に築く出発点となる。

1）　竹内久顕「平和教育学への予備的考察(1)―日本国憲法の教育学的解釈」『論集』57巻1号，東京女子大学，2006年，33～41頁。
2）　深瀬忠一『戦争放棄と平和的生存権』岩波書店，1987年，227頁。
3）　日本家庭科教育学会編『生活をつくる家庭科』ドメス出版，2007年，16～17頁。
4）　実践記録ではないが次のものが参考になる。本庄豊『ここから始める平和学』つむぎ出版，2004年。森田俊男『小・中・高校における国連憲章・国際法の教育』平和文化，2005年。
5）　阿部浩己「国際法で平和をつくれるか」『平和学を学ぶ人のために』世界思想社，2009年。
6）　日教組平和学習冊子編集委員会編『総合学習の時間に生かす　これが平和学習だ!!』アドバンテージサーバー，2001年。
7）　野島大輔「日本国内の平和教育の進展と，その問題点及び課題」『立命館国際関係論集』2010年，137頁・149頁。
8）　野島大輔「アメリカ合衆国政府の対外政策とその平和的変容に関する教材開発と授業実践について」『トランセンド研究』トランセンド研究会，2006年。
9）　江畑謙介『兵器の常識・非常識（上）』並木書房，1998年，14～16頁。
10）　城丸章夫『城丸章夫著作集　第9巻』青木書店，1992年，94頁。
11）　武内進一「アフリカ紛争論」船田クラーセンさやか編『アフリカ学入門』明石書店，2010年。

コラム3　平和教育が目指す「学力」

　私学中・高において，筆者は中3・高1・高3の3段階による平和教育のカリキュラムを試行・実践している。高3対象科目の「平和学入門」「平和学特講」での到達目標は，現行の世界システムを非武装平和の新しい世界秩序へとトランスフォームさせる構想力を求める学習（「軍縮・不拡散教育」の中心課題）であり，「世界リフォーム計画」「東アジアのトータルな和解案」の2つの論題にトライしている。これに至るまでには，土台となる幅広い「学力」形成のための重層的な学習が必要となる。中3では「21世紀に戦争の数と被害を20世紀の半分以下に減らせるか？」のテーマによる調査ディベートを，高1では，地球的問題群，構造的暴力，文化相対主義，地球市民の精神などの主題を，シミュレーションやロールプレイ，KJ法や集団創造思考，プレゼンテーションや論文作成などの方法を用いながら実施している。論文学習では，いったん「"自由"主義史観」に傾倒していたある高1生徒が，多角的な情報収集・検討の末にその問題性に気づき，自力で克服していった事例もある。高3の「平和学」シリーズを受講した生徒からは，実際に平和の形成に関係する進路を選んだ生徒もある。

　中高生たちが平和を自ら「形成」できる力を身につけるためには，社会科学の基本的なディシプリンを段階的に習得していくことが，何よりの基礎的な「学力」となる。そのため，社会科学の基本的な学習スキル（多元的な調査・検討をふまえて，論理的にオリジナルの結論を導く）の充実のためのプロセスを重視している。

　平和形成力の取得のための学習に必要な「学力」観は，国際バカロレア（IB）の求める国家の枠組みを超えた「学力」観に通じるところがある。IBの社会科では，社会科学の「成果」を効率的に与えるのではなく，仲間たちとの交流のなかで，社会科学的な「研究」が自力で展開できるよう導くことに主眼が置かれており，討論・発表・論文の学習がむしろ標準形である。IBのコア科目には，通教科的な研究力の習得や教科リテラシーの充実を眼目とする「知識の理論」（TOK）があるが，勤務校に併設する国際学校の影響を受け，この日本語版の科目も設置・試行してきた。

　平和の学習に必要な「学力」を構築するためには，（与えられるものではなく）能動的に探求・調査・表現・討論・創造・提案できるための学習を1つひとつ積み重ねていく指導法とそれに適した教育環境が必要であることを痛感する。

〈参考文献〉
　野島大輔「海外の動向から考える，日本の平和教育の将来的方向性―未来的視点，政治的中立，参加型学習などについて」日本平和学会編『平和研究セミナー論集　2010』2010年3月／「『知識の理論』の展開と事例」『千里国際学園研究紀要』13号，2009年11月

【野島　大輔】

コラム4　開発教育と平和教育

1 開発教育―共に生きる公正な社会づくり

　開発教育は，1960年代に欧米諸国の国際協力NGOが募金広報活動として始めた飢餓解放キャンペーン活動がその始まりとされている。「南」への経済開発協力が展開されるようになるにつれて，飢餓，貧困等の背景には，「北」の国々の経済・社会のあり方が深く関わっているとの認識が強まり，「北」の人びとこそが意識変革や生活様式の再検討をすべきだとしてキャンペーンから学習啓発活動へと転換が図られた。

　日本においては，1970年代後半のインドシナ難民問題を契機に市民による国際救援活動が高まりをみせ，NGOが次々に誕生した。1982年には，アジア学院，シャプラニールなどのNGO，YMCA，日本ユニセフ協会などを中心に全国規模の連絡協議組織として開発教育協議会（現．（特活）開発教育協会）が発足し，日本における開発教育の進展を担うこととなった。

　初期の開発教育は前述のように途上国への援助の必要性を訴えることが主眼に置かれていたが，開発，環境，平和，人口，貧困，人権，ジェンダーなどの地球的諸課題が，人類共通の課題であるという立場に立ち，「私たちひとりひとりが，開発をめぐるさまざまな問題を理解し，望ましい開発のあり方を考え，共に生きることのできる公正な地球社会づくりに参加することをねらいとした教育活動（開発教育協議会，1996年）」と定義づけられるに至った。学習目標としては，①多様性の尊重，②開発問題の原因と構造理解，③地球的諸課題の関連性，④世界と私たちとのつながり，⑤私たちの取り組みを掲げている。

　開発を一定不変の概念としてとらえるのではなく，従来の経済的な開発や近代化のなかで"成長"ととらえられてきた開発が，むしろ環境破壊や貧困などの問題を助長しているのではないか，という批判的思考に立ち，現代的意味における"開発"像を創造する試みである。

2 開発教育における「平和」への視角

　開発教育の年次研究集会のテーマは，その時々の問題意識に基づいて設定されている。テーマとして大きく「平和」を掲げたことがこれまでに2回ある。「戦後50年」を迎えた1995年と「9・11」後の2003年である。

　1995年度のテーマは「戦後50年の今，はじめる『平和な社会づくりと開発教育』」，開会挨拶のなかでは明確な問題認識が語られている。「50年前まで日本は，韓国・朝鮮，台湾，中国などの国々を植民地として支配し，さらにその支配を強化・拡張するためにアジア諸国，太平洋諸島への侵略戦争を続けました。私たちは，これら侵略戦争の事実が正しく伝えられていない日本の学校教育の歴史を今一

度見直し，正しい歴史の認識を深める必要があります。（後略）」開発教育は，植民地支配によって権利を奪われたことによる貧困等の諸問題を扱うが，日本もまた"支配者"としての責務を負っていることを述べている。開発教育に関わるすべての人の総意ではないが，アジアのなかでの日本と歴史認識の再考という点では軌を一にしていると考えられる。

　2003年度のテーマは「平和を築く学び—世界の『現実』と開発教育」である。9・11以降，平和とは逆行する世界の現実を前に，危機意識を強める必要があるという認識のもとで，基調講演には，前国連難民高等弁務官の緒方貞子氏を招いた。「難民救済・紛争解決の視点から平和を築く学び」と題した講演のなかで，氏は「特殊な優越感，自己中心主義，差別感，ある人が常に優遇され，ある人が常に疎外されるという社会的不公正といった現状を是正することにより，紛争は解決され，貧困も是正されると思う」と語っている。

③ 学習教材の開発

　開発教育は，市民参加の概念を重視しており，その学習方法もまた参加型であるべきだと考えている。参加を参加型で教える，平和を平和的な方法で教える，伝えるべきメッセージとその手段が首尾一貫していることによって，学習成果も高まる。この10年間で，先にあげた地球的諸課題をテーマにした参加型学習教材が，教員やNGO関係者の手によって多数製作されている。

　京都の開発教育研究会による『新しい開発教育のすすめ方Ⅱ　難民』（2000年）や，開発教育協会による『Talk for Peace！ もっと話そう！　平和を築くためにできること』（2003年）などの教材は，新しいスタイルの平和学習の試みということができる。また，2010年には，『子どもとできる創造的な対立解決　実践ガイド』（原題：Resolving Conflict Creatively-A Teaching Guide for Grades Kindergarten Through Six）が開発教育協会から出版された。世界の紛争解決と，人と人との平和的な関係の構築を開発教育のなかにどう位置づけていくかは今後の課題である。

　そもそも国境を越えた国際協力活動は，第二次世界大戦中のヨーロッパでの難民や被災民に対する緊急救援とその後の社会復興への援助が始まりである。開発教育は"今，目の前にいる人を助ける"ことを重視した課題解決型の教育であり，その視線の先には「公正で平和な世界」が構想されているといえよう。

〈参考文献〉
　田中治彦『国際協力と開発教育』明石書店，2008年／開発教育協会『開発教育キーワード51』開発教育協会，2002年

【上條　直美】

第11章

国語教育と平和教育

竹内　久顕

1　文芸作品による「体験」の意味

　国語科の平和教育では『一つの花』『黒い雨』などの定番教材がある。小学3年生用教材『ちいちゃんのかげおくり』（あまんきみこ作）は次のような作品だ。影法師をじっと見てフト見上げると空に影の形が見えるという「かげおくり」を、ちいちゃんは家族4人でよく遊んでいた。戦争が激しくなり、父は出征し空襲で兄と母も失った。焼け崩れた自宅の防空壕で母たちが帰ってくるのを待ち続けていたちいちゃんも、食べる物もなく死んでいった。

　加藤郁夫（小学校教師）は、戦争教材を扱うとき、社会科との違いに留意し、言葉にこだわることを強調する。防空壕でひとりぼっちのちいちゃんが、ほしいいを「少し食べ」眠る。次の日も一日が過ぎ「暗い夜」がくると、ほしいいを「少しかじり」また眠る。そして、父母兄の声が空から聞こえ、4人で「かげおくり」をした瞬間ちいちゃんの透明な体が空に吸い込まれていき、作品のクライマックスを迎える。さて、この個所で加藤は、「食べ」と「かじり」の違いから、次第に食料がなくなってきた情景を想像させる。また、夜が暗いのは当たり前なのに、なぜ「暗い夜」と表現しているのかという問いからちいちゃんの心の描写であることを読み取らせる[1]。この作品では、ちいちゃんが死んだとは一言も書いていないのだが、1つひとつの言葉を丁寧に読み解くことで、ちいちゃんが死へ向かいつつある場面をイメージ化していくのである。

　文芸教育研究協議会（文芸研）は、『ちいちゃん』の実践分析の座談会で、体験と視点について次のように論じている。文芸研では、言語や映像を通した間

接的な体験を「文芸体験」と呼ぶが，そこでは死や戦争といった現実的には不可能な体験ができる。そして，人物の「内の目」になって読む「同化体験」と，第三者の「外の目」で状況を読む「異化体験」の葛藤を通して切実な読みを実現するのである。「内の目」では，ちいちゃんが最後は父母兄に会えたという幸せな喜びを「同化体験」できるが，「外の目」では，本当は会えずに死んでしまった悲しみを「異化体験」できる[2]。また，西郷竹彦は，文芸研が目指す「生活との結合（典型化）」という読み方を，作品の深い読みを通して「今まで気づかなかった，私たちが見ていても，実は見えていなかった現実のもっている矛盾とか本質とかを明らかにしていく」ことであると説明する[3]。『ちいちゃん』の場合だと，「同化体験」と「異化体験」の葛藤を討論し共有することで，家族が一緒にいられることと平和であることの関連を再確認するような「典型化」の授業ができるだろう。

2　「虚構」と「想像」

　国語教育と歴史教育における戦争の扱い方の違いを考えた場合，おそらく，「虚構性」の問題が重要な論点になるだろう。歴史学習は厳密な史実と確実な史料を出発点として，各自の歴史認識を深めていくものであり，そこには虚構は許されない。戦争体験を綴ったものとしては，戦争の真っ只中で書かれたもの（遺書や日記。たとえば『きけわだつみのこえ』），戦後になって体験を振り返って書かれたもの（体験集や戦争体験をもとにした戦争文学。たとえば『原爆の子』，大岡昇平『俘虜記』）がある。前者は，厳密には史料批判が必要だが，歴史学習の１次史料としても使える。しかし，後者には，確実に虚構が含まれており，歴史学習の教材として用いることは相当慎重でなければならない。
　吉田満（→第 **7** 章参照）の『戦艦大和ノ最期』は，戦争直後とはいえ一定の時間がたってから書かれたものであるから，そこには思い違いなどの錯誤が入るのは致し方ない。しかし，そのことをもって『大和』の作品としての価値が減衰するということはいささかもありえない。そこに描かれているすべての情景は，史実としての「真実」ではなくとも，戦場において死に直面した吉田に

とっての「真実」なのであり，そこに存在する「虚構」は〈事実としての虚像〉であったとしても〈体験としての真実〉なのである。

　では，そうした「虚構」を含んだ作品から戦争の何を学びうるのだろうか。須貝千里は，「〈戦争〉の体験」は「人間の問題が凝縮した体験である」と指摘する。戦争が生み出す「言葉」は「言語に絶する思い」を読み手に抱かせ，その「言葉」を通して，「手持ちの認識によっては説明し得ない」問題が凝縮した「戦争」に出会うことができる。そして，こうした戦争の体験に出会うことなくしては「反戦も平和も地に足をつけたものとはならない」という[4]。「手持ちの認識によっては説明し得ない」問題とは，日常体験できない「遠いところ」に生起する事柄のことだろう。平和な時には想像だにできない非日常の事柄が，戦争においては日常化する。『大和』では，時系列に即して状況の変化がたんたんと描かれている。「手持ちの認識によっては説明し得ない」事件が非日常として認識されていれば，人はあわてふためきその事件性はあらわになる。しかし，あまりにたんたんと，生起する異常事態が日常のごとく描かれているため，読者は，自らが体験的に知っている日常とのギャップに戸惑う。しかし，そこに描かれていることこそが，戦争に際して体験される「真実」なのだと気づいたときに，「遠いところ」との距離を想像力によって埋めていく学習が始まる。

　学徒兵上原良司の「所感」は，研ぎ澄まされた知性で日本の敗戦を見通していながらも，確実な死を避けることのできない自らの苦悩を記したものである（→42頁参照）。歴史上の史料としてではなく，死に直面した人間の真実を描ききった作品として読んだとき，「手持ちの認識によっては説明し得ない」人間の問題を体験する教材になる。須貝は，「所感」の「明日は自由主義者が一人この世から去って行きます。彼の後姿は淋しいですが，心中満足で一杯です」という箇所を引いて，「淋しさ」と「満足」が逆説の「が」でつながれている点から上原の苦悩を読み解く授業を構想している[5]。

　1つひとつの言葉にこだわり，「内の目」と「外の目」を駆使して「虚構」の作品世界を想像することは，何も戦争教材に限って行われることでもあるまい。しかし，破壊と殺戮が至上の任務とされ，自らも常に死と直面した状況を

強いられるのが戦争であるならば，戦争は人間の生死に関わる極限状況である。この極限状況への想像力なくして，「過去の戦争」や「遠くの戦争」と今の自分たちとの「乖離」を埋めることはできないだろう（→第1章参照）。

3 「吟味読み」とメディアリテラシー

　科学的「読み」の授業研究会（読み研）は，「構造読み（文章の全体構造を俯瞰する）」→「論理読み（段落・文相互の論理関係を読む）」→「吟味読み（文章を評価・批判する）」という読み方指導を提唱する。阿部昇は，この「吟味読み」の方法として，「『事実』の取捨選択を吟味する」「根拠・解釈・推論を吟味する」「ことがら相互・推論相互の不整合を吟味する」などをあげ，「ホタルのすむ水辺」（小学校5年生用教材）を例に「吟味読み」の方法を示す。「光がよく見えるように，ホタルは暗いところを好みます。街頭で明るく照らされる川べりには，ホタルはすめません」という2文の「好みます」と「すめません」を検討する。「好まない」からといって「すめない」とは限らない（「好まない」から「すまない」ならありうる。あるいは，「すめない」が正しいのならば「好む」「好まない」という主観は関係ないはずだ）。このように推論の因果関係の不整合を「吟味読み」によって発見するのである[6]。

　この「吟味読み」は，メディアリテラシーの方法として有効である。たとえば，「自衛権は国家固有の権利なのだから，国を守るために自衛隊は不可欠だ」という主張は一見説得力があるが，前半と後半は論理的に不整合である。前半が正しいとしても，「自衛権」を行使する方法は外交交渉，経済制裁・協力，治安警察など多様な手段がある。自衛隊はその手段として1つの選択肢ではあるが，「前半，ゆえに後半」とはならない。いつの時代でも，こうした論理不整合を巧みに行使してプロパガンダが遂行されるのだから，それを見抜く思考を鍛える「吟味読み」を国語科の平和教育として活かす必要があるだろう。

　また，阿部は，複数の歴史教科書を比較する「吟味読み」を試みている。盧溝橋事件以後の中国戦線を記述している4社の教科書を比較すると，「戦闘は拡大する一方で」「軍部は……軍事行動を拡大し」「近衛内閣は……戦争を拡大

させ」「日本軍は全面的な侵略戦争に突入し」と，すべて主語が異なっている（1つ目は主語がない）点に注目し，記述の仕方によって「事実」の見え方が変わってくることを読み取らせようとする[7]。この方法は，写真や映像にも応用できる。戦時に報道される映像は，自らの側に絶対的正義があることを演出するために巧みな加工が施される。同じ場面を映した複数の映像を比較することで，その意図を読み取る力は，メディアリテラシーの基本でもある。

4 「敵―味方」関係の解体：「桃太郎」の教材化

戦争プロパガンダの基調となる「敵―味方」思考を解体することは，平和教育の重要な課題である。「桃太郎」は，「鬼＝悪」VS「桃太郎＝善」という「敵―味方」関係がわかりやすく教材化しやすい[8]。

福沢諭吉は，「ひゞのをしへ」（1871年）で，桃太郎が鬼の宝物を持ち帰ったことを窃盗であると非難する[9]。また，芥川龍之介の『桃太郎』（1924年）では，鬼が平和に暮らしている所に攻め込んだ桃太郎が鬼を武力で屈服させ人質と宝物を出させ村に凱旋したが，人質の鬼の子は成長すると反乱を起こし逃亡したと描く。いずれも桃太郎を「善」とする見方を突き崩している。福沢のものは，鬼が犯罪を犯したからといって桃太郎の犯罪（窃盗罪）が正当化されるわけではないというもので，視点は桃太郎の側にも鬼の側にもない。自然法的な第三者の立場に視点が置かれて両者を公平にみるように描かれており，「善―悪」関係を「悪―悪」関係に転換している。しかしながら，この描き方では「善」である第三者が鬼と桃太郎の両者を裁くという構図となるため，「敵（鬼＋桃太郎）―味方（第三者）」思考の変形である。一方芥川のものは，視点を鬼の側に置き桃太郎を理不尽な存在として描くことで，善悪の関係を逆転させているが，「敵―味方」思考は維持されたままだ。

桃太郎を題材として作文指導を行っている宮川俊彦の実践には，次のようなものがある。①桃太郎が鬼が島を攻撃したときに岩陰に隠れていた鬼太郎が復讐を誓うという作文「鬼太郎の逆襲」を書かせた。作文前の討論で，「私は復讐しない。繰り返しになるから」という発言を機に，「じゃあどうすんだよ。

殺され損じゃないか」「それで平和になるかな」といった反論の声が出され討論が始まった。②なぜ鬼退治に向かったのか，というテーマで討論を行った。その時使用した教材に，お爺さんとお婆さんに見送られて鬼が島に旅立ったが，帰村した時には村人が総出で出迎えたと記されている点に注目した子どもたちの間で，次のような討論がなされた。桃から生まれた桃太郎は封建的な村では異邦人としていじめられていた。そこで，村人たちに認められようと考えて命懸けで鬼が島に向かうことを決意せざるをえなかった。だから出立の時にはお爺さんとお婆さんしか見送ってくれなかったのだ[10]。

　①は鬼の側に視点を移動してみようという作文指導で，その点では芥川の方法と共通する。しかし，討論の過程で「敵─味方」の構造自体に疑問を投げかける子どもの発言が出たことで，「敵─味方」思考を乗り越える可能性が示されている。また，②は視点を桃太郎個人に固定して桃太郎の別の一面を発見させようというものである。力強く人望厚い桃太郎というイメージを解体することで「善」を相対化する契機を見出せる実践である。宮川実践からは，「敵─味方」思考にとらわれない桃太郎の新しい読み方の可能性がうかがえる。

1）　加藤郁夫「表現の違いから『ちいちゃんの死』を読む」『平和教育』77号，日本平和教育研究協議会，2009年12月。
2）　野澤正美『「ちいちゃんのかげおくり」の授業』明治図書，2003年，129〜145頁。
3）　西郷竹彦『西郷竹彦文芸・教育全集　1』恒文社，1996年，390〜391頁。
4）　須貝千里『「対話」を開く文学教育』有精堂，1989年，279〜281頁。
5）　同前，291〜295頁。
6）　阿部昇『文章吟味力を鍛える』明治図書，2003年，65〜75頁。
7）　同前，153〜157頁。
8）　竹内久顕「『敵─味方』思考を乗り越える学習」『トランセンド研究』トランセンド研究会，2006年。
9）　『福沢諭吉選集　第3巻』岩波書店，1980年。
10）　宮川俊彦『桃太郎はいじめられっ子？』草土文化，1998年，14〜15頁・30〜36頁。

コラム5　平和教育における表現「パフォーマンス ミュージック（PM）」

　平和な世界を具体的に想像することなしに，平和を形成することはできない。直接的・構造的・文化的暴力のない世界，社会的な不公正のない世界とはどのような世界なのだろうか。そこにはだれがいて，どのような関係性をもち，どのような生活をしているのだろうか。想像は平和な世界創造の第一歩となる。

　「PM」とは学習者自身が台本を書き，演奏，ダンス，合唱，朗読などの技能を使って，平和な世界を表現する教育手法である。学習者が自分たちの社会の課題を取り上げ，平和な世界とはどのようなものか，どうすれば実現ができるかを作品に投影する参加型学習である。学習者はワークシートと評価シート，ICT機材を利用し，指導者の支援を受け，役割分担しながら協同作業を進めていく。国語の授業における平和教育実践のなかで，言語のみによる平和な世界の想像は不十分であると感じるようになった。身体の感覚を駆使しながら創造する力の育成を図る手法としてPMを開発するに至った。総合的な学習の時間や大学院問題解決能力養成講座，教員研修として，90年代後半から日本全国で実施されてきた。

　「PM」では学習者の音楽的な技能，学習時間，学習集団の人数に応じて，指導者が支援のあり方を変えることが可能だ。学習時間が少ないのであれば，上演時間や歌・踊り・台詞のバランスを変える。学習者が年少であれば構成は指導者が行い，学習者が一部分を創作する活動にしてもよい。必要なのは学習者が非平和な現状を認識し，平和な世界を具体的に想像し，実現のための手順を刻んでいく経験を積むことである。学習者は平和な世界をつくるプロセスをそれぞれの問題意識をもとに1本のストーリーに託す。この問題に関わるさまざまな立場の人びとや生き物の関係性や感情や態度を想像し，だれが何をどのようにすべきかを，音楽や表情や踊りや台詞などで表現していく。創作を通して対立や葛藤のつらさや解決した喜びも味わうこともできる。

　平和を形成する力を育てる教育方法はいくつかあるだろう。「PM」は歌ったり踊ったり演技をしたりする技能の充実を学習者に要求するのではない。学習者の求める平和を，作品そのものだけでなく創作過程にも投影し，自身の具体的な行動を促す教育活動なのである。

【田村　かすみ】

▲持続可能性をテーマにした台本制作に取り組む大学院生

第12章

平和のための英語教育

淺川　和也

1　はじめに

　古くから外国語を学ぶことは，異文化理解をはぐくみ，複眼的思考をやしなうものであるとされた。しかし，本稿では，外国語を学ぶのは，それ以上に，外の世界を知り，多様性を認め，よりひろく社会にはたらきかけるための基盤であるとする。一方，暗記中心の受け身の学習では従属する精神をかたちづくることになってしまう。英語はイデオロギーであり，そうした英語支配の危険性を意識することが，自立する精神をやしなうことにもつながるのである。

　何年勉強しても少しも英語が使えるようにならない，という批判が英語教育にたいしてたえず繰り返されている。一般に，英語教育の目的は，受験や資格のためや，よい仕事に将来つくことであったり，利己的なものとされる。そのような功利的なものの見方に対して，平和のために英語を学ぶという普遍的な目的を想定する。ここではユネスコによる国際教育勧告[1]などの国際文書をその根拠にすることもできるが，現場教師の実践が示唆するところから考察する。

　現場教師は，英語を通して，たとえば，どのように生きるべきか，大切なことは何かに迫る授業をつくってきた。生徒とともに学びあう授業において，ともに学びあう実感をもとにさまざまな実践がなされてきた。本稿では平和のための英語教育について，教材内容と社会との関わりを求めるあり方について述べる。

2　教材内容論への視点

　戦後，行動主義に基づくパターン・プラクティスが米国から輸入され，これを普及するための映画もつくられ全国を巡回した。しかし生徒にとってあまり意味のない英文の置き換え練習は，教室以外に英語が必要とされない状況では，効果を上げることはなかった。一方，内容のある教材を教えたいという教師によって，さまざまな自主教材がつくられ，民間教育研究団体によって交流もなされ，後に検定教科書にも取り上げられるようになった。そうした教材への視点として「1．人類の課題に応える，2．平和，社会進歩に貢献する，3．国際連帯の推進」の3点と，さらに10項目があげられている。なかでも「2）戦争と平和について考え，戦争の恐ろしさ・加害責任と平和の大切さを理解できるもの」と，「10）人間愛のすばらしさや生き方を扱ったもの」とされていることは注目できる[2]。

　戦後すぐの頃の教科書は，米国における中産階級の生活が反映されたものであった。それに対して，M.L.キングによる I Have a Dream やチャップリンの映画『独裁者』の最後の場面のスピーチや『ヘレンケラー』や『アンネの日記』などは定番となった。これら現場からの視点には，より教育的なひろがりをみることができる。次第に現場教師の声がいかされ，検定教科書の題材にも教内容を重視した教材が取り入れられるようになった。教科書の登場人物でも，かつては Jack and Betty だったものが，日本人の中学生やアジアやアフリカ出身の人，また南米からの日系人などバラエティがでてきているのも英米偏重の英語教育からの転換がなされてきたことのあらわれである。

　平和との関連では，ヒロシマ・ナガサキに関するものや第五福竜丸，サダコについても教材化がなされている。沖縄戦や東京大空襲を取り上げたものもある。また，ベトナム戦争に関するものなどから，近年のイラク戦争など，戦争に関するものは数多い。また，南北問題や人権や環境など，グローバルな課題を取り上げたものも増えてきている。セヴァン・スズキのスピーチも取り上げられている。また，飢餓や児童労働，地雷廃絶など，国際協力の現場で働く人

の姿も取り上げられるようになり，よりひろがりをみせている。

　教材内容でも平和を戦争との関連でとらえるのみならず，よりひろく貧困や人権抑圧のことも取り上げられるようになったといえる。平和を実現するためには，暴力を根絶するための文化を促進することが必要であるとのことから，国連は2000年を「平和の文化」国際年として，その後を「世界の子どもたちのための平和と非暴力の国際10年」とした。平和の文化の構想は英語教育においても重要である[3]。

3　つながるための英語

　英語を学ぶことは平和のためのコミュニケーションを可能にする手だてを手に入れることであり，社会と関与し，より良く変えていくためのコミュニケーションを促進することでもある。しかし，社会的文脈から英語を考えると，英語には，世界を支配しグローバル化させる要素と，英語を通じて草の根の人びとが，連帯していくという相反する要素がある。もちろん平和のための英語教育は，英語が平和の実現につながるという前提に立ち，学んだ英語をいかして人びとがつながるためのものである。社会的，地球規模の問題に対して，教室でのコミュニケーション活動の発展として意識的に問題を提起していくことができよう。現在，一般にいわれているコミュニケーション重視に対して，社会との関わりを進めることが平和のためのコミュニケーション活動となるという構想を追求するのである。

　社会に関与する英語教育の一端は，1970年代よりのノエル・ベーカーによって提唱された世界の指導者に核廃絶の手紙を書く運動と呼応し始まったとみることができる。このピース・レターの実践は，さまざまなバリエーションとなった。USA for Africa の呼びかけに賛同し We are the World に参加したアーティストへ手紙を書くという取り組みもなされた。日本を訪れる外国人観光客に平和への思いを伝え，メッセージを交換するというピースメッセージの実践は定番になっている[4]。インターネットの発達からICTを活用した交流，テレビ会議の実践も行われるようになった。iEARN の支部である JEARN（ジ

ェイアーン「グローバルプロジェクト推進機構」)では，さまざまな平和をテーマとするプロジェクトが取り組まれている。またアートマイルという異なった学校が協同して平和への思いを壁画にする取り組みもある。学校間交流では，このような団体による中間支援が有用である。

小学校での英語活動の導入にあたり，さまざまなかたちで児童英語教育に英語教育産業が参入してきている。ソングとゲームばかりのなかで，とくに高学年の児童の発達段階には合わない懸念がある。かねてより児童英語でも内容のあることを教えたいと，吉村峰子らはGITC（グローブ・インターナショナル・ティーチャーズ・サークル）としてテーマ学習のユニットを開発し，現在はエスティームというグループによって活動がなされている。NGOとの連携では，アジア学院に学ぶ研修生が関わる，「ちきゅうのこども英語くらぶinアジア学院」という試みも新たな動きとしてあげることができる。

1990年代には，人権や環境，開発といった課題に取り組むグローバル教育などによって参加型学習が進められるようになる。EUで編纂された『人権教育のためのコンパス「羅針盤」』[5]というマニュアルは，さまざまな言語に翻訳され，子ども版もつくられている。平和教育ではハーグアピールによる『戦争をなくすための平和教育』[6]がある。こうしたリソースは，もともとは英語によるものであり，英語教育にも応用可能である。それを日本の英語教育でも展開しようという提案もある。しかし，海外でのこれらの実践を参考に外国語学習でどのように取り組むか，学習者の実態を考慮した教材や進め方を開発することが課題である。

市民運動の一環としてなされているものとして，アジア太平洋資料センター（PARC）の自由学校でのダグラス・ラミスらによる講座などをあげることができる。「ジェンダーと環境寺子屋」といった学習機会の提供もある。また環境市民による「みどりの英会話」や，エコ・リーグ国際チームによる「Talking' Natural」，オックスファムジャパンのボランティアグループ（IVG）による英語ワークショップの開催，またピースボートのGETという英語学習プログラムの実施など，NGOによるさらなる展開が期待できる。

グローバルな英語教育[7]はグローバルな問題解決に関心をもつ英語教師との

ネットワークをつくるとともにさまざまな分野との提携，交流をしながら実現されるものである。英語教育や言語学の団体でも，社会的な責任を考える部門ができており，英語教育や言語学における社会的責任が追求されている。国際学会であるIATEFL (International Association of Teachers of English as a Foreign Language) にはIntegrating Global Education into Language Teachingや国際応用言語学会 (AILA, Association of International Language Association) にはEco Linguisticsいう領域もあり，全国語学教育学会 (JALT, Japan Association of Language Teachers) にはGlobal Issues in Language Learningという部会がある。こうした動きと日本の民間教育研究団体をつなげていく必要があるようにも思われる。さらに語学教育という枠を越えて，2001年に始められたPGL (Peace as a Global Language) という集まりも定例化した。

教師も生徒とともに平和を求める活動に関わるなかで，教え学ぶという関係を超えて共に活動する機会を得ることができる。それはまさに，共に学び続ける者としての協働であり，共に学び続けるネットワークを担うことになるのである。

---

1) ユネスコ「国際理解，国際協力，平和のための教育並びに人権及び基本的自由に関する教育に関する勧告」1974年。
2) 新英語教育研究会編『新英語教育叢書1 生徒の心を豊かにする』三友社出版，1992年。
3) 平和の文化をきずく会編『暴力の文化から平和の文化へ』平和文化，2000年。
4) 新英語教育研究会編『新しい英語教育の創造―21世紀に生きるその理論と実践』三友社出版，2009年。
5) ヨーロッパ評議会企画（福田弘訳）『人権教育のためのコンパス「羅針盤」』明石書店，2006年。
6) ベティ・リアドン＝アリシア・カベスード（藤田秀雄・淺川和也監訳）『戦争をなくすための平和教育』明石書店，2005年。
7) グローバル英語教育研究会編著『グローバル英語教育の手法と展開』三友社出版，1996年。

コラム6　大学の英語教育と平和教育

　見る者の心を強くとらえる平和教材に，映画『フリーダム・ライターズ』がある。ロサンゼルスの新米教師ミスGが，教え子たちとともに教室内の人種対立を乗り越えていくという，実話に基づいた映画である。本書でも竹内久顕が176頁で論じているが，ここでは大学の一般英語の授業で取り上げる実践例を紹介したい。

　授業では，アフリカ系アメリカ人の歴史やキング牧師，公民権運動，「青い目 茶色い目」の差別体験授業のフィルムなどを学んだあと，最後にこの映画を取り上げた。この映画は，公民権運動後の人種差別と，それを超える友情を描いている。

　まず，1回目の授業で，映画の背景を説明するプリントを配布し，映画の前半約60分を見せる。その後，グループごとに感想を話し合い，コメントを提出する。

　2回目の授業では，前回の学生のコメントをいくつか紹介して，クラスで共有してから，映画の後半を見る。終わってからグループで感想を話し合い，その後クライマックスの1つであるシーンを抜き出して，リスニングを行う。アンネ・フランクをかくまったミープ・ヒースさんが，生徒たちに語りかけるメッセージである。"I did what I had to do because it was the right thing to do. That is all. You know, we are all ordinary people. But even an ordinary secretary or a housewife or a teenager can, within their own small ways, turn on a small light in a dark room. Ja？" この言葉は，普通の人でも，正しいことを行おうとする信念を持つ大切さと，ささやかな方法でも暗い世界に小さな光を灯すことができることを，教えてくれる。

　次に，主題歌のプリントを配布し，DVDの特典映像にある「『フリーダム・ライターズ』の音楽」を見る。主題歌のラップ"A Dream"を作詞・作曲した若者たちが，キング牧師の精神をいかに真剣に受け継いでいるかを熱く語っている。その後，この主題歌を大好きになった学生が続出した。

　家での課題として，①教師が作成したQ&Aシートを配布し，自分なりの答えを書かせた。②それをヒントに，自己表現活動として，映画の登場人物を1人選び，その人宛ての手紙を書く課題を行った。手紙には，自己紹介と自分の体験を含むこととする。その手紙を教師のミスGに送り，数カ月後にクラスへのメッセージをもらうことができた。自分たちの書いた手紙に返事をもらえたということで，学生たちは登場人物の苦悩と勇気をより身近に感じたようだ。

　まとめの時間では，学生が単に人種対立のすさまじさに驚くだけで終わらないよう，この映画の意義と，自分たちはどうなのか，という視点をしっかり伝えたい。

〈参考文献〉　作間和子「映画 *Freedom Writers*」『新英語教育』2011年2月号，22～24頁。

【作間　和子】

第13章

自然科学教育と平和教育

竹内　久顕

1　平和教育の基礎としての自然科学

　1980年の「軍縮教育10原則」を受けてアメリカの民間団体が作成した軍縮教育カリキュラムの「自然科学教育課程」では，核融合の仕組みや核爆発とその生物学的・生態学的影響の学習が盛り込まれている。広島・長崎やマーシャルの核実験の記録・証言・手記をもとに，放射線被ばくが人体にどういう影響を及ぼすかについて爆心からの距離による違いや人体の部位ごとの障害のあらわれを明らかにする。続いて，食物連鎖による放射能の蓄積や生態系・環境の変化，健康への影響などを学ぶ[1]。こうした理科学習が80年代には提起されていたが，今日の原発問題を考えると，こうした自然科学の知識が広く共有されていたとは言い難いのではないか。上記の引用文献の原題は"Quality of Life in a Nuclear World"（核時代における生活の質）となっているが，Life（生活，生命）とNuclear（核）の矛盾を科学的に明らかにする平和教育が十分になされてきたかどうか，率直に振り返る必要に迫られている。

　核に関する科学的知識は，社会科での平和教育を裏づける理論的根拠として欠かせない。たとえば，広島はウラン原爆で長崎はプルトニウム原爆だったが，両者の違いに関する科学的知識を学んだとき，原爆投下の目的の1つに人体実験があったことが説明できる。また，湾岸戦争でも用いられた劣化ウランの人体への影響を知ることも必要だが，その生成過程を学ぶことで戦争と原発をつなぐ学習が構成できる。ウラン濃縮を行う過程で濃縮ウランと劣化ウランができるが，前者のうち高濃縮のものが原爆に，低濃縮のものが核燃料として

原発で用いられる。いわばその廃棄物として生まれた劣化ウランが兵器として用いられる。戸田清は，これら以外にも，ベトナム枯葉作戦に関わる化学の知識がカネミ油症問題などの理解にも関わる点や，ヒトと同じ霊長目に属するボノボが殺人を行わないという事実から暴力の生物学的根拠を考えることができる点なども，平和教育の課題としてあげる[2]。

　和田武は，戦争に至らずとも，軍事活動が行われること自体が環境破壊につながると警告する。たとえば，F15戦闘機が1分間飛行したときの燃料消費量は，普通乗用車の1年間の消費量と一致するという。こうした推計値を国ごとにあるいは世界全体で合算すると，地球温暖化，大気汚染，酸性雨に軍事がどれほどの影響があるかが推定できる[3]。環境破壊の原因として平時の軍事問題に焦点を当てる和田の視点は，環境教育と平和教育の結合の可能性を広げる契機になるだろう。

　理科学習で得られる知識と理解は，社会科などの平和学習で不可欠な基礎情報である。しかし，文系出身者が多い社会科教師がこれらのデータを授業で扱うのは，現実的にはなかなか難しい。したがって，理科と社会科などの相関性をもたせたカリキュラムの工夫が必要である。戦争に関わる課題以外にも，生命倫理，地球温暖化，情報化など自然科学の学習とリンクさせることで学習効果を上げるテーマは多い。たとえば，山梨県立科学館のプラネタリウム番組「戦場に輝くベガ」は，天文という理科的な内容と戦争という社会科的な内容をあわせもつ面白い試みである（→コラム13参照）。

2　自然科学教育と「民主的精神」

　『数学は暗記だ』（和田秀樹著）という書名の是非はさておき，数学・算数・理科では正解となる「真実」がありそれを理解して暗記しておけばテストで点は取れる。それは社会科でも同様で，歴史の「事実」は1つでありそれを暗記し，教科書の説明・解釈を理解しておけば点は取れる。個々の優れた教師の実践にもかかわらず，今日の受験システムのもとで子どもたちはこのような学習を身につけてきた。しかし，理科にしろ社会科にしろ，科学的真実・事実は，

新たな発見がなされるまでの「真実」「事実」であり，またその時代の思考様式の制約のもとで組み立てられたものである。したがって，「科学的探究者のそれぞれが自分は正しいと主張することが大事で，そうした主張同士が競い合い，葛藤し合うプロセス自体が学問的生産性」であると考えられるが，それを教育に持ち込めば，「生徒たちが個々の発見，考えを交流して，自分たちの見解を創造」することで教室を「小さな協働の探求の場」とするような実践へと展開することになる[4]。

こうした考え方に立つ実践方法として「仮説実験授業」をあげることができる。教師が問題を出し，子どもらが予想（仮説）を出し合い討論する。討論の過程で自説を補強したり変更したりしながら試行を深めていき，最後は実験によって確かめるという方法である。島崎隆は，この方法を「民主的・科学的精神にもとづく授業実践」と位置づける。これが「民主的」といえる所以は，もっともらしい多数派の意見が実験でいとも簡単にひっくり返る経験を重ねることで，「少数意見はいつかは多数意見になることもありうる」ということを知り，「少数派の意見の尊重」の精神を身につけることができるからである[5]。

唯一の真理がありそれを身につけることが科学学習であるという受験知の洗礼を受けている子どもたちに対して，教室を「小さな協働の探求の場」とするような科学教育実践を行うことが，上述のような意味での「民主的精神」の基礎を養うのであれば，こうした教育方法自体を平和教育実践と呼ぶこともできるだろう。そして，こうして身についた思考方法は，歴史認識形成やメディアリテラシーの学習にも活かすことができる。

1）　広島平和教育研究所・YMCA国際平和研究所監訳『軍縮教育』平和文化，1987年。
2）　戸田清『環境正義と平和』法律文化社，2009年，第6章。
3）　和田武『環境と平和』あけび書房，2009年，第3章。
4）　汐見稔幸「『科学主義』『系統主義』の時代背景とそれが見落としてきたもの」汐見稔幸ほか編『時代は動く！　どうする算数・数学教育』国土社，1999年，86～87頁。
5）　島崎隆「民主的精神と科学的精神を目指して」日本科学者会議教育基本法と科学教育研究委員会編『教育基本法と科学教育』創風社，2004年，85～87頁。

コラム7　ESDと平和

　ESD（Education for Sustainable Development）は，持続可能な開発のための教育として，従来の開発教育や環境教育をはじめさまざまな社会変革に向けた教育を統合する概念として登場した。そもそも持続可能性という用語が急速に世界に広まったのは，国連「環境と開発に関する世界委員会」（ブルントラント委員会）の報告書である"Our Common Future"（『地球の未来を守るために』1987年）を契機としている。その定義は，「将来の世代のニーズを満たしつつ，現在の世代のニーズも満たすような発展」とされた。言い換えれば，有限な地球の上で無限拡大型の成長パターンから脱却し，環境と開発を対立概念としてとらえるのではなく，「環境的適正」と「社会的公正」（世界的な格差と不平等の是正）の実現を目指す概念である。

　1992年の国連環境開発会議（地球サミット）の行動計画『アジェンダ21』で「持続可能な開発に向けた教育の再方向づけ」が提起され，その後，2002年の国連持続可能な開発会議（ヨハネスブルグサミット）で，日本政府と日本のNGOが「国連『持続可能な開発のための教育』の10年」を共同提案した。2002年末の国連総会で全会一致で採択され，2005年から2014年までをESDの10年として，ユネスコを主導機関としてフォーマル教育，インフォーマル教育を問わずESDの実践が目指されている。日本ユネスコ委員会は，日本でのESD普及を鑑みて，より簡単に「持続発展教育」という名称を使っているが，一般的にはESDとして普及しているといってよいであろう。

　阿部治（生方秀紀・神田房行・大森享編著『ESDをつくる　地域でひらく未来への教育』ミネルヴァ書房，2010年，8頁）は，従来の日本における持続可能性にかかわる教育活動を大きく自然系，生活系，地球系に大別し，相互の活動が連携した取り組みを総合系としてESDとみなしている。このなかでは，平和教育，人権教育，開発教育，国際理解教育などは地球系の教育活動として分類されている。持続可能性という概念の成り立ちから，ESDは環境教育の発展形であるという位置づけもなされており，従来の自然環境を中心とした環境教育から，社会環境をも含む環境教育をESDと考えることもできる。逆に，従来から社会課題を扱ってきた平和教育や開発教育からのESDへのアプローチはまだ十分とはいえない。ESDは現在その実践が先行しており，概念整理は今後の研究課題である。

〈参考文献〉
　田中治彦編著『開発教育―持続可能な世界のために』学文社，2008年

【上條　直美】

第14章 アート・身体と平和教育

竹内　久顕

1　作品としてのアート

　「戦争が廊下の奥に立つてゐた」——これは，昭和初期の俳人渡辺白泉の，1939年の作品である。日米開戦をひかえた時代にあって戦争への批判を17字に表現している。古い木造小学校の数十メートルもある長い廊下の薄暗い奥に，銃を担いだ1人の軍人がこちらを向いて立っている——かつて筆者がこの句に初めて接したとき，こういう状況が一瞬にして脳裏に浮かび，思わず身震いをしたことがあった。句の解釈としては，講演会場を監視している憲兵を描いたものらしいが，ここで注目したいのは，俳句のもつ力である。戦争の悲惨さをリアルに描いた文章は数多い。文章を読み進めるうちに徐々に戦争の状況が想像され浮かび上がってくる。しかし，数百字・数千字にわたって書き綴られた戦争の悲惨さと残酷さがわずか17字に濃縮されているだけに，一瞬にして強烈なインパクトをもって伝えられる。これが，俳句固有の力であろう。このような，アートならではの力にはどういうものがあるだろうか。

　丸木位里・俊夫妻の連作「原爆の図」に対しては，しょせん絵にすぎない，事実とは違うなどさまざまな批判がある。しかし，原爆の犠牲者は，自らの体験を語ることも，生き残った者と分かち合うこともできない。丸木夫妻は，この「再現不可能な死者の体験」を作品として再構成した[1]。記録に残らない「死者」の声を「原爆の図」から聞き取ることができるが，私たちが「死者の体験」に触れることはアートの世界でしかできまい。

　谷光（小学校教師）は，戦争の絵だということを告げずにピカソの「ゲルニ

カ」を見せ，どんな音や声が聞こえるかと問うた。子どもたちは「『助けて！』ともがいている声がして戦争みたいにひめいが聞こえてきました」「たおれたりした音が聞こえた」「ばくだんが落ちた感じで助けをもとめている」という読み取りをした[2]。優れた作家は戦争の本質を的確に表現する。言葉がなくともそれは伝わるし，言葉では言い表わせない感動をも伝える。作品に向き合って自由にイメージを膨らませることで，戦争の本質にたどり着く実践である。

　ところが，発達段階によっては，「原爆の図」や「ゲルニカ」を通して戦争の悲惨さを伝えることが必ずしも有意義ではないこともある。いわさきちひろの作品には，笑っている幸せそうな子どもの姿が多く描かれているが，ベトナム戦争を題材とした絵本『戦火のなかの子どもたち』（岩崎書店，1973年）に登場する子どもたちは，不安そうな顔，淋しそうな顔，泣いているわけでもないのにどの絵も悲しみを感じさせる。残虐な場面は描かれていないにもかかわらず，戦争の悲しみが伝わる。ちひろの他の作品に登場する子どもたちと見比べることで，笑っていられることの素晴らしさ，すなわち，平和の尊さを伝えることもできる。松本猛は，「静かに平和の大切さが実感される」この絵本は，「新しい形の反戦美術」のあり方を示しているという[3]。戦争を直接取り上げなくとも平和教育の実践を組み立てることは可能なのである。

　このように，優れた作品は，戦争の悲惨さと平和の素晴らしさを理屈抜きで感じさせてくれる。しかし，そのことは，平和教育の方法・教材として「作品としてのアート」を用いるときには慎重でなければならないことを意味している。戦意高揚を狙って開かれた国民総力決戦美術展（1943年）に出品された藤田嗣治の戦争画『アッツ島玉砕』に関して，太田光は，そのあまりにリアルな「地獄絵図」に接したとき「戦争はもう嫌だということしか伝わってこない」と衝撃を受けたという[4]。同じ作品が，見る者によって戦意高揚とも戦争忌避ともとらえられる。また，ジョン・レノンの「イマジン」は戦争の愚かさと平和の大切さを歌い上げた名作である。それは，歌詞の内容は言うまでもないが，心に染みいるメロディの力によるところも大きい。一方，戦意高揚のためにつくられた「海ゆかば」の心に染みいるメロディも，「大君の辺にこそ死なめ」という歌詞に有無を言わさぬ説得力を持たせているのではないか。美術に

せよ音楽にせよ，感性に迫りくるアートの力は「両刃の剣」なのである。

2　プロセスとしてのアート

　イギリスの詩人ハーバート・リード（Herbert Read, 1893-1966）は，「平和」「芸術」「教育」の関係を最も深く追究した思想家の１人である。リードは，「平和と教育」について次のようにいう。「自己犠牲の精神」にまで高められる「集団の意識」が「攻撃の本能」と一体化して戦争は遂行される。したがって，平和のためには，戦争とは切り離された「共同社会の意識」をつくり出し「攻撃本能の方向転換」を図らねばならない。その最も基本的な方法が教育なのだが，「事物による教育」と「人々を結び付ける教育」という２原則に基づいて「現在の教育の組織の完全な打ち直し」をせねば平和を促進することはできない[5]。また，リードは，教育の目的を，「個々の人間に固有の特性の発達」を促し，その個性を「その個人が所属する社会的集団の有機的な結合と調和」させることとしたが，それは，「思考，論理，記憶，感受性，知性」などの諸能力を含み込んださまざまな方式で「表現」することによって可能となるという。そして，この「表現」の方法は音楽・美術・舞踊などの「芸術」の方式とも一致するのであり，教育の目的は「様々な方式による表現にすぐれた人びと」である「芸術家」を創造することであると結論づける[6]。

　リードによると，芸術を基礎として教育を打ち直すことで，個性の発達と社会の結合・調和を同時に実現することができ，人びとを結びつける平和な共同社会を創造することができるのである。出来上がった作品の良し悪しにこだわるのではなく，多様な方式による「表現」にチャレンジするプロセスにこそアートと平和を結びつける鍵があるのではないか。

　身体表現を通して「人びとを結びつける」試みとして次のようなものがある。1970年代のイギリスで始まった，コミュニティの立て直しを目指すコミュニティアーツ運動の１つとしてコミュニティダンスが生まれた。青少年から高齢者まで，また失業者・マイノリティなどさまざまな人びとの参加を促し，ダンスを通して，アーティストの手助けにより自分のなかに眠っている創造性を

発見するとともに，人との触れ合いを通してコミュニティの再生を図ろうとする試みである。身体による表現を共有することで人とのコミュニケーション力を育て，さらけ出した自分を相互に認め合う経験を通して，人としての自信や，他者との生の関係性を獲得することができる[7]。身体を用いた非言語的な表現であるダンスは，道具や特殊技術がなくともだれにでもできるアートである。これを通してありのままの自らを発見し他者との関係性を構築しようというコミュニティダンスは，リードが「平和・芸術・教育」を結びつけた論理に似ている。この新たな試みは，日本でも，障害者や野宿生活者（ホームレス）を対象とした地域活動や，学校にダンスアーティストが訪問して行うワークショップとして進められつつある。京都府のある荒れた小学校でのワークショップのとき，ずっと遠巻きに見ていた子どもが，次第に近づき突然参加した。アーティストがその機会を見逃さず，全員でその子どもの動きを真似して共有することで，言葉ではつくれなかった関係性を築いたという実践もある[8]。

　ドイツのある中学校は，生徒の7割が外国人で，低所得者層や崩壊家庭の生徒らも多く，地域では最下位の「残り者学校」とみられており，校舎の破壊，脅迫，麻薬などの暴力が蔓延していた。学校再生のプロジェクトとして，「学校という世界とは異質」な「異人」である多彩なアーティストを招き入れることで学校に「カオス」を導入し，従来の学校システムの転換を図ろうとした。何もしようとしない生徒に，「虚無を表現する画家もいるんだ」と声をかけたところ，キャンバスを真っ黒な絵の具で塗りつぶし，続いて，その黒い下地の上に新たな作品を創造したという。アーティストという「外なる異人」との対話を通して作品を制作するプロセスのなかで，「自己の内面に目を向け，そこにあるカオスとのつきあい方を学びつつそのつど新たな『自己』が創造されて」いったのである[9]。アートの力で，暴力を乗り越えて新たな学校コミュニティを立ち上げていった実践だ。先のコミュニティダンスの例も含めて考えると，人と人との関係性が崩れて生じたコンフリクトを乗り越える方法として，身体・アートの意味に着目したこれらの取り組みは，コンフリクト解決教育の新たな展開にとって重要なヒントを提供してくれるのではないだろうか。

　「表現」に取り組むプロセスで，平和のための力量形成もできる。「キッズゲ

ルニカ」は，ゲルニカと同じ大きさの平和の絵（3.5m×7.8m）を描くという国際的なアートプロジェクトである。これに取り組んだ山梨県甲西中学校の生徒184名が，平和・戦争・人間をテーマとした3枚の壁画に挑戦した。「戦争」班では，戦争で死んでいく人や動物を描こうとアイデアスケッチを繰り返したが，結局写真や資料を写しているにすぎず，本当の意味では戦争を知らないことに気づいた。そこで，人を抽象化して描くことで，心のなかの醜さを表現できるのではないかということになった[10]。完成した3作品は，これが中学生の手によるものかと驚くほど感動的な作品である。しかし，ここで注目したいのは，アイデアを出し合うなかで，戦争と平和を外から与えられた知識としてではなく，自らのなかでリアリティあるものへと組み替えていったプロセスである。そして，子どもたちはそのプロセスを通して，先にリードがあげた「思考，論理，記憶，感受性，知性」の諸能力を鍛え「表現」の力を高めていった。平和教育における「プロセスとしてのアート」の優れた実践である。

集団の力によるアートとしては，合唱や演劇など多様な方法がある。小堀俊夫（中学校教師）は，原爆を題材にとった「消えた八月」を合唱祭で歌うことにした。その練習の過程で，子どもたちから原爆の授業をしたいという申し出があり，「『消えた八月』をどんなふうに歌うか」という討論を含んだ「生徒授業」を試みた。さらに広島の語り部の話（ビデオ）を聞き，「どう歌うか」を全員で話し合い合唱祭を迎えた。小堀は合唱のもつ「集団性」「メッセージ性」を強調する[11]。戦争体験を聞くだけでなく，演劇で表現して伝える過程で，他人事としてではなく理解を深める実践もあった（→109頁参照）。集団でアートをつくるプロセスを通して，自らと他者の認識を交流しリアリティを獲得し，相互理解を深めていくことができる。

3　身体感覚と平和教育

大日方悦夫は，松代大本営を見学した高校生の次の感想文に注目する。「地下壕は，本当にひんやりとしていて，どこか恐ろしいような気がしました」「最初に思ったことは，とにかく広いということ」——いずれも「地下壕の冷

気，規模，岩肌など非日常の空間」に心を揺さぶられ戦争の時代を「追体験」している。続いてガイドの説明を聞くことで，「歩く」「見る」に「考える」が加わったという感想文を紹介し，「地下壕で受けた実感を，説明を聞くことでさらに思考へと高めている」ことの意義を強調する[12]。同様の視点から，渡辺賢二は，戦争遺跡学習の方法として，①「見たり，さわったりする感じとり」，②「体験者からの聞き取り，体験をまとめたものの読み取り」，③「研究の成果をかりて，その時代の全体像を描く」という手順を示す[13]。

　身体感覚から始まり，それを学問研究の成果をふまえたガイド・教師の説明を媒介として理性的認識・思考へと発展させていくことができる。「調査・研究の成果に裏打ちされた平和ガイドによって，戦争遺跡は初めて『平和のための語り部』として再生する」（大日方）のである。大日方や渡辺の指摘は，先に述べた「両刃の剣」の危うさをもつ「作品としてのアート」を平和教育において活かす方法を示唆しているのではないか。

---

1) 小沢節子『「原爆の図」描かれた〈記憶〉，語られた〈絵画〉』岩波書店，2002年，90頁。
2) 谷光「最後の授業『ゲルニカ』」『平和教育』65号，日本平和教育研究協議会，2003年。
3) 松本猛『「戦火のなかの子どもたち」物語』岩崎書店，2004年，96頁。
4) 太田光・中沢新一『憲法九条を世界遺産に』集英社新書，2006年，154頁。
5) ハーバート・リード（周郷博訳）『平和のための教育』岩波書店，1952年，38〜44頁。
6) ハーバート・リード（宮脇理ほか訳）『芸術による教育』フィルムアート社，2001年，26〜29頁。
7) 吉本光宏「コミュニティダンスの基礎知識①③」『地域創造レター』163号（2008年10月），165号（2009年1月），財団法人地域創造。
8) 『コミュニティダンスのすすめ』ジャパン・コンテンポラリーダンス・ネットワーク，2010年。
9) 藤川信夫「ドイツにおける美的人間形成の展開」佐藤学・今井康雄編『子どもたちの想像力を育む』東京大学出版会，2003年，135〜153頁。
10) 今村照廣『ピカソ"ゲルニカ"からのメッセージ』日本文教出版，2005年。
11) 小堀俊夫「合唱『消えた八月』と被爆者との出会い」『歴史地理教育』688号，2005年8月。
12) 大日方悦夫「戦争遺跡保存運動と戦争の記憶」『歴史地理教育』657号，2003年8月。
13) 川崎市中原平和教育学級編『私の街から戦争が見えた』教育史料出版会，1989年，4頁。

コラム 8　平和教育における映像の役割

　かつて社会科教師だったときに，戦争被害者の証言ビデオを生徒に見せたときの衝撃は忘れられない。あまり授業に興味をもたない生徒たちが，映像を食い入るように見ている。そして，背景を知りたがり，意見を言い合っていた。映像には，平和教育において重要な「想像力」を助ける力がある。膨大な情報量を受け手に与えることができる映像の魅力にとりつかれ，私は映像を使う側から作る側へと転向した。

　しかし，映像には力があると同時に危険もはらんでいる。森達也氏が「すべての映像は，撮る側の主観や作為から逃れることができない」といっているように（森達也『ドキュメンタリーは嘘をつく』草思社，2005年），受け手に見えようが見えまいが，映像には作者の意図があり，その意図が「暴力の文化」に根ざしたものであれば，映像の力は平和とは逆の方向へと，いとも簡単に作用してしまう可能性がある。平和教育において，映像を「批判的にみる視点」を養うことも重要であり，また良質な映像を選択することも重要であろう。そして私は，映像制作者として「平和の文化」を創り出す映像を制作する，ということに自覚的でありたいと思っている。

　教員をやめたあと，戦争のない世界をつくりたい，そのために戦争の悲惨さを伝える映像を作ろうと，中国の戦争被害者のドキュメンタリー（「未だ癒えぬ傷〜平頂山事件生存者の今〜」）の制作や靖国神社をテーマにした日韓共同ドキュメンタリー映画「あんにょん・サヨナラ」の制作スタッフになるなど，主に日本の加害を取り上げた映像を制作した。

　戦争被害者にとって和解とは何なのか，靖国神社をめぐる対立の解決方法はあるのか，そして，戦争の悲惨さを伝えたあとに問われる「戦争をなくすためにはどうすればいいのか」。答えを模索しながらの制作だった。そしてその答えを，対立や紛争を平和的に解決する力をつけるコンフリクト・リゾリューション（紛争解決）に見出し，映像制作の裏づけとなる知識習得を目標に大学院で学びつつ（清泉女子大学人文科学研究科地球市民専攻），映像制作を始めた（「平和教育アニメーションプロジェクト」http://www.peacevideo.net）。1つの作品にコンフリクト・リゾリューションのすべての要素を入れ込むことは不可能なので，まずは入門編として，対立を加速させないコミュニケーションの方法，対立には複数の解決方法があるという紹介，集団の話し合いで紛争を解決するスキルなどを，アニメーションという表現方法で制作中である。このアニメが平和教育の一助になれば幸いである。

【高部　優子】

第15章

教科外教育・生活指導と平和教育

竹内　久顕

1　愛国心と平和教育

　2006年に改定された教育基本法（以下教基法）第2条は，「教育は……次に掲げる目標を達成するよう行われるものとする」という文言で始まり，「自主及び自立の精神を養う」「自他の敬愛と協力を重んずる」など20項目近い事項が列挙されている。これらのほとんどは，学習指導要領の「道徳」の章に記載されている事柄であり，学校カリキュラムのすべてが道徳性の涵養という目標のもとに置かれることになる。第2条の諸事項のうち第5項が，「愛国心教育」の条項としてしばしば取り上げられるもので，そこには，「伝統と文化を尊重し，それらをはぐくんできた我が国と郷土を愛するとともに，他国を尊重し，国際社会の平和と発展に寄与する態度を養うこと」と記されている。「国」とは何か，「愛する」とはどういうことか，「態度」とは何をすることかなどすでにさまざまな論議が積み重ねられているが，ここでは，平和教育との関連で2点述べておきたい[1]。

　第1に，上記第5項は「愛国心」の条項といわれるが，後半には，「他国を尊重」「国際社会の平和と発展に寄与」という文言がある。条文としては，「ともに」で接続されているのであるから，前半も後半も対等な位置づけになっている。したがって，「他国を尊重」し合う態度を欠いた「愛国」は教基法が求めているものではない。過去の日本の侵略の犠牲となった人びとにも思いを寄せることのできる「愛国」のあり方を教育は追求せねばならないのである。

　第2に，これまで教育の文脈で「愛国心」が語られたときには，軍事や天皇

と結びついた「愛国心」が掲げられることがあった（→第2章参照）。教基法に「愛国」が盛り込まれたいま，平和や人権と結びついた「愛国心」のあり方を考えねばならないだろう。筆者は，そのヒントが，1980年代に西ドイツ（当時）で繰り広げられた「歴史家論争」に際して，ハーバーマスらが説いた「憲法パトリオティズム（憲法愛国主義）」の考え方に見出せるのではないかと考える[2]。

　ハーバーマスは，自分たちが西ドイツ国民である唯一の基盤となる愛国主義は，「普遍主義的な憲法諸原理への，信念に基づく忠誠」に発するものであるといい，それを「憲法パトリオティズム」と呼んだ[3]。愛敬浩二は，これを，「憲法という規範的価値の媒介なしには，もはや国家を愛することはできない（許されない）という思想」とわかりやすく言い換えている[4]。すなわち，近代的立憲国家がその憲法において掲げた，自由・平等・平和・人権といった理念と諸価値，これらに対する忠誠こそが「愛国」であるという考え方なのである。「憲法パトリオティズム」を愛国心教育の核にすえるうえで手がかりとなる点を，ハーバーマスの説くところから3点あげてみよう。

　第1に，「普遍主義的な憲法諸原理」は，単なる抽象的理念にとどまるものではないという点。ハーバーマスは「普遍主義的内容といっても，それぞれ自分たちの歴史的な生の連関から獲得されねばならないし，自分たち自身の文化的な生活形式のうちに根づかせねばなりません」という[5]。憲法で掲げられている人権諸原理を行使して現実の困難を克服し得た人物や実例，また，それら諸原理を駆使した自らの生活現実の変革。これらに裏打ちされて初めて，憲法諸原理を確信し，それへの「忠誠」に依拠することができるということである。

　第2に，負の歴史にどう向かい合えるかという点。ハーバーマスは，ドイツ人には「アウシュビッツというあの物凄い連続性の断絶」があったからこそ，「普遍主義的な国家公民の諸原則以外のもの」に依拠することはできず，「ナショナルな伝統はまるごとそのまま受け継ぐことはできない」といい，「自己批判を通じてのみ伝統を獲得することしかできない」という[6]。「従軍慰安婦」問題にしても軍命による沖縄戦の集団自決にしても，日本政府はそれらを退け

る方向へ進んできた。ナショナルな伝統をまるごと受け継ぎ，自己批判すらできないままでは，およそ「憲法パトリオティズム」の獲得は難しい。しかし，愛国心に関する世論調査では，愛国心があると自認している者ほど戦争責任を感じているというデータがある[7]。このことは，戦争責任問題に正面から取り組む「愛国心教育」の可能性を示唆するものである。

　第3に，法治国家の体制そのものを破壊するのではなく，しかもあくまでも非暴力的方法を行使する場合において，「市民的不服従」が認められねばならないという点。ハーバーマスは，市民が国家の法に服従せねばならないのは，国家自身が，「承認するに値する原理に依拠している場合に限る」という。そして，民主的法治国家においても，「合法的な規則が正当ならざる」場合には「市民的不服従」が認められるという[8]。国会の多数決で成立した法は「合法的な規則」であるが，それとても常に絶対的に「正当」だとは限らない。平和や人権を破壊するような立法や政策がなされたとき，それに敢然と「不服従」を唱えるという「愛国心」もありうるのである。

2　生活指導における「政治教育」

　2006年に教基法が全面改訂されたとき，ほぼ無傷で残った唯一の条文が，「良識ある公民として必要な政治的教養」を尊重するという第14条（旧第8条）である。この条文は「政治教育」に関するものだが，ここでいう「政治」は，選挙や裁判などおとなの世界のものに限定されない。竹内常一は，「権力的・暴力的なもの」に支配されている子どもたちの現実を変革するためには，教基法の「政治教育」を，文字どおりの「政治的教養の教育」にとどめるのではなく，「民主主義の訓練」にまで広げるべきであるとかねてから説き続けてきた。そして，そのための3つの課題をあげる。いじめや暴力にすくんでしまう「身体的な拘束」からの解放，自主的に判断し決断する「思想・良心の自由」の獲得，孤立化・無力化に対する「他者とのつながり」の回復。これらの課題への取り組みを通して，「平和的な社会をつくりあげる」とともに「民主的な知恵とちからをもった市民へと自己を訓練していく」という本格的な「政治教育」

へと展開することができるのである[9]。

　森下桂と荒谷開（小学校教師）は，学年崩壊的な荒れと暴力を繰り返す5年生を受け持つこととなった。子どもらは，力で抑え込む教師の前ではおとなしくなるがそうでなければ授業も給食も成立しない。子どもらがやりたがっていた体育ですら指導を受けつけようとしない。荒谷に叱られた男子たちが「終わりの会で荒谷をやっつけてやる」と切れたのを見た森下が荒谷に告げ，荒谷は子どもらとの話し合いに入った。その時，暴力に訴えず終わりの会で発言しようとした点をほめ，トラブルを予想できなかったことをわびるとともに子どもらの非も認めさせることで，対話が可能となった。こうした取り組みを重ねることで次第に授業も成立するようになった。運動会でリズム縄跳びをすることとしたが，反発する男子グループは参加しようとしない。縄跳び組の技術が高まり興味深い跳び方をするようになると，魅かれて参加する子どもが徐々に増えてきた。最後まで意地を張っていたリーダー格の男子も荒谷の働きかけでついに参加した。1学期末，常にけんかで終わっていたキックベースをやろうとしたとき，先のリーダー格の男子が「今の俺たちならケンカにならずにできるで」と発言した[10]。この実践記録は，行事・自治・生活指導とあらゆる場面を通して展開しており，ここで紹介したのはほんの一部である。しかし，これだけをみても，「権力的・暴力的なもの」に屈服する子どもらの現実を，話し合い，認め合うことで「他者とのつながり」を回復し，平和な学年をつくり上げていく過程が読み取れる。

　この実践は，「民主主義の訓練」としての「政治教育」のあり方を示しているが，「対話」「共感」「非暴力」などを駆使して平和的な関係をつくり上げるコンフリクト解決教育（CR教育）の実践ととらえることもできる。つまり，CR教育の理念と方法は，戦後日本の教育実践においては，生活指導や教科外教育として展開していたとみることもできる。CR教育は，近年新しい平和教育の方法として注目されつつあるが，これまでの日本の教育実践の蓄積と比べ，何が新しく何は継承しているのかを明らかにしたうえで，その転換と接続を考えねば，一時的なブームに終わりかねない（→コラム15参照）。

3　戦争の事実から生活の暴力を乗り越える学びの道筋

　映画『フリーダム・ライターズ』（2007年，アメリカ）は，人種差別，ギャング，殺人などあらゆる暴力の吹き荒れる地区の高校を舞台とした実話に基づく作品だ。ある日，黒人の生徒を馬鹿にした絵を見つけた教師エリンは，ユダヤ人差別とホロコーストの話をした。そして『アンネの日記』を読み進めるうちに，生徒らは，差別され暴力におびえている自分たちとユダヤ人の共通性に気づき，そこから生み出されたホロコーストを自分たちが置かれている生活と重ね合わせて考え始めた。そしてエリンが生徒らと交わした日記のなかで生徒らは次第に本音を語り始め，エリンと，また生徒同士の間で信頼の関係をつくり上げていった（→コラム6参照）。歴史上最大級の暴力ホロコーストの事実を通して，自分たちの生活を脅かす暴力に向き合うことができるようになった。そして，アンネをかくまったミープ・ヒースの存在を通して，人間への信頼と，暴力を乗り越える可能性を見出すに至った。映画とはいえ実話に基づくこの事例は，平和教育において，戦争学習を通して身近な生活の暴力に向き合うとともに「他者とのつながり」を回復する実践として活かすことができる。

4　修学旅行と平和教育

　修学旅行として広島・長崎・沖縄は平和教育の定番の地であり，実践記録やガイドブックなどは数多く存在する。しかし，筆者が若干気になるのは，原爆や沖縄戦の遺跡・碑を見学したり語り部の話を聞くこと自体は大切な学習であることは間違いないのだが，それらに力点を置きすぎることで平和学習の意義を弱めてしまわないかということである。沖縄には多くの戦跡が存在するが，同時に，本土では見られない美しい自然と魅力的な文化がある。後者の素晴らしさを深く知ることで，それらを一瞬にして破壊しつくす戦争の悲惨さと愚かさを深く実感することができる。戦跡や語り部と美しい自然や文化を結びつけることで，沖縄戦の悲惨さがリアルに浮かび上がってくる。

教基法第２条の「伝統と文化を尊重し，それらをはぐくんできた我が国と郷土を愛する」の文言に対しては，しばしば「右傾化」の表れとして批判される。しかし，平和教育の指針として読み変えるしたたかさがあってもよいのではないか。戦争は「伝統」も「文化」も徹底的に破壊するのだから，「それらをはぐくんできた」日本と郷土を守るためには，戦争は絶対的に拒否せねばならない。「伝統と文化」を尊重するのであれば，平和を失う事態は決して招いてはならない。こういう視点に立ったとき，広島・長崎・沖縄に限らず，修学旅行の行く先々で，そこの「伝統と文化」そして自然と人びとの生活を丁寧に知ったうえで，その地の空襲の事実を学べば，自ずから平和を守ることの大切さが実感できるだろう。たとえ定番の地でなくとも，修学旅行での平和学習は大きな可能性を秘めている。さらに，こうした思考は，日本国内に限られるものではない。世界の各地で繰り広げられている戦争や暴力は，その地の「伝統」と「文化」を破壊し尽しているのである。

---

1) 竹内久顕「『愛国心教育』とは何か」『世界』岩波書店，2007年6月。
2) 高田篤「戦後ドイツの憲法観と日本におけるドイツ憲法研究」『講座・憲法学　別巻』日本評論社，1995年。
3) J. ハーバーマス（三島憲一編訳）『近代　未完のプロジェクト』岩波現代文庫，2000年，75頁。
4) 愛敬浩二『改憲問題』ちくま新書，2006年，235頁。
5) J. ハーバーマス（三島憲一ほか訳）『遅ればせの革命』岩波書店，1992年，224頁。
6) ハーバーマス・前掲注3）書，193頁。
7) 『朝日新聞』2007年1月25日。
8) ハーバーマス・前掲注3）書，89～93頁。
9) 竹内常一『暴力を越えて平和の地平へ　教育を変える』桜井書店，2000年，57～63頁。
10) 森下桂・荒谷開「NO MORE CRY 『平和に過ごす』ことの意味を考える」『生活指導』642号，明治図書，2007年6月。

コラム9　シティズンシップ教育と平和教育

1 シティズンシップ教育とは

①上からのシティズンシップ教育——21世紀になって，イングランドでは，ブレア政権のもと，シティズンシップ教育が始まった。新自由主義的な社会の分裂を再構築するためには，社会科的な科目が必要とされたのである。このなかには，イギリス連邦出身者も含むイングランド市民への統合も課題となっている。第1に個人の権利ベースの市民教育というより，コミュニタリアン的に地域にある課題を市民として解決し，多様な市民の文化的共生を意識したものである。また，第2に，ブレア政権のブレインである『第三の道』（ギディンズ）につながる公（政府）と私（市民）の立憲主義的関係ではなく，「新しい公共」としての市民意識の形成，NPOの活用とも親和性が高い。②日本の愛国心の「寛容」——教育基本法の改悪，新学習指導要領のもと，愛国心を徳目とした教育の課題が掲げられた。また，それ以前から，教員・生徒への日の丸・君が代の強制が始まっている。それに連動して，ボランティア（奉仕）の強制や日本史の県レベルの高校必修化が，一部の都道府県教育委員会がリードするかたちで行われている。この動きも，新自由主義的な競争社会で分裂してゆく国民を，新保守主義的に，国家や地域への上からの統合を目指した教育の動きである。③下からのシティズンシップ教育（市民の育成，個人の尊厳を中心とした法教育）——上記の動きに対して，民科法律部会の渡邊弘（活水女子大学），北川善英（横浜国大）を中心に，個人の尊厳を大切にする憲法教育を主軸に据えた法教育の研究が模索されている。筆者も，この系譜で法教育の実践を行ってきている。それは，主権者として生徒を育てるために，憲法教育，また，社会法に依拠した法教育として筆者によって実践された（杉浦真理「社会権を重視する法教育実践」『法の科学』41号，日本評論社，2010年）。その実践例として，「社会をつくり変える力，意見の聴き届けられる方法論の体得（模擬投票）」（同『主権者を育てる模擬投票』きょういくネット，2008年）がある。主権者を育てる教育は，「全国民主主義教育研究会（全民研）」が70年代から取り組んでおり，全民研会員と「模擬投票推進ネットワーク」とが協力し，国政選挙ごとに，学校模擬投票が行われている。また，裁判員制度を通じての司法を国民に取り戻すことも，下からのシティズンシップ教育である（同「主権者を育てる社会科の授業」『部落問題研究』189号，部落解放・人権研究所，2009年）。

*　つけ加えていえば，シティズンシップ教育は，3層（ローカル，ナショナル，トランスナショナル）でとらえて実践すべきであると考える。この3層を理解し，自己と他者の尊厳を尊重できる公正で平等な市民を育てるシティズンシップ教育が求められている。

2 平和教育との接点を2つ

①非暴力を前提とした市民育成——平和で民主的な社会の形成者を育てる社会科

教育は，本来的に平和教育との接点が大きい。戦争の反省から生まれた反戦平和の教育は，本来，戦後の社会科教育の中核であるべき内容であった。そこで得られる知見は，日本国憲法の平和的生存権を行使するアクティブな市民を目指す点で，親和性が高いのである。②多文化共生的な教育——日本国憲法の根幹にある個人の尊厳の尊重は，「一国平和主義」を超えた地球市民的な人間一般に還元し，文化を尊重し合いながら共生するという平和的な共生教育を求めている。この点も，シティズンシップの教育実践と，平和を生み出す人格の形成として関わるのである。

3 切り開かれるべきシティズンシップを育てる平和教育とは（過去→現在→未来の時間軸を意識した教育を）

①過去——暴力の世紀から非暴力的解決の手段を模索する世紀へ（「20世紀は戦争の世紀」）という歴史の教訓に学ぶ。20世紀の最大の不幸である戦争に学び，反戦・非戦教育を継承することが重要である。一次記憶としての戦争の伝承から，デジタルリソースを活用した映像の伝承へ，その方法論を確立しなければならない。それと同時に，非暴力的な問題解決の検証，平和を求めての国際社会システム（機関）の設立の意義を確認すべきである。②現在——時事問題（国際紛争，国内問題）への関心。現状認識として，国内外の平和が疎外されているし，関心をもつことを喚起する教育が重要である。競争的教育が激しい日本こそ，「学びの共同化」をはかって，個の学習からグループワークへ，疑問の共有化や，課題に対する問いからの授業構成など，社会科の授業に総合学習的要素を付加した手法が求められている。③未来——平和を生み出す，地球市民的発想と知恵。NGOなど市民社会からのアプローチなど，国籍を超えた地球市民として，積極的平和のための教育が大事である。つまり，平和教育と開発教育を融合させた授業開発が必要である。とくに構造的暴力（児童労働，子ども兵士などは生徒の関心が高い）を意識しつつ，単に「消極的平和」でない地球市民育成を目指すことが21世紀の平和教育に欠かすことができない。国際社会，政府，NGOなどのリソースを活用する方法論を知ることも必要である。

グローバルなシティズンシップ教育（杉浦真理「参加型学習を取り入れた地球市民教育の公民科授業実践開発」『大阪教育大学社会科教育学研究』6号，2008年）を進めるために，平和教育を核とした総合教育を実践することが大事である。そこで，シティズンシップ的な要素としては，①個人の尊厳をベースとした判断力を養うこと，②非暴力的な解決手法を身につけること，③平和と民主主義を尊重した知識と活用方法を考えられること，NGOへの協力，学園祭での展示，フェアトレードの模擬店などを通じて，実現できると考える。

【杉浦　真理】

コラム10　平和ガイドのチャレンジ：「平和教育」への問い

　平和ガイドとは，戦争遺跡や軍事基地，平和資料館・博物館等において，そこを訪れる学習者に対して案内・解説をする人びとのことである。沖縄・広島・長崎をはじめとして，各地でその重要性が認知されるようになり，近年ガイド人口は拡大している。その担い手は，戦争体験者，研究者，退職者から若者まで，職業・立場も多岐にわたる。最近では，学んだことを伝えるという行為を通じて，学ぶ意味・目的を実感できるということで，高校・大学生ガイドも増えている。ここでは，沖縄の平和ガイドの活動に触れながら，平和学習を再考する課題を引き出してみたい。

　沖縄復帰前後から活動を始めた平和ガイドの養成・組織化と理論化を担ってきた「沖縄平和ネットワーク」では，平和ガイドを「平和学習のために沖縄を訪れる人たちや県内の小中高校生たちと，戦跡や米軍基地を歩き，戦争の実相や沖縄が抱えている問題を伝え平和について一緒に考え」る人であると規定している。これは，学習場面における垂直的関係性に対する問題提起とみなすことができよう。

　修学旅行などの現地学習において，ガイドによって語られる具体的で詳細な地上戦や基地被害の事実は，外部の学習者にとっては圧倒的・絶対的なものと受け止められ，学習者は受け身に置かれる傾向がある。ガイドする側―される側という関係性が垂直的で固定的なものとなりがちなのである。前述の規定からは，「一緒に考える」ことによってその問題を克服しようとするガイド像が浮かび上がる。

　実際，若手ガイドの1人は，「平和って何や？　沖縄戦って何やったんや？　…誰も答えを持っていない問いを修学旅行生にぶつけてみて，一緒に調べ，一緒に考えてみる。試行錯誤を経て"よくわからん平和とか戦争とかについてみんなで一緒に考えてみるためのガイド"略して"平和ガイド"が今の僕にできること」（石原昌家ほか編『オキナワを平和学する！』法律文化社，2005年）と述べている。平和ガイドと学習者は，たとえば，ガマに残された遺品や遺骨といった対象と，平和という課題を共有して並び合う関係となることができる。知識の差があるとしても，ガイド自身が平和の学び手でもあり，ガイドを受ける側も情報の一方的受け手でなく，学びの主体として参加できるという対等性・双方向性が確保された学習構造を意識的につくり出すことは不可能ではない。話し合い，考え合い，新たなものを共に創出する過程を組み込むことは，学習者が平和をつくる力が自身に内在していることへの気づきを生む契機でありそれ自体が平和を創る行為であるといえよう。

　この関係性の問題は，とりわけ次世代の平和ガイドがチャレンジし始めた新しいガイド論の課題である。そしてこれは，学校教育における「平和教育」の目的論・方法論を問い直すうえでも重要な問いであると考えている。

【杉田　明宏】

第16章

社会教育における平和学習

谷岡　重則

1　地域における平和学習の歩みと課題

　本稿では，主として90年代以降の地域における平和学習の取り組みに着目して，以下の４つのテーマからその特徴と課題をとらえてみたい。

(1) 戦争体験学習と歴史認識の問い直し

　日本の伝統的な平和学習である戦争体験学習は，原爆被爆体験，戦争体験を通して戦争というものが人間の命と暮らしをいかに破壊する非人間的なものであるかを学習することである。1980年代以降改めて戦争における「加害」の視点がクローズアップされるようになり，戦争体験を被害，加害，抵抗，加担など多面的にとらえることが求められた。また，戦争の悲惨さや残酷さを伝えるだけでは，戦争の本当の恐ろしさを理解することが困難であることも明らかになってきた。近年では，これまでの「加害」の視点をふまえて，アジアの人びととの対話と交流を通して日本人の歴史認識を問い直し，アジアと日本の新たな信頼関係をどう築いていくかという学習に展開している事例もみられる。注目すべき事例として，1980年から始められている「平和のための戦争展」と「強制連行，強制労働を考える北海道フォーラム」の運動がある。「平和のための戦争展」は，常設の資料展示というかたちではなく，地域の市民のネットワークを築きながら具体的な事実，実物資料と証言に基づいて地域の戦争体験を掘り起こしていく市民運動であるところに大きな特徴がある[1]。

　「強制連行，強制労働を考える北海道フォーラム」は，戦時中の朱鞠内のダ

ム建設によって強制労働を強いられた朝鮮人の遺骨を発掘し，韓国の家族に戻すことに取り組む市民活動である。1997年から継続的に開催されている「日韓協同ワークショップ」は，韓国から若者を招いて，遺骨の発掘作業と強制連行，強制労働というテーマで議論を行う合宿である。共同代表の殿平善彦は，「政府は，事実と責任を認めて，謝罪し損害を補償する必要があるが，市民が主体となってその犠牲について慰め追悼するということで，この活動に託された思いを共有することができる。この取り組みの中から，日本と韓国の若者の出会いと本当のつながりが生まれてきた」と述べている[2]。

　もうひとつ，90年代以降大きな広がりをみせている運動として，平和博物館とともに戦争遺跡保存運動がある。川崎市の「旧陸軍登戸研究所跡地」をめぐる活動は，1987年に川崎市教育委員会による「平和教育学級」の公募による企画委員会の取り組みから始まる。その後も市民や地元高校生による地道な学習活動として引き継がれ，2006年には「旧陸軍登戸研究所の保存を求める川崎市民の会」が結成される。市民による足掛け20年以上にわたる掘り起こし活動は，明治大学登戸研究所展示資料館の開設に結実する。自治体社会教育職員と市民の共同の学習運動がもつ意義と可能性を示す典型的な事例である[3]。

（2）ヒロシマ，ナガサキの原爆被爆体験と核兵器廃絶のための学習

　戦争体験の継承と重なり合う側面をもちながら，固有の特質をもつ取り組みとして，ヒロシマ・ナガサキの原爆被爆体験と核兵器廃絶のための学習について触れておきたい。被爆者の「いのち」「こころ」「くらし」の調査，証言と記録化の蓄積は，被爆体験の今日的な継承と「再び被爆者をつくらない」という核兵器廃絶のための署名運動や学習運動の基礎となっている。これらの取り組みは，原爆被害の象徴としての悲惨さを学ぶというよりも，被爆の実相と被爆者の生き方から紡ぎ出された思想から学ぶということである[4]。このようなヒロシマ，ナガサキのメッセージは，国際人道法や核兵器禁止条約へ向けた国際的な取り組みと直結している。国際社会では，何よりも人道的な見地から，そして安全保障の手段としても有効ではないという認識が広がり，国連やNPT再検討会議でも一歩一歩であるが核兵器のない世界を実現することは可能であ

るという合意が生まれてきている。この点からみると，日本政府の態度には，アメリカの軍事力と一体化した「核の傘」「核抑止」に依存して安全を確保するしか道がないという考え方が根強く存在するところに大きな問題がある。

また，憲法「改正」には反対する世論が半数を超えても，日米安保条約を支持する世論が高いという矛盾ともつながっている。これは次の課題ともつながる日本の平和学習の弱さである。

（3）「9・11」以後の今日の戦争と憲法学習の広がり

2001年にアメリカで起きた「9・11」テロ事件以降，自衛隊の海外派兵と武力行使を容認し，憲法9条を変えようとする動きがかつてない規模で台頭してきた。この動きに対する危機感から，2004年に「9条の会」が発足し，その呼びかけに応えて数年のうちに全国の地域や分野別の会が7000を超えた。これは，憲法9条を守るという一点で日本が戦争をする体制をつくらせないということで幅広い護憲の世論を結集する運動である。一致できるテーマを掲げて，多様な意見を承認しながら学習活動を組織するが，行動は縛らないという運動が，地域に新たな個人の参加とつながりを生み出している[5]。

今日の自衛隊の戦争協力の実態を明らかにした注目すべきものとして，2008年4月17日「自衛隊のイラク派兵差止め等請求控訴事件」の名古屋高裁違憲判決がある。判決文のなかにも記述された原告側の平和的生存権を求める主張は，平和運動と学習を大きく励ますものである[6]。

また，紛争当事国などで国際協力や平和構築の仕事をしていた現場から軍事力に依存した支援活動の危険性を，声明，報告集会，学習会などさまざまなかたちで訴えていたのが「ペシャワール会」や「日本国際ボランティア協会」などの平和NGOである。アメリカの軍隊と一体となって協力を行うのではなく，憲法9条を掲げる日本が，非軍事の面から多面的な貢献を行う道を追求するという考え方を強めたことは，武力によらない平和の実現をリアリティのある具体的な取り組みとしてひきつけてくるきっかけとなる[7]。

（4）基地問題学習から安全保障のあり方を問い直す軍縮教育へ

　今回の普天間基地問題は，基地をめぐる事故や犯罪，子どもの教育に対する日常の不安，不平等な地位協定の現実などで蓄積されてきた苦汁が臨界点に達したこと，基地に依存して莫大な国費がつぎ込まれたにもかかわらず，失業率も高く生活保護世帯も拡大している暮らしの実態から，基地に依存しない暮らしと生活の問題として，自治の問題として基地問題がとらえられるようになったことを示している。基地をどこに移転するかではなく，沖縄へ押しつけるのでもなく，「日本全国で基地が要らない世の中をつくる」ことが必要であるという問題意識が世論として生み出されてきたことに大きな意義がある。ここで問われるのは，日米安保条約そのものを問い直すことである。これを平和学習の課題としてとらえると，軍事力による抑止論を克服するということであり，まさに軍縮教育の課題であるといえる。軍事力による抑止力に頼り相互不信と緊張を高めるのか，非軍事による経済，外交関係による信頼関係の構築から平和共存の道を探るのかという問題である。軍縮教育は核兵器をなくすということだけではなく，軍備を全廃するということを前提としかつ目的としている[8]。平和学習の課題としてひきつける場合は，安全保障の考え方の変化や暴力によらない紛争解決など基礎的な概念からの学習が求められる。軍縮教育が日本における地域の平和運動と学習の実践にどう定着していくのか，この面では，まだまだ立ち遅れているといわざるをえない。

2　地域における平和のための学習をどう創造するか

　藤田秀雄は，平和学習の目標は「平和な世界創造のための主体形成である」として，かねてから日本の教育の欠陥は「いかに解決すべきか」「どう行動ずべきか」を問いかけないことであると述べている。このことを平和学習の学習過程として提案されたものが，(a)平和に関する事実の認識　(b)平和のための価値選択　(c)正義の感覚とモラル　(d)行動の選択と方法　(e)平和のための行動の5つの課題である[9]。紛争解決や平和構築については，平和や環境などのNGO・NPOなどの団体によって自主的に取り組まれていることが多い。この

ような市民活動による学習活動は、ノンフォーマルな教育活動として社会で活発に取り組まれるようになることが期待される。しかし、これらの団体は、その活動の目的や使命の実現という立場から多様な価値を掲げている。過去の戦争の評価、軍事力による抑止か武力によらない平和の創造かなど安全保障の考え方に根強い対立があることも市民社会の現実である。では、社会教育としての住民の学習の自由と主体形成という視点から、「平和のための行動への学習」の可能性をどのように展望することができるであろうか。公民館などにおける自治体社会教育の役割を重視しながら、地域社会のなかで藤田の5つの学習課題がどのように重なり合い地域全体の教育力を高めていくのかという問題意識から、いくつかの課題提起をしたい。

ひとつは、自主的な市民活動のレベルで、団体や個人を緩やかにつなげるネットワークをつくり出し、地域の教育力を活かして学習活動を展開している実践に注目したい。典型的には、埼玉の『コラボ21』である。ここでは、通年にわたって埼玉「平和のための戦争展」や「ピースカレッジ」などを企画実施している。また、私立の平和博物館では小さくとも地域の平和学習センターとしての機能を果たしている事例がある。このような活動に参加することによって平和のための視点の獲得と価値観形成を行っていく道筋がある。

次に、公民館など公的な社会教育の場で、事実認識や価値選択について社会的に大きな対立があるような課題を学習課題としてどのように取り上げていくかということである。歴史認識や安全保障に対する価値選択という課題は、価値観の対立として固定的抽象的にとらえ、中立という観点から取り上げることを避けるという判断は適切とはいえない。ここでは、韓国、中国と日本の間で、公私のレベルで取り組まれている歴史対話の方法とプロセスから学びたい。国家間の関係が絡む場合、さまざまな障害や矛盾を抱えていることはいうまでもない。しかし、国境を越えた学問的な検証による歴史的な事実の承認、ナショナリズムに傾斜した自国中心主義的な発想を相対化し、相互の信頼関係を築く対話の方法と態度などは、学習における対話と討論の重要性を示すものである[10]。価値選択に向き合う対話と討論による学習がより良い成果を生み出すためには、その前提として相互が学びあう信頼関係をつくるという環境設定

が特段に求められる。

　最後に，自治体として公費を支出して行われる社会教育の可能性を確認しておきたい。とくに，公民館などにおける住民の暮らしと地域づくりに結びついた住民参画による平和集会や学習の取り組みに注目したい[11]。地域の自然環境や歴史環境，生活文化に根ざした「戦争と平和」の掘り起こしや継承の取り組み，在住外国人や社会的なマイノリティの人権など少数でも多様な市民の声と要求に開かれた学習の場を保障することが公費を支出する根拠となる。そこでは，地域の町内会や自治会などのコミュニティの取り組みと自主的な市民活動が出会い交流することができる広場をつくることによって地域の人びとが学びあう信頼関係を築いていく。地域における自主的な学習活動と公費による学習の場が相補的に重なり合うことによって，公的な学習の場と市民による実践活動が区別されながら，個人の選択を介して集団と行動につながるネットワークを創り出すのである。このような実践がどの程度可能になるかは，自治体がもつ平和施策のビジョンや社会教育職員の意識的継続的な力量とも大きく関係してくることはいうまでもない。

1）　二橋元長「『戦争展』運動の現状と課題」『月刊社会教育』2008年8月。
2）　殿平善彦『第50回社会教育研究全国集会報告書』社会教育推進全国協議会，2010年11月，10頁。
3）　渡辺賢二「戦争遺跡保存運動の取り組みの意義と広がり」『月刊社会教育』2008年8月。
4）　濱谷正晴『原爆体験―6744人・死と生の証言』岩波書店，2005年。「原爆体験の全体像」を実証的に再構成するとともに，現在は，被爆者の証言を「人類史的遺産」としてアーカイブに残す活動に取り組んでいる。
5）　『脱日米同盟と自治体・住民』季刊自治と分権別冊，大月書店，2010年10月，35頁。
6）　川口創・大塚英志『「自衛隊のイラク派兵差止め訴訟」判決文を読む』角川書店，2009年。
7）　このような視点からNGOの取り組みをまとめたものとして，三好亜矢子・若井晋・孤崎知己・池住義憲編『平和・人権・NGO』新評論，2004年。
8）　ユネスコの軍縮教育論については，藤田秀雄「ユネスコの軍縮教育論」『立正大学文学部論叢』1982年7月。
9）　藤田秀雄「平和のための学習」『恒久世界平和のために―日本国憲法からの提言』勁草

書房，1998年，867頁．
10) 日韓教科書対話に関しては多数の文献があるが，対話の姿勢や方法に関して参考になるものとして，鄭在貞『韓国と日本―歴史教育の思想』すずさわ書店，1998年．日中歴史共同研究については，笠原十九司編著『戦争を知らない国民のための日中歴史認識』勉誠出版，2011年を参照．
11) 社会教育研究全国集会の平和分科会で報告された事例は多数あるが，神奈川県川崎市，茅ヶ崎市，埼玉県富士見市，東京都葛飾区，兵庫県伊丹市など公民館の市民参画による平和集会，平和講座など20年を超える蓄積も多い．

コラム11　地域から戦争と平和を考える戦争遺跡フィールドワーク

1　『戦争遺跡は語る』と戦争遺跡の意義と課題

『戦争遺跡は語る』（かもがわブックレット No. 128, 1999年）は，戦争遺跡保存全国ネットワークが，戦争遺跡の意義やその見学や保存の目的を簡潔に説明し，普及するために発行したブックレットの書名である。最近では，ますます戦争体験者が減少し，いまや戦争を語るには「ヒトからモノへ」移らざるをえないと，その意義が強調されている。だが，これは一種のレトリックである。「語る」ことができるのはヒトであって，モノはそのままでは何も語りはしない。では，なぜ戦争遺跡なのか。いったい戦争遺跡にどう向き合えば，それは語り始めるのか。そして何を語るべきなのか。

1990年代以降に戦争遺跡が注目を集めるきっかけの1つは，沖縄修学旅行でガマの見学体験をした長野県の高校生の取り組みだった。沖縄戦で「集団自決」の起きたガマに入り，暗闇の中で，住民の体験を追体験した。長野に帰り，地元にも戦争末期に構築された地下壕のあることを思い起こし，調べ始める。それが松代大本営地下壕だった。そこから，朝鮮人強制連行や天皇制国家など，「歴史の真実」を知る。この取り組みが，やがて地下壕保存運動へと発展していったのである。

私は，ここに戦争遺跡の意義と課題が集約されているように思う。①戦争遺跡は，「非体験世代」でも，目で見て，触れて，感じることができる具体性のある場所やモノであること。具体的な場所やモノから主体的に想像ができる。②しかし，場所やモノである遺跡に封じ込められている歴史は，体験の聞き取りや，文献資料などを通じ，学ばなければ見えてこない。モノに封じ込められているヒトの体験を読み取ること，問いかけることで，遺跡は初めて，その歴史を語り出すのである。遺跡は自ら語り出すわけではなく，問いかけることで語り出すのである。

「戦争体験者がうらやましい」。ある女子学生が発した象徴的な言葉である（品川正治・清水眞砂子『戦争を伝えることば』かもがわ出版，2010年）。つまり，「非体験世代」には，体験に伴う依拠できる特定の場所や具体的なモノが欠けているのである。戦争遺跡は，そんな「非体験世代」にとっても，戦争や平和を語るための特定の場所や具体的なモノになりうる。

2　地域から戦争と平和を考える戦争遺跡フィールドワーク

私自身の取り組みを紹介しよう。私は，武蔵野市・三鷹市など東京都西部の郊外で，そこここに残る中島飛行機など軍需工場，軍事施設の痕跡，そして，この地域に残る空襲のきずあと（被爆した石仏や墓石，慰霊碑など）を探し当て，関係者である元工員や勤労動員学徒，被災した住民らの体験を聞き取ることで，現在の地域のなかから「戦争の時代」の地域社会と人びとの体験を記録し，紹介することに務めて

きた。

　それらを若い世代を含む市民に共有してもらう重要な方法がフィールドワークである。その際の必須のアイテムが，現在と過去を重ね合わせた地形図と，これまでの調査・研究で蓄積されてきた地域資料である。では，フィールドワークと従来の学習・研修との違いは何か。それは，参加者が景観を含む戦争遺跡という具体的な場所・モノに対して，自分の五感を主体的に「動員」して学ぶことができること，この点であろう。身近な地域の中に，必ず戦争の痕跡はある。

③ 中島飛行機武蔵製作所と空襲の痕跡から何を学ぶのか

　私も所属する「武蔵野の空襲と戦争遺跡を記録する会」（2002年～）が実施しているフィールドワークプランを紹介する。中島飛行機武蔵製作所は，1938年に開設された日本有数の軍用航空機のエンジン工場である。最盛時には日本陸海軍機エンジンの約30％を生産し，約4万5千人が24時間操業で生産に従事した。40校を超える学校の生徒たちも動員された。学徒勤労動員の体験は中高校生には身近に感じる「入口」になる。

　同工場は，その重要性のゆえに，大戦末期にはマリアナ諸島から飛来したアメリカ軍のB29による日本本土空襲において最初の爆撃目標となり，その後も合計9回の爆撃を受けた。空襲犠牲者は勤労動員学徒を含めて二百数十名に及び，さらに周辺地域では「誤爆」によって，それ以上に多くの人命が失われた。

　フィールドワークでは，「武蔵野市役所」に集合し，①防空壕に退避した工員らが生き埋めとなり，多数亡くなった「武蔵野市営グランド」を訪ねる。少し移動し，②工場変電室だった建物を再利用した「都営武蔵野アパート管理事務室棟」と空襲に耐えて残った「白樫の木」を見る。③隣接する通称「はらっぱ公園」の「都立武蔵野中央公園」は工場跡地の一部で，工場の大きさを実感できる。公園南側から，④工場への引き込み線軌道跡を利用した「グリーンパーク遊歩道」を南下して五日市街道へ出る。少し東に行くと，⑤「延命寺」があり，250キロ爆弾の不発弾破片と住民犠牲者の氏名を記す平和観音を見る。さらに五日市街道を東に行くと，⑥「源正寺」があり，空襲の傷痕も生々しい墓石や工場内で死亡した身元不明者の遺骨を納める慰霊碑「倶会一処」の碑を訪ねる（約2時間）。

　最後に，この地域を歩くなかで，空襲の恐ろしさとともに，何のための巨大工場であったのか，工場がこの地域と人びとの生活をどう変えたのかという歴史を問い直すことも大切な視点であることを付け加えておきたい。

〈参考文献〉
牛田守彦・高栁昌久『増補改訂版・戦争の記憶を武蔵野にたずねて』ぶんしん出版，2006年／戦争遺跡保存全国ネットワーク編『戦争遺跡から学ぶ』岩波書店，2003年／十菱駿武・菊池実編『続・しらべる戦争遺跡の事典』柏書房，2003年　　　　【牛田　守彦】

コラム12　自治体の平和教育

1　自治体への平和関連調査

「平和の文化をきずく会」（以下「きずく会」）は2000年の国連「平和の文化国際年」を期に立ち上がった団体で，2001年から2010年までの「世界の子どもたちのための平和と非暴力の文化国際10年」（以下「非暴力の10年」）を日本ユネスコ協会連盟と協力しながら推進してきた。日本政府はもちろん，マスコミがいっさいこの国際年や10年に触れないなかで，2005年には中間年としての報告を国連に届け，2010年には10年のまとめを送っている。

本稿では「非暴力の10年」の締めくくりにあたって「きずく会」が取り組んだ自治体への調査についてその一部を紹介し，自治体の平和教育について整理したい。

私たちは2009年より「きずく会」の会合において自治体への調査用紙を検討してきた。当初は自治体の平和度チェックとして数値化することも考えたが，正面から取り組んでみる必要があるということで2009年7月，全国のすべての市と東京23区あわせて804通の調査用紙を送った。そして2カ月あまりの間に300の自治体から回答を得ることができたが，以下その一部である。なお月刊「社会教育」2010年11月号において全体の報告を載せてあるので参照されたい。

2　調査から見えてきたこと

（1）自治体のほうが平和を意識している

調査の冒頭に今回の「非暴力の10年」について「意識していたか」という問いを発したが，40％の自治体が「はい」と答えている。日本政府がまったく無視をしていた国連の決議であるが，自治体は何らかのかたちで10年を視野に入れていることになる。

その背景として，各自治体が「非核平和宣言」や「平和宣言」を行っているということがある。調査の結果では，300の自治体の90％以上が宣言を行っていると回答している。

（2）自治体と平和教育

自治体にとって「平和」に取り組むことは形が見える活動として位置づいているようである。「自治体として平和教育を行なっているか」という問いに対して63％の自治体が「はい」と答え，社会教育の分野では51％が取り組んでいると答えている。さらに「学校教育の分野で平和教育に取り組んでいるか」という質問に対しては実に84％の自治体が「はい」と答えており，教育委員会としてそれを把握しているということである。各自治体から出された平和教育の内容であるが，講演会や映画会，あるいは広島や長崎，あるいは沖縄への派遣など多岐にわたる。学校教育では広島や長崎への修学旅行，あるいは8月の登校日における平和教育などがあげら

れている。

　平和学習のための資料収集や保存では84％の自治体が「はい」と答えており，市民による平和への取り組みに対しても会場使用などを中心にほぼ半数の自治体が支援している。

（３）多文化共生の視点

　自治体の平和への取り組みの柱として多文化共生がある。法務省の発表ですでに200万人を超える外国籍の登録者があり，未登録者を加えると250万から300万人はいるであろうと推測されている。加えて毎年500万人を超える外国人が日本に来ており，多文化共生は平和をめぐる緊急の課題となりつつある。今回の調査で「多言語の行政サービスを行なっているか」という問いに，62％が「はい」と答えており，すでに日本全国がこの課題を受け止めつつある。こうした人びとへの日本語のサービスはかなりの自治体が取り組んでいることも今回の調査からみえてきた。

　ただし外国籍の人びとの母語については10％程度ということで，まだまだ各自治体が取り組めていない実態があり，今後の課題となるであろう。

　また，外国籍住民の要望を取り入れる制度ができているかという問いに対して，「はい」答えたのは28％で，ほぼ7割の自治体が外国籍住民の要望を日常的に把握することができていないことも問題がある。多文化社会の実現にはそれぞれの文化に根ざした要求などに丁寧に対応しなければならないが，そのシステムはできていない所が多いのは早急に改善されなければならない。

3 まとめにあたって

　調査は各自治体の秘書課宛てに送付した。その結果，市長や区長の指示のもとでさまざまな部署が回答の作成にあたっている。なかには回答を担当された複数の部署がそのまま書かれているところもあり，自治体の仕組みもみえてくる。

　回答部署がバラエティーに富んでいることは，言い換えれば，自治体として「平和教育」をどのように進めるのかが定まっていないことのあらわれでもあろう。「日本非核宣言自治体協議会」や「平和市長会議」等の自治体同士の交流などを広めながら，より有効な平和教育を進めることを願うものである。

〈参考文献〉

　瀧口優「平和の文化をめざす『国際10年』自治体アンケート」から見える市民の力」『月刊社会教育』661号，国土社，2010年／瀧口優・瀧口眞央「地方自治体に見る『平和の文化と非暴力』への意識」白梅学園大学・短期大学教育福祉研究センター年報15号，2010年／三鷹市『市民・自治体は平和のために何ができるか―ヨハン・ガルトゥング平和を語る』国際書院，1996年

【瀧口　優】

第17章

平和博物館で／から学ぶということ

福島　在行

1　平和博物館とは

　平和博物館――それは平和を目指して展示その他の活動を行う博物館である。国際的にも国内的にも平和博物館をめぐる状況が大きく動き出すのは比較的新しく，1990年代に入ってからである。1992年，自らを平和博物館だと認識する館およびそれを支える研究者・市民がイギリスのブラッドフォード大学で国際会議を開き，その国際ネットワークを結成した。日本では1994年，比較的規模の大きい公立館を中心として日本平和博物館会議が結成され，市民的な動きとしては1998年に平和のための博物館・市民ネットワークが結成された[1]。
　では世界そして日本にはどんな平和博物館があるのだろうか？　あるいはどんな施設が平和博物館と呼ばれているのだろうか？　現時点での最新情報は，平和のための博物館・市民ネットワーク編，山根和代・山辺昌彦編著『世界における平和のための博物館』（東京大空襲・戦災資料センター，2010年）に掲載されている[2]。平和博物館をどう定義するかについてはさまざまな考え方があろうが，上記諸団体では平和学的な平和概念を援用する傾向が強い。『世界における平和のための博物館』でも，戦争・紛争（直接的暴力）が中心的テーマである館を平和博物館，戦争・紛争が主テーマではなくても関連テーマ（構造的・文化的暴力）を扱っている館を「平和のための博物館」と呼び，紹介している。

第17章　平和博物館で／から学ぶということ

2　平和博物館で／から学ぶ

　では，平和教育にとって平和博物館はどのような意味をもつのだろうか。平和教育全体のなかでの位置づけや，児童・生徒を連れて見学に行く際の諸注意，事前学習・事後学習の仕方などについては他の方たちの成果に譲り[3]，ここでは日本の平和博物館の見学を念頭に置きながら，その際に気に留めてもらえればと思う3つの視角について述べたい[4]。

(1) 展示から学ぶ
　博物館を見学するとき，みなさんはどのような点に注意して見学するだろうか？　まず思いつくのは，展示されている資料をよく眺め，書かれている解説をしっかり読む，ということだろう。平和博物館の場合でもそれは同じである。日本の平和博物館では15年戦争が主要テーマとなっている。展示されている諸資料は戦争のどのような場面を示すのか，戦争の全体の流れはどのように描かれているか，戦争を支える仕組みはどう説明されているか，戦争は人びとの生活にどのような影響を与えたのか，個々の資料はどの記述と対応して配置されているか，展示資料からどのような戦争の姿を想像することができるのか，等々。このような作業は「展示から学ぶ」作業だと呼べるだろう。これが第1の視角である。

(2) 展示を取り巻くものから学ぶ
　第2の視角は「展示を取り巻くもの」から学ぶことである。ここで想定している「取り巻くもの」は大きく分けて2つ。第1は展示を作った人たちである。展示は自然に存在しているのではなく，当然作った人がいる。では，だれがどのような基準で資料を選び，どのようなことを伝えようとしてこのような順序で並べたのか。そこからはどんなイメージが形成されるのか。解説文では何に力点が置かれているのか。限られた空間内で何に主眼が置かれ，逆に何が省かれているのか。そもそも，その館はだれがどのような意図をもって開設し

たのか。博物館において個々の作り手たちの顔はあまり目立つことはないが，注意深く館内の展示を見ていけば，そこには作り手たちの姿が浮かんでくるだろう。

　第2の「取り巻くもの」は社会で暮らす人びとである。平和博物館は社会のなかでどのように評価されているのだろうか。1990年代，長崎原爆資料館・大阪国際平和センター（ピースおおさか）・八重山平和祈念館・沖縄県平和祈念資料館・埼玉県平和資料館といった平和博物館の展示内容をめぐって賛否双方の声が激しくぶつけ合われた。主な焦点は15年戦争での日本の加害行為をどう展示するか。15年戦争そして日本の近現代史をどのようにとらえ，描くのかは，戦後日本社会のなかで大きな問題であった。「歴史」は過ぎ去った出来事ではなく同時代の問題だったのである（それは今も）。平和博物館もまたそのような歴史のうえに存在している。日本の平和博物館とそれを支える市民は，民衆にとって戦争の被害がいかなるものであったのか，その実相を伝えようと努めてきた。かつては日本（人）の被害が強調されていたが，日本（人）以外の被害を取り上げる平和博物館も増えてきている。ただ全体の分量からみると決して多いとはいえず，その点をより明確に打ち出すべきと考えている人たちからは不充分さが指摘されている。その一方でこの点をめぐっては，それを展示したくない，すべきでないと主張するグループによる行動もあり，常に強い緊張が存在している（公立の館に限らず）。

　このようなことは館内の展示を見ているだけではわからない。展示のどの部分が，だれによって，どのような理由から，正の評価あるいは負の評価を受けているのか。そのような「展示を取り巻くもの」から平和博物館の展示を考えること。これが第2の視角である。

（3）自分の心と身体の反応から学ぶ

　第3の視角は，見学をする自分自身が問題となる。私たちが展示を見るとき，思わず歩みを止めて見入ってしまう展示物に出遭うことがある。逆に，思わず目を背けて足早にその場を立ち去ってしまいたくなる展示物に出遭うこともある。もちろん，何も感じないで館内をぐるっと一周し終ってしまうことも

あるだろう。あるいは個々の展示物ではなく，平和博物館の空間全体が発する空気を息苦しいものとして圧迫感を感じるかもしれない。

このような「自分の心と身体の反応」から考えることができないだろうかというのが第3の視角である。この反応とその理由は人それぞれであり，他人がうかがい知ることはできない，その人だけのものである。このことをどう考えたらよいのだろう？　さしあたり言えることは，それは展示資料が発する何かしらのメッセージに対する最初の反応であるということだ。私たちは多かれ少なかれ事前に知識をもって平和博物館にやってくるが，それを再確認して終わるだけであれば，わざわざ見学に来る意味はあまりないのではないか。しかし，もし見学のなかで1つでもこのような資料の発するメッセージを受け止めてしまう経験をしたとするなら，それは事前の学習だけでは得られない，平和博物館を見学したことで初めて得られた経験であるといえるだろう。そして「自分の心と身体の反応」を出発点として，再度，第1，第2の視角について考えたら何が見えるだろう？　3つの視角は連なった環なのである。

3　平和博物館からの招待状

では，私たちが展示からメッセージを受け取ることができたとしたら，次に考える必要のあることはなんだろうか。それは，展示を作る人たちもまた資料からの呼びかけを受け取った者であるということではないだろうか。展示は彼／彼女らなりのその応答の作業なのだ。展示を見学する私たちは，資料の，そして展示を作った人たちの呼びかけの前に立っていることになる。平和博物館は「展示を取り巻くもの」から切り離されて存在することはできない。逆にいえば「展示を取り巻くもの」つまり私たち自身もまた，平和博物館をめぐる状況を構成するメンバーなのだ。状況への参加の招待状は，すでに平和博物館から私たちに宛てて届けられているのである。

1）　平和のための博物館・国際ネットワーク International Network of Museums for

Peace については公式ホームページ（英文）を参照。日本平和博物館会議と平和のための博物館・市民ネットワークには公式ホームページはないが，後者は情報誌『ミューズ』を年2回発行。市民ネットワークの現在の事務局（連絡先）はピースあいち。

2）　同書の入手についてはピースあいちまで。入手しやすいガイドブックとしては歴史教育者協議会編『増補版　平和博物館・戦争資料館ガイドブック』（青木書店，2004年），[記憶と表現]研究会『訪ねてみよう　戦争を学ぶミュージアム／メモリアル』（岩波ジュニア新書，2005年）がある。また，多くの平和博物館がホームページを作成しており，他館へのリンクも貼られている。リンク集としては，ヒロシマ平和メディアセンターの「世界の平和博物館」，「リンク集　戦争を語り継ごう」内の「平和博物館・資料館」，第6回国際平和博物館会議の際に作成された「世界の平和博物館」（http://irca.kyoto-art.ac.jp/cie/tips/index/khw3.swf）など。平和博物館ともテーマ的に関係の深い人権博物館については解放出版社編『人権でめぐる博物館ガイド』（解放出版社，2003年）がある。

3）　たとえば村上登司文『平和形成力を育てよう　いきいき平和学習（ver.2）』や高見祥一『平和ミュージアムに行こう』（ともに京都教育大学教育社会学研究室，2008年）を参照。また人権博物館については「特集　博物館と教育・啓発」『部落解放』558号（解放出版社，2005年12月）を参照。

4）　なお，本稿では日本の平和博物館をめぐる研究の状況について詳しく触れることができなかった。この点については福島在行・岩間優希「〈平和博物館研究〉に向けて―日本における平和博物館研究史とこれから」（『立命館平和研究』別冊，立命館大学国際平和ミュージアム，2009年11月）で詳しく整理・紹介した。不充分ではあるが文献リストとしての性格ももたせたので，あわせてみていただければありがたい。

コラム13　プラネタリウム番組「戦場に輝くベガ〜約束の星をみあげて」がもたらしたもの

　人はどんな場面で「学ぶ」だろうか。それは，学ぶ対象と自分との間に何かしらの関係性を見出したときだろう。つまり，対象を自分の問題として取り込めるか否かによって，学びの価値は大きく変わってくる。とくに，「戦争」というテーマでは，体験者と非体験者の間の溝は深い。それを，"自分化"しようとしない限り，人は戦争の歴史から何かを学ぶことができないのだろう。

　私たちは，2006年に山梨県立科学館プラネタリウム番組「戦場に輝くベガ〜約束の星を見上げて」を制作した。戦時中に，爆撃機が天文航法（星の高さを測って機位を出す）を使って飛んでいたこと，それに必要なデータ（高度方位暦）を勤労動員の女学生たちが計算をしていたこと，これらの事実に基づいて，物語を制作した。いつも織姫星ベガを見上げようと約束をした男子学生と女学生の間に交わされる手紙によって物語は進む。星は，2人をつなぐ一方，爆撃機を導く武器になってしまうこと，敵にも大切に思う人がいるであろうことへの想像力を2人に与える。男と女，加害者と被害者，現在と過去，これらをそれぞれ引き裂くのが戦争であり，つなぐのが星というメッセージをこの物語は内包している。

　この番組を見て，あらためて家族や体験者の話を聞いたという話が数多くあった。ある高校の先生は，生徒たちに自分の恋人と一緒に見に行け，と促した。山梨での上映だけで終わりにするのはもったいない，と立ち上がった市民が，「戦場に輝くベガ上映実行委員会」を結成，各地域での上映や企画展などを行い，戦争の記憶の掘り起こしのきっかけをつくっている。つまり，多くの人びとが，この番組を見ることによって，戦争のことを"自分化"しようとアクションしている。

　この物語の主人公は，満天の星を眺めながら，「あの星から見れば，人間のやっていることはどんなふうに見えるのだろう」とつぶやく。星を見上げることは，遠い視点から地球やそこにいる自分を見つめ直すことにつながる。現代の天文学は，数千億の銀河のなかの，数千億の星のなかの，太陽という星を回るいのちの星に私たちが住んでいるという事実を教える。そして私たち生命の元も，星の営みから造られたのだということも。それを知ったとき，たった今自分が生きている奇跡を想わない人はいない。私たちはみな宇宙内存在であるということを1人ひとりが自覚して生きることができれば，この地球上から戦争というものがなくなっていいはずなのに，と思う。平和を考えるとき，ぜひ星の視点をもつことをお勧めしたい。

追記：このプラネタリウム番組を原作に，2011年8月に小説「戦場に輝くベガ」（一兎舎）が出版された。ぜひお手にとってお読みいただければと思う。

【高橋真理子・跡部浩一】

第18章

幼児期の平和教育

瀧口　眞央

1　はじめに

　日本では，乳幼児期の平和教育については，OMEP（世界幼児教育機構）や全国保育問題研究協議会（以下「全国保問研」）が，全国大会の分科会やプロジェクトなどで取り組んできている。日本保育学会では，学会発表としての報告はみられるが，系統的な学会としての幼児期の平和教育の研究は位置づいているとはいいがたい。

　また，2008年に改正された幼稚園教育要領，保育所保育指針でも幼児期における平和教育がねらいとして記されていない。子どもの権利条約第3条にある「最善の利益」という言葉については，保育所保育指針では「保育所保育の目的」などで3カ所みられるが，幼稚園教育要領については，子どもの権利条約にはまったく触れられていない。

　幼児期の平和教育においても，小学校や中学校と同様に，広島と長崎に原爆が投下されたことを伝え，戦争を伝承することによって，戦争の悲惨さを知らせ，平和の心の大切さを育んでいく教育が，一般的な保育実践として積み重ねられてきた。

　しかし，1994年の「子どもの権利条約」の批准，2005年に子どもの権利委員会が公表した「乳幼児期の子どもの権利」の実施に関する一般的注釈第7号，2000年の「平和の文化国際年」を迎えるなど，乳幼児期の平和教育は，戦争の伝承よりも，仲間づくりや対立したときの非暴力による問題の解決，多文化理解などに重点が置かれるようになってきている。

第18章　幼児期の平和教育

日本で平和教育を積み重ねてきた数少ない組織であるOMEPと全国保育問題研究協議会の実践や研究から，乳幼児期の平和教育の観点と課題を考えたいと思う。

2　日本の幼児期における平和教育の取り組み

(1) 全国保育問題研究協議会（略称，全国保問研）「幼児期の平和教育」

　分科会は，1987年開催された第26回大分大会でOMEPの日本委員会委員長の荘司雅子氏に，「子どもたちに平和なあしたを」というテーマで記念講演を依頼している。「戦争は，人の心から始まるものだから，まず，人の心の中に平和の砦を築かなければならない」というユネスコ憲章の前文を引用し，心に平和の砦を育てるのは，乳幼児から必要であることを強調した。記念講演がきっかけとなり，1988年の27回大会で藤井敏彦氏と谷中君子氏は，「幼児期の平和教育」分科会を創設した。荘司氏の幼児期から平和教育を育むことが，平和な世界を創っていく，という思いを保育現場に実践していく分科会として発展してきている。そして，「21世紀に『平和と非暴力の文化』を創造していく子どもたちを育てるための跳躍台にしたい」[1]と全国保問研の藤井氏は発信している。

　実践提案は，「心を育て『かわいそうなぞう』の劇作りに向かって（1992年）」「子どもの心の奥には平和を求める心が（1996年）」「教材研究『平和の大切さを伝える絵本』（1998年）」「子どもも大人も大切にされる居場所を（2008年）」「へいわってこれだよ　へいわっていいよね（2010年）」などがある。分科会誕生の頃は，幼児期の平和教育をどのように考え，実践していくのかを議論していたことが分科会提案からうかがえる。

　藤井氏は，1978年に発行された『幼児期の平和教育』のなかで，「幼児期には，幼児の心の世界に，平和はよいこと，楽しいこと，みんなのためになることであり，人間を愛すること，いのちをたいせつにすることも同じであること，反対に，戦争は悪いこと，悲しいこと，恐ろしいこと，戦争をしてはいけないことといったイメージをふくらませることが先行しなければならない」[2]

197

と述べている。そして，幼児期の平和教育の基本は，「人間に対する愛と信頼を教えること」[3]と語る。

また，2001年5月に分科会が編集した『子どもの心に平和の種子を』で，直接的平和教育と間接的平和教育について解説している。乳幼児期の直接的平和教育は，「戦争体験の継承と幼児の心を世界に開く国際理解の教育とがその中心になるべき」と述べている。また，乳幼児の平和教育の比率は間接的教育が多いとし，「日常の仲間づくり，動植物の飼育栽培，外国の子どもたちとの交流などが中心的な役割」と記している。そして，家庭における親の役割が重要であると考えていた。

藤井氏の乳幼児期の平和教育と分科会提案の検討を重ねてきて，全国保問研の谷中氏は，分科会の運営委員と共に乳幼児期の平和教育の観点を6つに分類した[4]。

① 平和の心を育てる：親・家族・保育者との信頼関係，豊かな感性
② 戦争体験から学ぶ：原爆・ヒロシマ・ナガサキ，沖縄，空襲，戦争とくらし
③ 平和の大切さを学ぶ：核戦争，核実験・ビキニ水爆被災，難民，平和共存
④ 地球環境をよみがえらせる：命のつながり，環境汚染・破壊，原子力発電
⑤ 国際理解・連帯を深める：暮らしや文化の違い・理解，差別や蔑視の除去
⑥ 平和の文化を創る力を育てる：人権・子どもの権利，話し合いによる問題解決，原水爆の被害を外国の子どもたちに伝える，など

（2）OMEP（世界幼児教育機構）日本委員会の取り組み

OMEPは，1948年に68カ国が参加して，ユネスコのNGOとして就学前の子どもの問題に取り組んでいる国際機関である。乳幼児の人権を守り，保育・教育の質の改善を目指している。

1995年に横浜で開催された第21回世界大会では，「子どもを暴力から守ること，争いごとを平和的な手段で解決する術を教えることに焦点をあわせる」「OMEPは女の子どもの諸権利を認め，これを守ることに焦点をあわせる」ことを決議した。

日本委員会で幼児期の平和教育の研究を中心になって進めてきた畠中徳子氏

によると,「日本委員会は平和への関心は常に深く,『平和教育』や『暴力』に関するいくつかのプロジェクトをつくり,広報活動や調査研究などを行い,日本国内の会合や世界大会で報告してきた」[5]としている。

OMEP日本委員会は,レゾリューション・プロジェクト研究の報告書を1999年5月に『幼児と人権―子どもを暴力から守る』,2005年12月に『平和の文化と非暴力―幼児の文化環境及び文化財を中心に』を発表している。

後者の調査結果の分析によると,親が暴力的な行為として止める遊びで一番多かったのは,棒の剣を使った場合であった。また,おもちゃを購入するときに「暴力的でないもの」を基準にしている親は10.7%だった。そして,おもちゃの購入で非暴力を基準に選択している親は,ピストルなどを使った子どもの遊びを6割の人が止めている。好戦的な「ピストルや戦車などの凶器を模倣したおもちゃは,非暴力・平和の文化の視点からは,遊びを転換させるとか,与えない工夫が求められると思われる。」[6]と報告書で指摘している。1980年にユネスコが開催した軍縮教育世界会議で,ロドルフォ・ステフェンハーゲンが,好戦的なおもちゃの販売に警鐘を鳴らし,「紛争を平和的に解決する心を子どもに抱かせるようなおもちゃの工夫」を呼びかけたことと日本委員会の分析は重なっているといえる。

また,OMEPは1999年秋から始まったユネスコの「わたしの平和宣言」の1億人の署名活動にも参加している。宣言は6項目から構成されている[7]。

① すべての人の生命を大切にします
② どんな暴力も許しません
③ 思いやりの心を持ち,助け合います
④ 相手の立場に立って考えます
⑤ かけがえのない地球環境を守ります
⑥ みんなで力を合わせます

3　非暴力と子どもの最善の利益の平和教育を

(1) 平和を通して平和を伝えたい

　戦争を伝えていくことは，小学校に入学してからでも遅くないのではないか。幼児期に戦争の悲惨さを伝えることは，子どもに不安を与え，トラウマをつくることになるのではないか，という思いがある。全国保問研の大会で「へいわってこれだよ　へいわっていいよね」という報告が保育現場からあった。分科会提案で保育者は，幼少期に母親から受けた平和教育を振り返っている。

> 　私は，幼児期から戦争の悲惨さを教える平和教育で育ちました。本物を見せたいとの思いが強い母親で，かなりリアルな映像などを見たように思います。気がつくと，戦争の本のある棚は見るのも嫌で近寄りたくなくなっていました。悲惨で残酷なことを子ども達に伝えることは必要ですが，私みたいに拒否感を持ち続けるようになってしまうのではないか，『戦争の悲惨さ』から伝わるのは『平和』ではなく『戦争』だけではないだろうか。漠然とそんな思いを持っていました[8]。

　彼女の「『戦争の悲惨さ』から伝わるのは『平和』ではなく『戦争』だけではないだろうか」という思いは，これからの平和教育の課題といえる。子どもの権利条約の注釈第7号の「乳幼児期からの子どもの権利」13項に，「子どもの最善の利益」が記されている。「乳幼児は，その相対的な未熟性のゆえに，子どもの福祉に影響を与える決定および行動に関して，乳幼児の意見および発達しつつある能力を考慮に入れながら，乳幼児の権利および最善の利益を評価し，(後略)」とあるように，乳幼児は未成熟であるがゆえに，最善の利益に配慮した平和教育が今，求められているのではないだろうか。子どもを不安にしたり，アレルギーにしたりする平和教育は，大人が伝えたい平和であって，乳幼児の立場に必ずしも立っていない危険性をはらんでいるということを認識したい。

　また，「平和」の反対語を幼児期に「悲惨な戦争」と位置づけることは，子どもの発達の視点からは，好ましいものでないと考えられる。幼児教育が国家建設に大切だと考えていた植木枝盛は，120年前の1887 (明治20) 年に土陽新聞

で『育幼論』を連載し，「しつけ」であっても大人の都合で子どもをおどし脅かすことは，子どもの心を傷つけ，また，子どもの心に響きにくいと説いている。幼児期の平和教育は，大人が伝えたいことを優先するのではなく，子どもの心の発達や気持を第一に考えた伝え方が重要である。リアルな映像や悲惨な絵本などを与えることは，もっと大きくなってからでも遅くないだろう。

その後，報告者の藤田先生は保育チーフからのアドバイスによって，子どもたちに平和を通して平和を伝える絵本を教材に選んだという。そして，取り組んだ感想を次のように述べている。「乳児期の友達とのかかわりから始まる平和教育への取組が，幼児期に友達や家族と共にいられる幸せを感じながら，目に見えない遠くへの人達へと広がっていくのを，この取組で強く感じました。」[9]

（2）乳幼児期の平和教育の課題

平和と対立することばを「戦争」ではなく，「暴力」と考えると，乳幼児期の平和教育も子どもの最善の利益を考えた観点となってくる。そして，大人が伝えたいことではなく，子どもの感性の発達と社会性の発達を視野に入れた内容が求められるようになる。

2005年10月に子どもの権利委員会委員のロータル・クラップマン氏が来日した。そのときの講演で「大人には自分の見方を押しつける権利はありません。むしろ大人にあるのは，子どもたちが何を望み，何を感じ，何を期待しているのかを理解する義務なのです」と語っている[10]。

日本は，広島・長崎に原爆が投下され，多くの人が亡くなり，いまだに苦しんでいる人も多い。また，東日本の大震災では，原子力発電所の放射能漏れで不安を抱える状況が生まれている。その悲惨な戦争や原爆を子どもに伝えることが平和教育の使命であると考えるのは当然なことと思う。しかし，乳幼児期には，安心，人の暖かい思い，人への信頼，楽しい経験の保障や感性を豊かにする体験が大切ではないだろうか。

日本における乳幼児の平和教育の取り組みは，OMEP日本委員会も全国保問研の「幼児期の平和教育分科会」も，日本が被爆国であるがゆえの平和教育

を模索してきた積み重ねがあって，現在は，乳幼児の発達段階，子どもの権利，非暴力による問題の解決の方法，仲間づくりなどを意識した平和教育に変わってきていると考えられる。

たとえば，アメリカのルイス・ダーマン・スパークが注意を喚起しているように，偏見・蔑視の概念が2歳までに確立される，という発達段階を認識した平和教育を考えていく必要がある。また，「非暴力」と「子どもの最善の利益」という視点から，乳幼児に平和の心を育んでいきたいものである。その観点として，4つの課題を提案したいと思う[11]。

① 非暴力の心を育てる
② 偏見・差別の防止
③ 多文化・異文化理解の保育実践
④ 対立を平和的に解決する子ども集団づくり

1） 全国保育問題研究協議会編『子どもの心に平和の種子を』新読書社，2001年，5頁。
2） 藤井敏彦『幼児期の平和教育』さ・さ・ら書房，1978年，68頁。
3） 同前，68〜69頁。
4） 全国保問研編前掲注1），105〜106頁。
5） 黒田瑛・畠中徳子・加藤定夫・森久子・瀧口眞央・瀧口優・近喰晴子・冨田久恵・塩谷恭子『平和の文化と非暴力―幼児の文化環境及び文化財を中心に』OMEP日本委員会レゾリューション・プロジェクト委員会，2005年，3頁。
6） 瀧口眞央『幼児を持つ保護者へのアンケート調査の結果と考察』平和の文化と非暴力 OMEP，2005年，9〜14頁。
7） オードリ・カーチス『子どもたちへの平和の贈物』OMEP日本委員会，2000年，6〜16頁。
8） 藤田愛美「へいわってこれだよ・へいわっていいよね」『季刊保育問題研究』242号，新読書社，2010年，361〜365頁。
9） 同前。
10） ロータル・クラップマン『子どもの権利条約・乳幼児の権利について 子どもの権利条約から保育の民間委託を考える』東京自治問題研究所，2006年，24頁。
11） 瀧口美智代「平和教育分科会案内」『季刊保育問題研究』182号，新読書社，2000年，42頁。

コラム14　心理学者からみた東日本大震災についての語り

　東日本大震災についていろいろな語りがある。アーサー・W. フランク（鈴木智之訳）『傷ついた物語の語り手―身体・病い・倫理』（ゆみる出版, 2002年）に基づいて, それらを回復の語り, 混沌の語り, 探求の語りの3つに分類してみよう。

　回復の語りとは災害の異常な状態からどう回復してもとの平和で健康な状態に戻りたいかという語りである。復旧作業, 支援, ボランティア,「がんばろう日本」などの語りである。臨床心理学者Kさんは, 避難所で本を読んだり絵を描けるような子どもコーナーを立ち上げた。Kさんは, NPOと協力して小中学校教師を対象に行われた「子どもたちのトラウマ・ケア」のトレーニングを行い, 震災後の小中学校の卒業式をどう進め, 被災した子どもたちにどのように接するべきかアドバイスをした。また被災者の励ましになるような語りを集めたサイト"Pray for Japan"（http://prayforjapan.jp/message/）では,「ホームで待ちくたびれていたら, ホームレスの人達が寒いから敷けって段ボールをくれた。いつも私達は横目で流してるのに。あたたかいです」などの助け合いと愛他主義の語りがみられる。

　混沌の語りとは混乱した内容の語りそのもので, たとえば, 災害によってもたらされる生活の展望の不透明さ, 原発報道による不安・絶望感などがこれに該当する。大学食堂が東日本の応援のために積極的に野菜を買って援助しようとしたときに放射線の影響を考えてどうしようかで悩む学生がいる。その後ろには「安全神話」を振りまく政府・官僚・電力会社・（御用）学者しかマスメディアに出てこない問題がある。データや事実を隠して「安全神話」を振りまくこと自体が, 重要な問題に対して曖昧さを増加させているので, 結果として, 風評・デマといった混沌の語りを引き出している元凶となっている。内部被ばくの危険性を政府は認めるべきである。あるいは, 対立的なセカンドオピニオンを入手可能にするべきである。

　このような混沌の語りを越えて, 探求の語りがある。それは未来に関する語りであり, 原発の必要性への再考, 政治システムの見直し,「原子力村」君臨の批判, エネルギー消費の哲学的反省などが含まれよう。武田邦彦氏はかつて原子力推進派であったが, 政府と電力会社による原発建設基準のご都合主義を暴露し, 大事な情報を報道しないNHKを「子どもの健康の破壊者」とまで批判している。本当に原発が必要なのかどうかという探求の語りが, 一般市民のみならず原子力推進派からも広がってきている。

　ガンジーは7つの社会的罪として, ①理念なき政治, ②労働なき富, ③良心なき快楽, ④人格なき学識, ⑤道徳なき商業, ⑥人間性なき科学, ⑦献身なき崇拝, をあげている。災厄を乗りこえつつある日本人がこれまでの罪をどう悔い改め成長していくのか, 世界の人びとが注目している。　　　　　　【いとう　たけひこ】

Ⅲ　海外の平和教育

第19章

欧米の平和教育

村上登司文

1 はじめに

　平和の構築は国内だけで達成できるものでなく，国際的に協力して解決できる事柄を多く含む。それゆえ，平和に貢献しようとする平和教育は，その国だけで通用する特殊な教育であってはならない。その意味で一国の平和教育は外国の平和教育と共通項を多くもち，普遍性を目指す必要があるといえよう。しかし，国によって平和教育のあり様は大きく異なっているので，各国の平和教育を比較してそれぞれの国の平和教育の特性を明らかにすることがまず必要である。比較検討の視点を用いることにより，日本の平和教育の独自性と優位性を正確に知ることができよう。

　1970年代前半にヨーロッパで平和教育研究が始まったが，当時から国によって平和教育が異なっていると認識されており，平和教育の実施形態は社会的に条件づけられているとの認識があった。そうした1970年代に日本の平和教育研究は世界とつながり始めた。浮田久子によれば，日本の平和教育は，世界の平和教育とほとんど断ち切られたところで独自の発展をとげてきた。1970年代に海外の平和研究者とつながり，世界に向かって開かれることが，日本の平和教育の課題となった[1]。

　他方で，激動する国際社会の影響を受けて，平和教育が向かう方向が揺れ動いている。そうした現状のなかで，平和教育が果たすべき役割を確認することが求められている。本章では欧米の平和教育の展開をみることを通じて，日本の平和教育のあり方を考える。

2 平和教育研究の発展

　海外の平和研究では1960年頃までに，学術雑誌などを媒介として研究が蓄積され，平和研究者のネットワークが広がった。世界の平和研究者の組織としてIPRA（国際平和研究学会）が1964年に設立され，各国における平和研究をさらに促すことになる。岡本三夫によれば，1970年代の欧米において，平和学に関する多くの書物が出版され，また，学会，研究所，センターなどが創設された。大学においては，欧米のいくつもの国で，平和学部，平和学コースなどが開設され，大学での平和学専攻が可能になった[2]。学問成立の1つの指標であるそうした制度化は，平和学において1970年代に進んだことから，海外の平和学は1970年代に成立したといえよう。

　平和研究が展開するなかで，欧米の平和研究者を中心に平和教育の必要性がとなえられるようになった。平和研究の影響を受けて，当時の平和教育者たちは，平和とは戦争の不在だけでなく構造的暴力の不在を目指すという広義の平和概念を受け入れる。その結果，平和教育の内容として，戦争やテロリズムや暴動といった物理的暴力（直接的暴力）を扱うだけでなく，貧困，人種差別，経済的・社会的不平等，環境破壊といった構造的暴力（間接的暴力）の解決をも視野に入れるようになった。

　平和教育の内容と，平和教育の方法との関連についても論議された。ノルウェーのガルトゥング（Johan Galtung）は，平和教育の形式（方法）は平和の理念と矛盾するものであってはならないという。教育の場で，直接的暴力（物理的暴力）を用いてはいけないのは当然であるが，コミュニケーションの一方通行があってはならないと述べる。彼は，平和教育の方法としては，平和を具体的にイメージさせる目標提示を重視し，批判，提案作成，実践活動へとつながる平和教育の一連の活動内容を構想している[3]。ここに示されるように，欧米の平和教育では，それが展開され始めた頃から教育方法が重視されていた。

　1971年頃から，IPRAは平和教育の実施に取り組み始め，1972年にPEC（平和教育部会）を設置する。1995年のPECの規約によれば，「PECの目的は，よ

り効果的で広範な平和教育になるよう教育者・平和研究者・諸活動間における国際協力を促進し，平和，正義と戦争，不正義を引き起こす原因などについての教育活動を促進することである」。1972年の PEC 設置以来，平和教育に関心をもち活動する教育者や研究者が欧米を中心に次第に増加してきた。

　日本の平和教育においても，世界とのつながりを意識した活動が多くなる。ヨーロッパでは1980年代前半に，米ソによる中距離核兵器の核軍拡が進むなかで，反核運動が盛んになった。1980年に広島から「原爆記録映画10フィート運動」が始まり，1982年には世界教職員団体連合による軍縮教育の国際シンポジウムが広島で開催された。1980年にイギリスのマンチェスター市で最初の非核宣言が行われ，早くも1984年に日本に非核都市宣言自治体連絡協議会が結成された。これがその後の日本の自治体による平和啓発や平和事業が広がるきっかけとなった。

　1981年から米国のコロンビア大学教育大学院において平和教育プログラム（2003年から平和教育センターと改称）が推進されてきた。このプログラムは長い間，平和教育を専攻できる世界で唯一の大学院教育課程（MA と Ph. D コース）であった。コロンビア大学のこの平和教育プログラムを通して，1982年からIIPE（International Institute on Peace Education）が始められた。1996年に東京で IIPE が開催されて以降は，毎年米国外の異なる国で，現地の教育者を主な参加者として教育研究会を実施してきた。

　1990年代以降は国際化と情報化の影響を受けて，インターネットにより平和教育研究者間の交流が進み，平和教育研究の国際的連携が進んでいる。PEC 会員が中心となって編集する専門雑誌として，*Journal of Peace Education* が2004年に創刊された。この専門誌が扱うトピックは，「紛争解決，地球的問題，軍縮，環境保全，生態学的持続可能性，先住民族，ジェンダーの平等，反人種差別主義，教育社会的運動，市民的責任，人権，文化的多様性，異文化間理解，社会的未来」と，非常に幅広い平和の内容を扱っている。このジャーナルに編集委員や投稿者が世界各国から参加しており，平和教育研究者が世界レベルのネットワークでつながっている。こうしたことから，海外において *Journal of Peace Education* の創刊をもって平和教育学が「制度的に離陸した」と

とらえられる。

3　各国の平和教育

　その国に固有な社会状況や国際関係の変化が，平和教育の内容に影響を及ぼす。これは国あるいは地域が置かれている社会状況に応じて，平和問題が異なることを示す。そして各国が直面する平和問題を解決するために，異なる平和教育プログラムが作成されて実施される。

　1998年にイスラエルのハイファ大学に平和教育研究センターが開設され，その所長のサロモン（Gavriel Salomon）は，地域において社会的緊張の度合いが異なる3タイプを設定し，それぞれが必要とする平和教育プログラムの違いを述べる。①「解決しにくい紛争がある地域」の平和教育では，味方は良くて敵は悪いという考え方，過去の残虐行為についての集団的記憶，現在の被害者意識，他者に対して道徳的に優位であろうとする集団心理，などを改善しようとする（たとえば，イスラエル，北アイルランド，キプロス）。②「人種民族的緊張がある地域」の平和教育では，マジョリティとマイノリティとの関係を良くしようとする（たとえば，ベルギー，クロアチア，ルワンダ，南アフリカ）。③「静穏な地域」の平和教育では，他の地域（国）の暴力的行為に対して，人びとが傍観者的にならないように関心を高め啓発することが目指される[4]。

　次に，イギリス，アメリカ，ドイツを取り上げ，それぞれの国の平和教育の展開をみていく。先進国に属する3カ国はいずれも国内に大きな社会的緊張を抱えていないが，歴史的経緯や，国防・外交政策，社会状況が異なり，それらが平和教育の内容や方法に影響を及ぼしている。

（1）イギリスの場合

　イギリスの平和教育は，1980年代前半の反核運動の盛り上がりと同時に発展したが，戦争と軍縮問題だけをその教育内容としたのではない。イギリスの平和教育は，軍縮や米ソの東西紛争についてのみでなく，開発や南北対立についても扱い，さらに社会的公正や非暴力や基本的人権にまで範囲を広げている。

イギリスの平和教育の概念は幅広い題材を含み，広義の平和教育の定義が，1980年代前半にイギリスの教員組合や地方教育当局が発行する平和教育の手引に用いられた。ヒックス（David Hicks）は，「平和についての教育」と「平和のための教育」を区別し，平和教育の実践において教育方法を重視すべきことを記している。学校運営や教育方法が，少しでも権威主義的であるならば，定義上それは平和のための教育とはならない，と述べる[5]。

イギリスでは，核についてどのように教えればよいかという教育方法が検討された。たとえば，核兵器についての学習，あるいは核に関する論争についての学習，そのどちらが重視されるか。また，核兵器をなくすための教育，それとも核兵器をうまく管理するための教育，そのどちらに重点を置くのかの検討である。

ヒックスによれば，核教育（核についての教育）へのアプローチとして保守，革新，自由の3つの立場がある。①保守的立場は，核抑止や国防政策の必要性を教えるべきとし，核戦争への子どもたちの恐怖は過大視されてつくり出されたものであると主張する。②革新的立場は，敵の存在や軍備拡張などを疑い，既得の利益や権力の問題を暴露しようとし，社会・経済的変革を志向し，核戦争による絶滅でなく非暴力的な紛争解決をすべきと主張する。③自由的立場は，問題は合理的に解決できるとの前提に立ち，核抑止による防衛に関して対立するそれぞれの主張を批判的に考察する教育が必要であると主張する[6]。核教育実施への1980年代当時の賛否は，イギリス保守党と労働党が採用した外交・国防政策の違いをそのまま反映していたといえよう。

イギリスでは，広島・長崎での原爆被爆の題材は，核教育の内容の一部にすぎず，さらにその核教育は平和教育の一部分にしかすぎない（たとえばニューカッスル市の核教育ガイド 1985年）。イギリスの核教育では，起こるかもしれない核戦争について，子どもたちが抱く恐怖心と無力感に対して，核戦争を防ぐ方法を提案することにより子どもたちを心理的にケアしようとする。ただし，1990年代に入って東西冷戦が終結したことにより，ヨーロッパで核戦争が起こる危険性が著しく低下したので，核教育自体が行われなくなった。

イギリスにナショナル・カリキュラムが導入された1988年以後，1990年代の

平和教育を取り巻く状況は一変した。ナショナル・カリキュラムで教科の枠組みが決められ，重点教科については全国統一テストにより学習達成度が各学校ごとに評価される。ナショナル・カリキュラムの導入以降，小・中学校の教科が共通化されて教育内容が標準化されたので，それまで平和教育が実施されていた数少ない学校においても，授業時間割のなかから平和教育を教える場所が消えたといわれる。イギリスでは広義の平和教育概念が受け入れられていたが，そのことは平和教育が広く実践されていることを意味するのではなく，現在は平和教育という名称でほとんど実践されていない。

(2) アメリカの場合

　アメリカにおいては，1970年代の平和教育は既存の政治体制に対して反発的姿勢を示していた。それは「平和問題についての教育」であり，アメリカが参入したベトナム戦争（1975年終結）などの特定の紛争について教えるものであった。当時の平和教育者は，人びと（学習者）が運動家になって戦争に反対しデモをすることを願っており，そのような教育であったという。

　1991年にイラクによるクウェートに侵攻に対して始まった湾岸戦争の時には，アメリカ人の90％以上がその戦争を支持し，地域社会に愛国心が高揚した。そのため地域によっては，紛争の非暴力的解決を教える平和教育プログラムを継続することが難しかったといわれる。これは，戦争のただ中では平和教育を行えなくなることを意味している。

　1990年代には，「紛争解決」の用語がアメリカの平和教育で広く使用され，その名称で行われる教育実践では和解の技法を生徒に訓練している。アメリカの学校教育では，青少年の身近な暴力への対応が重要な課題であり，学校内や地域社会での非暴力的な紛争解決を目指す平和教育が広がっている。

　1990年代にはポスト冷戦の影響を受けて，アメリカでも核教育が教育現場で実施されることは急速になくなる。リアドン（Betty Reardon）は「社会的責任のための教育」を一歩進めて「地球的責任のための教育」を提唱し，それに向けて「平和教育」を包括的アプローチを通じて実践することを提示し，「包括的平和教育」（Comprehensive Peace Education）の概念を示した[7]。包括的アプ

ローチでは，平和問題をできるだけ広くとらえ，それらを構造的に把握することにより，平和問題をより深く理解しようとする。包括的平和教育は，より望ましい地球的社会秩序の形成を目指す「積極的平和のための教育」である。

アメリカでは1990年代に入ると，AERA（全米教育学会）の平和教育 SIG（部会）などの活動を通じて，平和教育研究が盛んになった。AERA には多くの SIG（2009年現在で174）があり，そのなかの1つとして1988年にハリス（Ian Harris）などの主導により平和教育 SIG が活動を始め，現在まで活発に活動を進めている。

他方，比較国際教育学会のなかでも，平和教育 SIG が2005年に始められた。その主導者のひとりのバジャジ（Monisha Bajaj）によって，ホームページ上で *Encyclopedia of Peace Education* が編集・公開されている。それによると包括的平和教育の定義は，「人権教育，紛争解決，核軍縮教育などを総合する概念枠組みのもとで，暴力に気づきそれを意識化し，地球的レベルで人道主義的で安全な社会をつくろうとする技能と態度の形成を促す教育理念と知識を伝えようとするもの」[8]と規定されている。

（3）ドイツの場合

ドイツは日本やイタリアとともにファシズム陣営を構成し，第二次世界大戦で近隣諸国を侵略したので，歴史的には第二次大戦の戦争加害国に位置づけられる。ドイツは敗戦後長く東西両ドイツに分裂していた（1990年にドイツ統一）。第二次大戦は，日本と同様にドイツの人びとにとっても歴史的に「誤った」戦争であった。

ユダヤ人の大量虐殺に代表されるドイツの歴史の暗部を直視しようとする動きが広まるのは，藤沢法暎によれば，1960年代に入ってからである。ドイツがナチス政権下で近隣諸国に大きな被害をもたらし，ホロコースト（ユダヤ人大虐殺）を行ったことを歴史教育で教えることが定着していく。旧西ドイツは戦争加害への深い反省から，国際的相互批判と協力によってより良い歴史教育を実現すべく，努力を積み重ねてきた[9]。

ドイツは戦争中に大量のポーランド人をも虐殺しており，そのドイツがヨー

ロッパの人びとに戦後承認してもらうためには、近隣の被害国ポーランドとの和解が必要であった[10]。西ドイツ・ポーランド両国間で合意された（歴史）教科書に対する勧告は、ブラント首相の東方外交と表裏一体をなしつつ（1970年にブラント首相がワルシャワのゲットーを訪問）、国際協議による教科書改善を通じて、東西間の緊張緩和（デタント）をさらに一歩進めるものであった。ドイツにあるゲオルク・エッカート国際教科書研究所の活動目的は、誤ったデータや記述の訂正だけでなく、敵視的な叙述やステレオタイプを取り除くこと、とある[11]。

日本と同様に第二次大戦中のドイツも敗戦の過程で、甚大な空襲被害や多くの戦死者を出した。ドイツにおいても、多くの国民が家族の死と食糧難と住宅の損失という戦争体験をもち、多くの都市が破壊された。また、戦争直後にはドイツの東方領土などから大量のドイツ人が困難な状況下で引き揚げた。第二次大戦のこうした戦争被害を教えることは、戦争の悲惨な側面を教える有効な方法になりうるが、日本ほど重視されてこなかった。

旧西ドイツの平和教育は、北欧の平和研究の影響を受けて、積極的平和に向けた教育であったといえよう。つまり旧西ドイツの平和教育はヨーロッパの平和教育の枠組みの内にあり、ユネスコの国際教育の枠組みのなかで平和教育が始まった。旧西ドイツでは、平和教育は国際教育と同義に受け止められ、グローバルな視点が取り入れられ、内容に環境教育を含むこともある。平和の反対概念とされる暴力は、「構造的暴力」の意味で広い概念でとらえられている[12]。旧西ドイツの平和教育では、流血に至る暴力のみでなく、不正や不和を生み出すような構造的暴力の問題が注目されてきた。

現在のドイツでは、平和教育という用語は、積極的平和を目指す教育を意味することが多く、戦争について教える教育とは特定されない。ただし、ドイツではナチス統治時代を歴史教育のなかで充分な時間をかけて子どもたちに教えようとしている。黒田多美子はドイツの歴史・社会教科書を平和教育の視点から分析している。それによれば、過去の歴史的事項だけでなく、現在の平和問題について構造的に把握させる努力が教科書にみられる。教科書において、南北問題、低開発、地域紛争などに関する情報を、子どもたち自身の生活、もし

くはドイツの問題と結びつけてとらえられるように工夫している[13]。

4　欧米の平和教育からの示唆

　核戦争の危険性が低くなった冷戦終結後の1990年代から現在に至るまで，軍縮教育や反戦平和教育は人びとの関心を集めにくくなっている。その代わりに，国や地域の状況に応じて，非暴力的な紛争解決，紛争後の異民族や異文化間の和解，平和構築などに人びとの関心が集まっている。

　海外では「包括的平和教育」や「平和の文化」の考え方が広がり，平和教育の内容を広く解釈することが主流となり，教師や研究者の関心を集めて平和教育研究が発展した。そこでは平和に関連する広い教育領域（多文化教育，未来教育，フェミニスト教育，環境教育，軍縮教育，紛争解決教育，市民教育，持続可能な発展のための教育など）が協働して，積極的平和の構築を目指すアプローチがとられている。包括的平和教育の枠組みで平和教育をとらえることが一般的になっているといえよう。

　イギリスの平和教育では，教師側の主張を教え込む（教化）ことがないように，平和の問題についても子どもたちに自由に考えさせようとしている。ナショナル・カリキュラム施行以降は，特定な題材を扱う平和教育は時間割に入りにくい。他方アメリカでは，大学院での研究が充実しているので，平和教育研究者を数多く輩出している。研究会開催や本の出版で平和教育の知見が蓄積されており，情報化を利用した平和教育研究者のネットワークづくりも先進的である。アメリカは今後も平和教育研究を推進する中心といえよう。ドイツは，日本と同様に第二次大戦における敗戦国で加害国であったので，戦争を教える平和教育の進め方において参考となる。さらに，ドイツが平和構築について政治教育でどのように市民育成を行っているかを分析して，日本の平和教育を発展させる参考にすることができよう[14]。欧米の平和教育と比較分析することで，平和教育がいかに展開してきたかが明らかになり，日本の平和教育の方向性を考えることができる[15]。

1) 浮田久子「討論者」(「平和教育の構想と平和研究の課題」の討論者としての発言を収録したもの)，日本平和学会編『核時代の平和学』時事通信社，1976年，265頁。
2) 岡本三夫『平和学―その軌跡と展開』法律文化社，1999年，229頁。
3) ヨハン・ガルトゥング（西村文子訳)「平和のための平和を体した教育―それは可能か」『平和研究』2号，1977年。
4) Salomon, Gavriel, "The Nature of Peace Education : Not All Programs Are Created Equal," Salomon and Nevo eds., *Peace Education : The Concept*, Principles, and Practices, Lawrence Erlbaum Associates, Publishers, 2002, p. 6.
5) Hicks, David, *Education for Peace : What Does It Mean ?*, Occasional Paper, 1, (Centre for Peace Studies, St. Martin's College, UK) 1982, p. 5.
6) Hicks, David, *Teaching Nuclear Issues*, Occasional Paper, 10, (Centre for Peace Studies, St. Martin's College, UK) 1986, p. 24.
7) Reardon, Betty A., *Comprehensive Peace Education : Educating for Global Responsibility*, (Teachers College, Columbia University, US), 1988, p. 74.
8) Bajaj, Monisha ed., *Encyclopedia of Peace Education*, (Information Age Publishing), 2008, p. 163.
9) 藤沢法暎『ドイツ人の歴史意識―教科書に見る戦争責任論』亜紀書房，1986年。
10) 近藤孝弘『国際歴史教科書対話―ヨーロッパにおける「過去」の再編』中公新書，1998年。
11) 天野正治『教育の国際化―日本とドイツ』玉川大学出版部，1993年，242頁。
12) 同前，122頁。
13) 黒田多美子「ドイツの教科書と平和教育―ドイツの教科書にみる『平和』への視点」『軍縮問題資料』209号，1998年。
14) 近藤孝弘『ドイツの政治教育―成熟した民主社会への課題』岩波書店，2005年。
15) 村上登司文『戦後日本の平和教育の社会学的研究』学術出版会，2009年，408～412頁。

コラム15　紛争解決教育と平和教育の連携

「紛争解決」(Conflict Resolution)とは，個人間から集団／組織間，国家間のさまざまなレベルで起こる"考えや立場，利害の不一致状況や不一致行動"(対立や争いごと，コンフリクト)を，交渉や促進(ファッシリテーション)，調停などの非暴力的方法(および非裁判的方法)で解決しようとする理論とスキルの総称である。したがって，「紛争解決教育」(CR 教育)とは，そうした理論とスキルについて学ぶ教育のことをいう。

狭義の紛争解決教育は，1970年代にアメリカの小中高校で生徒間の対立や非行，暴力事件が増えたことに対する教師や法曹関係者の対応として始まった。1995年には，「紛争解決教育ネットワーク」(The Conflict Resolution Education Network)が創設され，2001年には，それは「紛争解決学会」(Association for Conflict Resolution)の一部になった。その教育内容は，主に学校における生徒間の対立や争いごとを，暴力によらずに当事者間の話し合いや「同僚調停」(ピアー・メディエーション)と呼ばれる方法で解決することが中心であった。通常，コンフリクトの起こる原因の理解や，問題解決の方法，怒りのコントロール，コミュニケーション・スキル，メディエーション，グループ問題解決スキルの習得などもプログラムに含まれる。

こうしたプログラムに興味をもった筆者は，アメリカの紛争解決教材を集める一方，教師向けのワークショップ訓練にも参加し，また CR 教育を実施している学校を訪ね，学習の効果について教員に聞き取りなども行った。2000年の段階で，当時の「平和研究・教育・開発コンソーシアム」(The Consortium on Peace Research, Education and Development)の報告書が，従来の「平和教育プログラム」に対して「紛争解決教育プログラム」が増えつつあることを報告している。同じ頃，その組織の事務長を務めていたダニエル・オーライアリーが，「平和教育か紛争解決教育かではなく，その両方が必要である」と強調していたことも筆者は知った。

たしかに，アメリカの学校における CR 教育は，日常生活における個人同士(そしてグループ間)のコンフリクトを解決する交渉コミュニケーション・スキルや怒りのコントロールのスキル，メディエーション・スキルなどの学習が中心になっている。暴力の問題に関しても，個人間の暴力が焦点であり，国家間の戦争は直接には扱わないのが普通であった。

そうした経緯をふまえつつ，1999年以来，筆者は東洋英和女学院大学で「紛争と紛争解決」関連の授業を教えてきた。大学レベルということに加え，筆者の専門が国際関係論・政治社会学ということもあって，個人間から国家間のレベルまでの紛争発生の原因の理論的理解と解決スキルの学習が中心となっている。学生は身近な

争いごとから始まって，集団間の紛争，国家間の戦争の原因と解決の仕方を，コミュニケーション・スキルのロールプレーや事例研究などを通して学んでいる。しかしながら，過去の日本の戦争の悲惨さや責任問題などについて，直接扱うことはなかった。オーライアリーが，「平和教育か紛争解決教育かではなく，その両方が必要である」と強調した課題は，十分に解決されてこなかったのである。

その課題を解決するきっかけが，2010年の夏に与えられた。2008年に筆者は，沖縄戦を題材にした方言詩集『沖縄や戦場になやい』（新星出版）を出していたが，沖縄県平和祈念資料館主催の「平和教育の公開授業」で，その本のなかの詩を教材に使った国語の授業が行われたのである。この公開授業は，沖縄市にある小学校で国語を教えておられるM先生が，「平和を考える―新しい平和教育の授業の提案」として行ったもので，教材として戦争詩をつかった実に見事な国語の授業であった。授業を行うにあたり，M先生は沖縄戦や沖縄の基地の実態，沖縄方言，沖縄文化について事前に生徒にアンケートを行っていた。その結果をふまえて，M先生は，「沖縄方言に関する国語教育」と「沖縄戦の理解」という授業目標を掲げ，生徒と相互作用しながらの対話型授業を行い成功裏に終わった。

授業の後，M先生と筆者は自己紹介を交わし，筆者の方言詩を教材にして平和教育の授業をしてもらったことのお礼を述べた。同時に，筆者の専門が紛争解決であることを述べ，授業で使うレジュメなども手渡した。平和教育と紛争解決教育の提携の必要性についても話し合い，機会があればM先生の生徒たちに紛争解決の知識を教えたいとの旨を伝えて，ご理解をいただいた。

その機会は予想以上に早く訪れた。別の仕事で沖縄に行った際に，M先生の小学校も訪れ，校長先生や副校長，主任の先生方にもお会いし，参観していただいて授業を行った。生徒たちには，筆者が沖縄戦の方言詩の著者であることと公開授業での生徒たちの反応のすばらしさについて述べた後，「話し合って解決しよう！問題解決コミュニケーション」というタイトルのレジュメを使って，1時間の紛争解決についての授業を行った。授業内容は，言葉の役割，人びとの間の違い，"考えや立場，ほしいものが違うとき"の解決の仕方，感情のコントロール，問題解決のステップ，両方が満足する結果の実現などである。生徒たちの反応は非常に良く，授業をご覧になった主任の先生が，自分をうまく表現できない子どもたちに，この授業を通してコミュニケーションによる問題解決スキルを身につけてほしいとおっしゃったのが印象に残っている。

数年前から日本で始まった紛争解決教育と平和教育の協力や提携（そして融合）には，さまざまな可能性があり，その可能性は今後とも広がっていくように思われる。今回は偶然であったが，その可能性を他の人びとと一緒に追求したい。

【名嘉　憲夫】

第20章

韓国の平和教育

金　惠玉

1　はじめに

　韓国では,「平和教育」という用語さえ使うのが難しい状況が続いてきた。日本の植民地支配の影響や南北分断という歴史的苦痛とともに形成された,国家安全保障と軍事均衡のイデオロギーによって,軍国主義的文化や構造的暴力への批判的認識,非暴力抵抗の運動を育てる教育などを論じることが難しかったからである。しかし,そのような非平和的な現実のなかでも,韓国では民衆の民主化要求によって,軍事独裁政権が倒れ民主政府のもとで社会の民主的「変革」が進められてきた。教育においても大きな改革が行われ,平和教育の促進の必要性を主張する動きも生まれ,政府の教育政策にも影響を与え前進を生み出してきた。実際,平和教育の研究が本格化したのは民主化運動が発展し,その影響力が大きくなった1980年代後半からであるといえる。ここでは,韓国の民主化の過程で平和教育がどのような歴史的展開をもち,とくにどのような教育実践が進められてきたのか,それがどのような特性と課題を抱えているか,韓国で一般的に論じられている現状に基づいて検討する。

2　韓国の平和教育の歴史的展開

　1980年代は,社会に対する批判的意識が形成され,政治的参加の能力を強調する解放の政治的高揚期であった。真の人間教育という教育革新運動や民衆教育論が展開され,西欧の「批判的教育学（critical pedagogy）」が導入され,平

和教育に関する理論構築に向けて取り組まれた。しかし，80年代の平和教育の論議は，大部分西欧の平和研究が中心であったため，平和教育の理念を韓国の教育現実に適用する具体的な論議へと発展させるには至らなかった。

　90年代の平和教育研究は，日常的な生活の現実に基づく教育方法が実践された。この時期の平和教育論は，平和の概念と哲学に関して，「批判的平和教育（critical peace education)」の観点から考察されるようになった。また，韓国で求められる平和教育の構成要素と内容を総括して，全教科として平和教育を展開する必要性を提示し，基本的な生活習慣と関係性が形成される乳幼児期と児童期における平和教育のための研究も行われた。

　2000年代には政治の民主化進展に伴い，ある程度の平和教育政策と平和研究に関する支援が政府を中心に公的に行われるようになった。主な研究としては，青少年の平和教育の実態と課題分析，市民団体が取り組んできた平和教育の研究分析など平和教育の理論と実践方法において，社会制度や教育環境の観点と，個人の意識と態度の変化の観点で研究が展開された[1]。

3　平和教育と他の教育分野との関連

　韓国における平和教育研究では，戦争をはじめとしたあらゆる種類の非平和的現状に対する無関心や無感覚を克服し，平和能力を育てる教育に関する研究だけではなく，朝鮮半島に特殊な状況である民族分断を克服するための教育実践研究も進められてきた。その教育実践分野において，現在では統一教育，人権教育，民主市民教育，環境教育，女性（ジェンダー）教育，国際理解教育などがあるが，このような教育分野のなかで，韓国の特殊な状況から生み出された最も独特な教育は「統一教育」である。朝鮮半島の分断状況は，他の何よりも非平和・暴力を惹起させる要因である。そのため，平和統一を準備することは，朝鮮半島の平和的未来を準備することと緊密に結びついている。こうして，平和統一は政治的課題であると同時に，教育的課題としてもとらえられるのである。さらに，平和教育において，南北分断の歴史的背景とその過程（大国によって分断され，大国に依存させられている問題）に対して正しい理解を促し，

分断による民族的損失と苦痛を深く認識することによって平和統一に対する関心を引き起こすことができる。これを通して，分断による軍事文化や盲目的な反共イデオロギーがもたらす非平和的な問題を克服しうるのである。韓国では，実際に「平和志向的統一教育」という用語もできて，統一教育を積極的平和の観点でとらえる考え方へと大きく変化してきている[2]。

韓国における統一教育の展開をみると，90年代までは，統一というよりも反共と国家安全保障がその中心で，非平和的な敵対意識の拡大を図るという性格をもっていた。しかし，1999年に「統一教育支援法」が制定されて以来，これからの統一教育は，朝鮮半島での戦争を防ぎ，平和的方法による平和的な統一を成し遂げるための教育であり，北朝鮮の人びととも共に生きる方法を学ぶものにしなければならないという考え方が打ち出されるようになった。

4　韓国の平和教育の特性と課題

韓国では，教育を通じて平和を実現させていこうとする方針も，そのための議論もまだ十分に活性化されていない。そのため，まだ，公教育としては「平和教育」という授業科目はなく，統一教育のような諸教育分野のかたちを取って進められ，多くの場合，まだ市民運動と一部の教育者たちの努力に依存している状況にある。しかし，韓国では，民主化運動を経験しながら，平和的な新たな社会・未来を自ら創ろうとする意識や感覚が形成されてきたといえる。

韓国の民主市民社会の特徴は西欧市民社会と違って，資本主義よりは帝国主義や独裁政権の権威主義に対する政治的闘争の過程で結社と運動の領域を中心に抵抗的に形成されたため，韓国の平和教育は「抵抗の文化」を形成するという特性がある。平和教育の実践者は，平和教育がメディアと政府の否定的宣伝，社会の公然たる暴力，権力あるグループによる捏造などに対抗する抵抗の文化を形成すべきである必要性を感じている。韓国における非暴力直接行動の新たな抵抗文化を形成している事例として，市民主体的なメディアの連帯活動，2000年代から始まった韓国の「ろうそくデモ」があげられる[3]。

韓国における平和教育で主に提示されているものは，「批判的平和教育」で

ある。この教育が求める基本目的は，問題意識，批判的視角をもつようにすることであり，社会批判の論理を通じて非平和の構造的原因を分析する[4]。この教育は，意識的で計画的な活動を通じて社会変革をさせようとするために政治参加の能力を強調しており，政治教育的な性格をもっている。

そのため，韓国の平和教育は，主に朝鮮半島の平和に脅威をもたらす国内外の要因を批判的に分析し，これを非暴力的方法で解決する方法を研究し，共に生きていける共同体的価値を形成する意識的な教育活動として理解できる。したがって，平和教育の内容は，アメリカ中心のグローバル化戦略などの不平等な国際関係，民族分断に起因する南北間の問題と朝鮮戦争の克服，長い軍部独裁による非平和的権威主義・軍事主義文化，急激な経済成長中心の産業化や新自由主義が生んだ貧富差，地域差別，性差別，学歴差別などの社会的コンフリクトといったすべての非平和的現象が主題となるのである。

ところが，2008年発足の新たな保守・右翼政権により，韓国の教育科学技術部（文部科学省）が2010年から使う中学生の新しい道徳教科書で平和教育の内容が削除され，朝鮮半島の戦争危機をもたらす軍事的緊張が強まるといった問題が生じたため，教育現場の教師たちが一貫性ある持続可能な平和教育の考え方や教育方法を行うのが難しい状態にある。そのため，韓国のこれからの平和教育は，現在の非平和的問題を創造的に解決しうる能力と技術の習得を通じ，平和な未来のあり方を問いかけるものとなる。つまり，平和教育は過去志向型教育（反共・安保中心のイデオロギー教育など）ではなく，未来志向型教育（平和志向的教育の実践，平和共存の社会形成など）であるといえるだろう。

1）　金惠玉「韓国における平和教育の現状と課題」『立命館産業社会論集』産業社会学会，44巻4号，2009年3月，67〜89頁。
2）　同前。
3）　川瀬俊治・文京洙編『ろうそくデモを越えて―韓国社会はどこに行くか』希望叢書1，東方出版，2009年。
4）　Kim Hye-ok, *Concept of Peace and Purpose of Peace Education in the Changing Times*, Ritsumeikan Journal of Peace Studies, No. 10. 2009, March, pp. 23-35.

コラム16　IIPE（International Institute on Peace Education, 国際平和教育研究集会）

　平和教育の世界的ネットワークとしては、まず1974年にできたIPRAの平和教育コミッション（PEC）をあげることができる。IPRAの学術的な動きに呼応して、IIPE（International Institute on Peace Education, 国際平和教育研究集会）という合宿型の研究集会が1982年に始められ、以降、約30年にわたって行われてきている。

　最初のIIPEはコロンビア大学ティーチャーズ・カレッジにおいて、ベテイ・A.リアドン、ウイラード・ジェイコブソン、およびダグラス・スローン教授らによって、米国・教育省の協力のもとに開催された。その後、世界のさまざまな場所で開催されてきた。これまで日本では、1986年：国連大学、1992年：東京YMCA、1996年：国際基督教大学において開かれている。

　IIPEは世界中から教育者と専門家がつどい、仲間から仲間と共に、多様な文化からなる協働で学ぶ機会であり、批判的で、参加型で進める平和教育の学習コミュニティの1つの典型である。この集会は、平和教育者のネットワーキングを進め、仲間をつくるよい機会であり、これまでも共同してさまざまな研究プロジェクトがなされたり、地域や近隣諸国、世界規模での平和教育の取り組みを生み出してきた。国際平和ビューローは2005年度のユネスコ平和教育賞にIIPEを推薦するにあたり、IIPEは「おそらく平和教育を多くの教育者にひろめる、もっとも有力な非政府組織であろう」と評された。

　IIPEは他の学会とは異なり、参加者は約60名ほどと少なく、期間も10日間にわたるので、濃密な会合となる。全体会と分科会そしてリフレクショングループがつくられ、参加者がたがいに学ぶことができるように運営されるのが特徴である。現在は、米国・ナショナルピースアカデミーが運営を担っている。

　IIPEはGPPAC（Global Partnership for Priventing Armed Conflict, 武力紛争予防のためのグローバルパートナーシップ）同様、復興支援ならびに平和構築など、また犯罪防止、青少年健全育成、司法関係者、女性や子どもへの虐待防止など幅広い。このようなさまざまな地域での実践と連携し、共に前進することが、国際的なネットワークを通じて可能になると思われる。

　平和教育にも地域性があり、東アジアでの共同の可能性が示唆されている。2003年に韓国でもIIPEが開催された。韓国には、ユネスコアジア太平洋国際理解教育センター（APCEIU）があり、ユネスコの理念のもと平和の文化の推進もその責務として位置づけられており、平和教育の研究・啓発もなされている。東南アジアの拠点はフィリピンだが、APCEIUは東アジアの1つの拠点であり、今後も、そうした海外との交流は欠かせない。

【淺川　和也】

第21章

イスラエル・パレスチナにおける平和教育

冨樫　茂

1　はじめに

　イスラエル・パレスチナにおいて行われている平和教育活動に関して概説する。イスラエル・パレスチナにおける平和教育活動の主要な目的は，アラブ人とユダヤ人がエンカウンター・グループなどにおいて出会い，両集団における偏見やネガティヴなステレオタイプを低減させることである。具体的に述べると，平和教育活動の参加者は，施設内や宿舎などにおいて一定期間共同で活動や生活を行い，芸術活動やスポーツ活動などを行いながら，アラブ・ユダヤ両集団において抱かれている歴史的，政治的，宗教的な集団的記憶などを理解し合い，トラウマを分かち合うことによって，両集団間における平和的な接触や相互理解を深めている。その際にとくに気をつけていることは，両集団を平等に扱うことであり，とくにアラブ人に対する差別的な扱いが平和教育活動に持ち込まれないように慎重に気づかっている。また，平和教育機関においては少なくとも形式的にはアラビア語とヘブライ語を平等に扱うか，もしくは「中立的な」英語で活動を行っている。

2　イスラエル・パレスチナにおける平和教育活動の意義

　イスラエル・パレスチナにおける平和教育活動は，アラブ・ユダヤ両集団間において根深く定着している敵意，不安，猜疑心，恐怖，偏見，ならびにネガティヴなステレオタイプを低減させ，両集団がより平和的・友好的に接触し，

平和的な共存を行えるよう心理的なサポートすることに意義がある。なぜならば，アラブ・イスラーム世界においては「シオニスト」に対する根深い嫌悪感情が定着し，イスラエル国内には約2割のアラブ人がいる。それゆえ，両集団間における接触は不可避である。そのため，アラブ・ユダヤ両集団間における外集団に対する態度を心理的に良好なものとすることを目的とする平和教育活動は，短期的な影響がみえにくいけれども，長期的にみると中東地域に「平和の種」を播き続ける地道な活動であることが望ましい。

3　イスラエル・パレスチナにおける平和教育機関の事例

(1) ベイト・ハ・ゲフェン (Beit ha-Gefen)

　ベイト・ハ・ゲフェンは，1963年にハイファにおいて設立されたアラブ・ユダヤ間の「共存」を目指す教育機関であり，アル・カルマ劇場（al-Karma Theater）や図書館などが設置されている。同機関は，毎年年末に「祭りの中の祭り」と称して，ハイファのアラブ人地区であるワディ・ニスナス（Wadi Nisnas）において，アラブ人やユダヤ人が作成した平和的な芸術作品に囲まれたなかで飲食店などの出店を多数出店し，地元の人たちでにぎわっている。そして，5月には「アラブ文化月間」として，とくにアラブ人を対象とした文化活動を行っている。なお，ハイファ市や教育省などは同機関の活動を後援し，ハイファにはアル・ミーダーン劇場（al-Midan Theater）というアラブ人のための劇場も設立されている。

(2) ギヴアット・ハヴィヴァ (Givat Haviva)

　ギヴアット・ハヴィヴァは，ハデラ付近に1949年に設立された平和教育機関であり，ユダヤ・アラブ平和センターやアラビア語集中講座などを設置し，2001年にユネスコ平和教育賞を受賞している。施設内には，食堂や図書館やプールや寮なども設置されている。しかし，同機関は，キブツ運動やヨーロッパにおけるユダヤ人史などにもよく触れ，かつ施設内においてユダヤ教の礼拝堂であるシナゴーグも設置されているため，他の平和教育機関と比較するとユ

ダヤ・イスラエル的な文化が強く反映されている。

(3) シーズ・オヴ・ピース (Seeds of Peace)

シーズ・オヴ・ピースは，1993年にジョン・ワラッハ (John Wallach, 1943-2002) によって米国において設立された平和教育機関であり，イスラエル・パレスチナ紛争だけではなく，キプロス，バルカン，印パ紛争などさまざまな国際的な民族紛争に対処している。同機関において活動を行う際に，参加者たちは原則として「中立的な」英語でコミュニケーションし，「敵」と友だちをつくることが要求されている。エルサレムにおいては，イスラエルの領土である西エルサレムとイスラエルの占領地である東エルサレムの境界上に同機関の施設が設置されており，毎月1回程度地元の人たちを招待して交流活動を行っている。また，同機関はベイト・ハ・ゲフェンが行っている活動にブースを出し参加することもある。同機関の特徴は，イスラエル・パレスチナにおいても，英字誌を発行し，英語で活動を行うことにより両集団間の「中立性・公平性」の確保に努めている。

(4) ウィンドーズ (Windows)

ウィンドーズは，アラビア語に堪能なユダヤ人のルーティ・アツモン (Rutie Atzmon, b. 1957) によって1991年にテルアビブで設立され，2005年から占領地のヨルダン川西岸地区のトルカレムでも活動を行っている。同機関は，ヘブライ語とアラビア語の2言語で会報や映画などを作製している。

(5) ネヴェ・シャローム／ワーハト・アッ・サラーム (Neve Shalom/Wahat al-Salam)

ネヴェ・シャローム／ワーハト・アッ・サラームは，テルアビブ近郊のラムレ付近にラトゥルン修道院の協力を得て聖職者のブルーノ・フッサール (Bruno Hussar, 1911-1996) によって1970年に設立されたアラブ・ユダヤ間における共存を目指した平和教育機関である。構内においては，アラビア語とヘブライ語を完全に平等に扱おうと努力している。特徴として，アラブ人とユダヤ

人による複数の教師が，アラビア語とヘブライ語の両言語で教育を行う「平和学校（School for Peace）」が1979年に設立された。さらに，希望者は同機関の内部に設立された村落に定住することも可能である。

同機関における村落はイスラエル国内に設置されているにもかかわらず，両集団間における共存が実現されているかのような独特な文化が醸成されている。それゆえ，同機関における独特な文化は，アラブ・ユダヤ間における共存を考える際の建設的なモデルとして考えられる。

▲ネヴェ・シャローム／ワーハト・アッ・サラームにおいては，アラビア語を上部，ヘブライ語を下部に記載することもある。

4　イスラエル・パレスチナにおける平和教育活動の諸問題

平和教育活動には批判すべき問題点がある。まず，平和教育活動が現実のイスラエル・パレスチナ政治過程に直接的で短期的に及ぼす政治的影響力がほとんどなく，イスラエル経済におけるアラブ・ユダヤ間の社会経済的格差の是正に対してあまりにも無力である。次に，アラビア語とヘブライ語を平等に扱い，ユダヤ人はアラビア語を習得しなければならないと主張している平和教育活動においても，個人差はあるがユダヤ人におけるアラビア語の習得がそれほど良好ではない場合が少なくない。また，平和教育機関の内部においても，ギヴァット・ハヴィヴァのようにマジョリティであるユダヤ・イスラエル的な文化が無意識的にせよ強く反映されている機関もある。さらに，イスラエル国防軍へ徴兵される前に平和教育活動に参加した経験があるユダヤ人であっても，イスラエル国防軍における兵役に対して良心的兵役拒否を行う者はほとんど存在せず，イスラエルにおける研究者はそのことを問題視していない。

―― 終 章 ――

平和教育学の構築へ向けて

竹内　久顕

　平和教育に関する論考は少なくないが、これまでに「平和教育学」という名称を用いて論じた研究者は、堀江宗生と村上登司文である[1]。堀江は、1980年に、「『平和学』という学問体系が成立するならば、その一つの系となるべき分野として『平和教育学』が存在しても良い」と、「平和教育学」を提唱した。その後議論が継続することはとくになかったが、90年代末から村上が触れるようになった。村上は、基本的に堀江の規定を踏襲し、「平和教育について社会科学的研究を進めて知見を増やし、平和学の一分野としての平和教育学を成立させる必要がある」という。続いて平和教育学について論じるようになったのが筆者で、その最初は2006年だった。しかし、筆者は、堀江・村上の「平和学の一つの系としての平和教育学」という位置づけとは異なり、「平和学と教育学の接点領域としての平和教育学」を提起してきた[2]。

　平和教育学研究に関わる組織的な動向としては、2005年6月に発足した平和教育学研究会をあげることができる。平和教育に関する研究運動は以前から多様な取り組みがなされているが、「平和教育学」を意識的に掲げたものは同会が初めてであろう。同会は、日本平和学会の平和教育分科会の関係者を中心に広がり、11年2月までに46回の研究例会を重ねている[3]。さらに、08年11月には、日本平和学会秋季研究集会で「平和学と教育学の架け橋――平和教育学の可能性」という、同学会で初めて「平和教育学」を冠した部会が開かれた。

　このように、平和教育学研究は近年徐々に広がりをみせ始めてきたものの、今のところ、平和教育学の位置づけや方法論の議論も必ずしも十分ではなく、平和教育学の構想はスタート台に立ったばかりである。

　本書でも繰り返し論じられたように、日本の平和教育は豊富な蓄積がある一

方で，多くの課題を抱えている。平和教育自体を研究対象とした「学」を構築する機は熟しているように思う。かつて，堀尾輝久は，教育が戦争と結びつき国民を戦争へと動員する道具として利用された歴史的事実をあげ，それは「教育」ではなく「教化（indoctrination）」「宣伝（propaganda）」であり，「教育の問題を本来的な意味で思索しつづけた教育思想家達，教育家達は，例外なく，平和を熱望してきた」と論じた。そして，そういう意味での「平和と教育」の問題と，とりたてての「平和教育」の問題をいったん区別して論じる必要性を指摘した[4]。前者の問題は，教育とは何かという優れて哲学的な議論になるだろうが，後者の問題は，いかにして平和創造の主体を形成するかという教育実践に即した議論となる。堀尾は，前者の理解のうえに立ちつつ後者の問題に取り組むことの意義を説いたのだが，これを引き取ったところに平和教育学が成立する。そのためには，平和学が示す平和構築論や紛争解決論等の諸理論と，教育学が示す教育方法論や発達段階論等の諸理論の成果をふまえ，今日と未来の課題に応答できる平和教育のあり方を探求することとなる。筆者のいう「平和学と教育学の接点領域としての平和教育学」とはこういう意味である。

　最後に，教育学の成果をふまえたときにどういう平和教育学の研究課題が浮かび上がってくるか，試論的・仮説的に掲げてみよう。

① 教科教育論からのアプローチ
- 社会科歴史：戦争体験継承の方法，平和な歴史をつくる主体の形成，戦争の歴史的事実の学習
- 社会科公民：憲法・人権教育，コンフリクトの解決，現代の戦争と国際紛争，グローバリズムと国際経済（貧困・搾取や資源問題等），平和思想
- 社会科地理：異文化理解，開発・環境教育
- 言語系教科：文学（虚構の世界に対する想像と共感），論説（論理的言語能力，メディアリテラシー），表現（想像と創造，コミュニケーション，対話）
- 芸術科：想像・創造と共感，平和的な感性，非言語的方法による戦争の真実への接近，創作活動を通した自己表現，異文化理解（民族芸術）
- 自然科学教科：論理的・批判的思考力，核や環境等自然科学の知識と理解
- 保健体育科：身体表現，身体と健康，公平なルールと競技
- 道徳教育：人権教育としての道徳，ヒューマニズムの感性，他者との共生と

協力，公共の精神
　　・特別活動：修学旅行，文化祭，ボランティア活動，体験学習
②教育課程（カリキュラム）論からのアプローチ
　　・教育課程全体における平和教育の位置づけ，学社連携
③教育方法論からのアプローチ
　　・非暴力的な教育方法，参加型学習，臨床・発達心理学の知見
④発達論からのアプローチ
　　・発達段階に即した教材と教育方法，生涯学習としての平和教育
⑤学校論からのアプローチ
　　・「学校教育の平和的原理」（佐貫浩）の探求
⑥（広義の）政治教育論からのアプローチ
　　・生活指導や集団指導としての平和教育の探求，市民性教育
　　・「良識ある公民として必要な政治的教養」（教基本第14条）や「平和で民主的な国家及び社会の形成者」（教基法第1条）の探求
⑦生涯学習論・社会教育論からのアプローチ
　　・地域の戦争学習（戦争展，戦跡発掘等），地域における国際交流，平和博物館，市民の平和学習
⑧教育行政論からのアプローチ
　　・自治体の平和施策（市民講座，姉妹都市交流等）
⑨国際教育論からのアプローチ
　　・諸外国や国連・ユネスコの平和教育，平和教育の国際的連携
⑩関連諸領域との関係と協働
　　・開発教育，環境教育，人権教育，国際理解教育，異文化間教育，多文化（共生）教育，グローバル教育，ホリスティック教育等

1）　堀江・村上の議論と「平和教育学」の経緯は次の拙稿参照。竹内久顕「『平和教育学』への予備的考察(3)―平和教育学の課題と方法」『論集』東京女子大学，2011年。
2）　その理由は次の拙稿参照。竹内久顕「平和教育学の課題―人間学的視点に立つ平和教育の考察」『総合人間学』4号，学文社，2010年。
3）　同研究会については次の文献で触れられている。村上登司文『戦後日本の平和教育の社会学的研究』学術出版会，2009年，416頁。沖村民雄「21世紀の平和教育の課題を考える」『民主主義教育』21号，同時代社，2011年。
4）　堀尾輝久「『平和と教育』について」『平和研究』5号，日本平和学会，1980年。

おわりに

　1970年代以降の平和教育をリードしてきた日本平和教育研究協議会の機関誌『平和教育』の最終号（2009年12月刊）で，日平研代表委員のひとり舟越耿一が，「私たちの言葉は時代の要請にかなっているのか，また私たちの言葉は世代を越えて特に若い世代に届いているのか，そこに敏感でなければならない」と呼びかける。長く同誌の編集長を務めてきた横川嘉範（故人）は，編集後記を「日本の現状は大きく動いています。『平和教育』の新しい担い手も生まれてきています。そのことに希望と確信を持ちたいと思います」と結ぶ。本書は，舟越の呼びかけに，横川の期待にこたえられただろうか。

　本書でも繰り返し論じられたように，日本の平和教育の理論と実践の蓄積は，世界的にも誇れる先駆的な水準を歩んできた。横川ら既に鬼籍に入った多くの平和教育の先人達の努力。舟越をはじめ岡本三夫，藤田秀雄，堀尾輝久ら70年代以降の平和教育をリードしてきた世代の声。かれらの理論と実践の豊かな蓄積から何を継承し，何を乗り越えていかねばならないのか。その格闘のなかから「私たちの言葉」を紡いでいくのが，「新しい担い手」が背負う課題である。本書は，その課題への挑戦を試みた一書として，これからの平和教育の議論に一石を投じるべく出版した。

　本書は，上記や本書中に登場する先人・先輩たちと，各地で平和教育に取り組んでいる多くの実践者・研究者らの成果に支えられており，この場をお借りして深く御礼申し上げたい。また，出版事情厳しき折に，数年前から本書の企画を竹内に提示し励まし続けてくれた，法律文化社と編集者小西英央さんに心からの謝意を呈したい。

　　　2011年9月

　　　　　　　　　　　　　　　　　　　　　　　　　　　竹内　久顕

■ **執筆者紹介**（執筆順，コラムはコと略）

竹内 久顕（たけうち・ひさあき）
　編者，1～8・10・11・13～15・終章
　東京女子大学現代教養学部准教授

今野日出晴（こんの・ひではる）　9章
　岩手大学教育学部教授

淺川 和也（あさかわ・かずや）
　　　　　　　　　　　　12章，コ16
　東海学園大学人文学部教授

谷岡 重則（たにおか・しげのり）　16章
　世田谷区教育委員会社会教育主事，
　立正大学非常勤講師

福島 在行（ふくしま・ありゆき）　17章
　日本現代史・平和博物館研究者

瀧口 眞央（たきぐち・まお）　18章
　朝鮮大学校保育科非常勤講師

村上登司文（むらかみ・としふみ）　19章
　京都教育大学教育学部教授

金 惠玉（キム・ヘオク）　20章
　立命館大学・大阪産業大学非常勤
　講師

冨樫 茂（とがし・しげる）　21章
　ヘブライ語・アラビア語翻訳者

小島健太郎（こじま・けんたろう）　コ1
　成蹊中学校・高等学校教諭

中村 尚樹（なかむら・ひさき）　コ2
　ジャーナリスト，法政大学非常勤
　講師

野島 大輔（のじま・だいすけ）　コ3
　関西学院千里国際中等部・高等部
　教諭，立命館大学国際関係研究科
　博士課程在籍

上條 直美（かみじょう・なおみ）
　　　　　　　　　　　　コ4・7
　立教大学異文化コミュニケーション
　研究科特任准教授

田村かすみ（たむら・かすみ）　コ5
　仁川学院高等学校専任講師

作間 和子（さくま・かずこ）　コ6
　東京女子大学非常勤講師

高部 優子（たかべ・ゆうこ）　コ8
　平和教育アニメーションプロジェクト，
　映像ディレクター

杉浦 真理（すぎうら・しんり）　コ9
　立命館宇治高等学校教諭

杉田 明宏（すぎた・あきひろ）　コ10
　大東文化大学文学部准教授

牛田 守彦（うしだ・もりひこ）　コ11
　法政大学中学高等学校教諭

瀧口 優（たきぐち・まさる）　コ12
　白梅学園短期大学教授

高橋真理子（たかはし・まりこ）　コ13
　山梨県立科学館主任学芸主事

跡部 浩一（あとべ・こういち）　コ13
　甲府市立相川小学校教諭

いとう たけひこ（伊藤武彦）　コ14
　和光大学現代人間学部教員

名嘉 憲夫（なか・のりお）　コ15
　東洋英和女学院大学国際社会学部
　准教授

Horitsu Bunka Sha

2011年11月5日 初版第1刷発行

平和教育を問い直す
―次世代への批判的継承―

編者 竹内久顕(たけうちひさあき)

発行者 田靡純子

発行所 株式会社 法律文化社
〒603-8053 京都市北区上賀茂岩ヶ垣内町71
電話 075(791)7131 FAX 075(721)8400
URL:http://www.hou-bun.com/

© 2011 Hisaaki Takeuchi Printed in Japan
印刷：共同印刷工業㈱／製本：㈱藤沢製本
装幀 白沢 正
ISBN 978-4-589-03376-5

岡本三夫・横山正樹編

新・平和学の現在

A 5 判・288頁・2730円

平和学の起源・構想・対象など，その全体像を鳥瞰し，今日の理論と方法論の到達点を概説。21世紀初頭の世界の激動とグローバル化の深化をふまえ全体的に補訂した最新版。真の平和を探究するための必読書。

中村 都編著

国際関係論へのファーストステップ

A 5 判・240頁・2625円

環境と平和にかんする24のテーマを設け，関心のあるところから読み始めることができるコンパクトな一冊。私たちの日常生活に通底する地球社会のさまざまな課題や論点を学び，関心と問題意識を育む初学者向けの入門書。

毛利聡子著

NGO から見る国際関係
――グローバル市民社会への視座――

A 5 判・234頁・2415円

国家からではなく市民の視点から捉えなおしたもう一つの国際関係論。地球規模の問題を解決するにあたって，NGO や市民社会がグローバルな規範形成能力を持つことを実証的に考察する。

佐藤幸男編

国際政治モノ語り
――グローバル政治経済学入門――

A 5 判・274頁・2520円

木材，象牙，コーヒー…，世界中を移動する「モノ」の交換ダイナミズムからリアルな世界の力学を捉えたグローバル政治経済学の格好の入門書。資本主義経済が不平等を前提に発展したことの功罪を考察。

木村 朗／ピーター・カズニック著

広島・長崎への原爆投下再考
――日米の視点――

A 5 判・218頁・2940円

史実に基づく多数の研究成果をふまえ，広島・長崎への原爆投下を批判的に再考する。日米双方から，「原爆神話」や原爆投下決定過程をあらためて分析する試みは，「核兵器のない世界」へ向けて多くの示唆を与える。

安江則子編著

世界遺産学への招待

A 5 判・198頁・2310円

グローバルな時代において，世界各地の固有の文化の価値をどう捉え，保護していくのか。世界遺産にかかわる諸条約の歴史的展開と今日的意義を多角的に考察し，遺産保護の現代的課題を学際的に探究する。

――法律文化社――

表示価格は定価(税込価格)です